Margareta Wolff

Emilie Engel

Zeugnisse - Briefe - Tagebuchnotizen

Margareta Wolff

Emilie Engel

Zeugnisse - Briefe - Tagebuchnotizen

Schönstatt-Verlag

Die Deutsche Bibliothek - CIP - Einheitsaufnahme
Wolff, Margareta:
Emilie Engel; Zeugnisse - Briefe - Tagebuchnotizen/
Margareta Wolff. - Vallendar: Schönstatt-Verl., 2001
ISBN 3-920849-95-7

Umschlaggestaltung: Catalina Kirschner, Freiburg
Druck: Neuwieder Verlagsgesellschaft mbH, Neuwied
ISBN 3-920849-95-7

Inhalt

Zugänge

zu den Texten

Zeugnisse - Briefe - Tagebuchnotizen von Emilie Engel ermöglichen Begegnung. Emilie ist das Gegenüber in diesem Dialog. Die Texte öffnen Zugänge zu ihrem Leben, zum geschichtlichen und gesellschaftlichen Umfeld, zu ihrem Denken, Fühlen und Handeln, zu ihrem Werden und Ringen - bis zur Vollendung.

Jeder Mensch ist einzigartig, gleicht einer geheimnisvollen Kugel, die man nicht mit einem Blick erfassen kann. Einige werden für viele ihrer Mitmenschen vertrauenswürdige Freunde. Ihr Leben zeigt ihnen Züge, die Sinn geben, Mut machen, in die Zukunft weisen. Eine solche Frau ist Emilie Engel.

Eine erste Auswahl von Quellen lädt ein, ihr auf die Spur zu kommen. Je nach Interesse, Perspektive, Wertempfänglichkeit und Offenheit erschließen sich überraschende Erkenntnisse. Das Geheimnis ihres Lebens liegt jedoch tief, steht oft zwischen den Zeilen, will behutsam entdeckt werden:

- Die Grundausrichtung ihrer Existenz zielt von Kindheit an auf den Gott ihres Lebens und ihrer Sehnsucht.

- Die Lehrerin Emilie Engel verkörpert das Frauenideal ihrer Zeit, engagiert sich für das ganzheitliche Wohl der ihr Anvertrauten.

- Eine zunächst zufällige Begegnung mit Schönstatt und Pater J. Kentenich wird zur Wende ihres Leben. Im Liebesbündnis mit

Maria entdeckt Emilie den Vater-Gott und antwortet urpersönlich: Sie lebt als Kind Gottes.

- So findet sie zu ichgelöstem Selbstbesitz, wird frei von seelischen Komplikationen, gesundet und wird fähig, eine religiöse Gemeinschaft verantwortlich mitzugründen.

- Eine Lungentuberkulose fordert sie heraus: Durch alle Prüfungen findet sie hin zur größeren Freiheit und Geborgenheit im Ja zum Willen Gottes.

- Sie ist bereit und fähig, als Provinzoberin eine Gemeinschaft zu regieren, zu beseelen und einen originellen Weg der Heiligkeit zu führen.

Emilie Engel eröffnet in ihrer Person einen lebendigen Zugang zu Schönstatt, zum Liebesbündnis mit Maria, zum Erzieher-Charisma des Gründers, zu einem heiligen, weil heilen Lebensentwurf. Sie verkörpert den Typ des neuen Menschen, von dem Pater J. Kentenich sagt:

„Es gibt nichts, was Gott so ähnlich ist, wie eine edle Frau, die in edler Gelockertheit und schlichtem gotterfülltem Selbstbesitz diesen Geist der gezähmten Freiheit ihr eigen nennt, das heißt, wie eine Marienschwester, eine Schwester der lieben Gottesmutter, wie ich sie gerne der Kirche schenken möchte.“[1]

Die Auswahl der Texte ist chronologisch orientiert und korrespondiert inhaltlich mit den Kapiteln der Lebensbeschreibung: *Mein Ja bleibt - Emilie Engel, Schönstätter Marienschwester,* von Margareta Wolff.

---

[1] Archiv der Schönstätter Marienschwestern.

Erhellend bleibt ein Wort von Pater J. Kentenich:

„Wo es sich um die Lebensbeschreibung von Schwester Emilie handelt, ist es selbstverständlich, dass man nicht nur positive, sondern auch negative Zeugnisse einfordert und verwertet. Lebensbeschreibungen wollen ja das gesamte Leben einer Verstorbenen wiedergeben. Fehlen die schwarzen Konturen oder die Schwächen und Fehler, so legt der Sachverständige das Buch ohne weiteres beiseite, weil er es nicht als glaubwürdig ansieht. Zudem tritt auf solche Weise auch nicht Größe und Erfolg der Erziehertätigkeit Gottes und der Gottesmutter in Erscheinung; abgesehen davon, dass wir immer vermeiden sollten, ein falsches Bild gesunder Heiligkeit zu zeichnen. Heiligkeit ohne Menschlichkeiten gibt es im erbsündlichen Zustand nicht. Diese Menschlichkeiten sind wertvollster Antrieb und wirksamstes Mittel zu ständigem Wachstum in echter Liebe." (20.11.1962)

Er ist überzeugt: Hat Gott eine Seele überreich beschenkt, so möchte er um dessentwillen auch von anderen anerkannt und gepriesen werden.

zu den Quellenangaben

Vorgelegt werden im Allgemeinen Textauszüge.
Unterstreichungen werden kursiv wiedergegeben.
Die Handschriften wurden dem Buchformat angepasst.
Die Marginalien am Innenrand geben Hinweise zu den Texten, Ergänzungen finden sich in den Fußnoten.
Häufig wiederkehrende Quellen werden wie folgt bezeichnet:

Briefe

Korrespondenz von Emilie Engel.

Briefwechsel

Korrespondenz zwischen Emilie Engel und Pater J. Kentenich.

Bericht

Private Aufzeichnungen aus den Jahren 1966/1967 von einer Mitschwester, die 1924 Emilie Engel kennen lernte und als Marienschwester lange mit ihr zusammen gearbeitet hat.

Chronik

Texte aus den Archiven der Schönstätter Marienschwestern.

Erinnerungen

Berichte von Menschen, die Emilie Engel begegnet sind und sich erinnern. Es sind Aufzeichnungen und Berichte, hauptsächlich aus den Jahren 1995 - 1998. Um die Lebendigkeit zu erhalten, wurden sie wenig bearbeitet.

Geschwister

Aussagen der Geschwister Anna, Anton und Klara werden zitiert nach: M. Emilie „... du bist aber auch ein Engel" - Biografische Notizen, 1997.

Husten

Annelene Scheele, Husten - Geschichte eines Dorfes im Drolshagener Land, Heimatverein für das Drolshagener Land e. V., Drolshagen, 1994.

MTA

Die Zeitschrift MTA, Mater Ter Admirabilis, Gegenseitige Anregungen, Vallendar-Schönstatt.

Studie 1955

Unveröffentlichte Abhandlung von Pater J. Kentenich über Emilie Engel. Er schreibt dazu in einem Brief an Anton Engel: „Voriges Jahr habe ich begonnen, ihr Seelenleben bruchstückweise aufzuschließen und verständlich zu machen. Ich tat es, indem ich es in einen großen Zusammenhang hineinstellte. Es geschah allerdings nicht systematisch und fortlaufend, sondern mehr aphoristisch. Es handelt sich dabei um Chroniknotizen."[1]

Tagebuch

Persönliche Erkenntnisse und Vorsätze von Emilie; Notizen, vor allem aus der Zeit, in der sie nicht in Schönstatt weilte; Niederschriften aus Gesprächen mit Pater J. Kentenich, der ent-

---

[1] Brief vom 12.2.1957.

sprechend der üblichen Anrede mit Herr Pater (H. P.) bezeichnet wird.

unbeschreiblich weiblich

Gabriele Hanses, unbeschreiblich weiblich, Eine Dokumentation zur Geschichte der Frauen in Arnsberg von 1848 bis 1945; Stadt Arnsberg, Der Stadtdirektor, Frauenarchiv, Arnsberg 1990.

1893 – 1911 Lebens-Wurzeln

Wurzeln sind unsichtbar im Erdreich verborgen. Sie bestimmen unverwechselbar die Gestalt, Wachstum, Blüte und Frucht eines Baumes. Gesunde Frucht setzt einen gesunden Baum voraus.

Emilie bleibt zeitlebens verwurzelt in ihrer Heimat: in der Familiengemeinschaft ihres Elternhauses und in der Dorfgemeinschaft des Sauerlanddorfes Husten.

Hier wächst ihre Persönlichkeit, findet sie Licht und Sonne, erlebt sie Schatten und Stürme.

Eine unbesiegbare Sehnsucht – Berufung nennt es Onkel Albert – drängt elementar zum Licht.

Beglückende Entdeckungen

Einem Beichtzuspruch verdanken wir die schriftlichen Notizen von Emilie über ihre Kindheit. Sie spürt ihren natürlichen und übernatürlichen Wurzeln nach.

6.2.1943
Tagebuch

Heute wurde ich fünfzig Jahre alt. Soll ich aus der Überfülle meiner Gedanken und Empfindungen etwas niederschreiben. Wie arm und schwach sind doch menschliche Worte, zumal die meinen! Und doch möchte ich schreiben, um für mich selber das heute und in diesen Tagen Erlebte festzuhalten und zu sichern.

6. 2. 1943

Heute würde ich 50 Jahre alt. Soll ich aus der Überfülle meiner Gedanken u. Empfindungen etwas niederschreiben. Wie arm u. schwach sind doch menschliche Worte, zumal die meinen! Und doch möchte ich schreiben, um für mich sichten das heute und in diesen Tagen Erlebte festzuhalten u. zu sichern.

Ich hielt eine Novene und betete täglich 50 Ehre sei dem Vater (in Gesetzchen zu 10) für die verflossenen 50 Jahre, sowie Aufopferung ders.

Ich hielt eine Novene und betete täglich 50 Ehre sei dem Vater (in Gesätzchen zu zehn) für die verflossenen 50 Jahre, sowie Aufopferung der heiligen Messen in aller Welt als Dankopfer und „Nie kann, o Herr, ich danken dir genug", all das in innigster Vereinigung mit der Mutter. Dabei zog täglich mein ganzes Leben an mir vorüber, in welchem sich Gottes unaussprechliche Erbarmungen und menschliche Erbärmlichkeiten in so wundersamer Weise begegnen. Ich werde gar nicht müde, mich liebend hineinzuversenken.

Dass gestern Beichttag war, passte gerade gut. Ich bat die Gottesmutter oder den Heiland vorher, mir durch den Priester das Rechte zu sagen. Der Zuspruch fing an mit einem Wort von Vinzenz Pallotti: „O Gott, vernichte mein Leben, und setze Christi Leben an seine Stelle!" Und als ich gehen wollte, hieß es, ob ich nicht von gestern oder heute ab an fünfzig Tagen täglich beten wolle: Nie kann ich, Mutter (oder: o Herr), danken dir genug - jedes Mal für ein Jahr meines Lebens. Das entsprach so ganz meinen Wünschen. -

Das Gebetchen von Vinzenz Pallotti klang heute den ganzen Tag in meiner Seele wider und kam ungezählte Male über meine Lippen. Könnte es nicht ein passendes Partikularexamen für die nächste Zeit sein? Und auch mit der anderen Übung fing ich heute an, dehnte sie aber aus in Betrachtungen über das erste Jahr meines Erdendaseins.

Ganz beglückende Entdeckungen machte ich da, teilweise auch schon in den letzten Tagen. Ich rechnete von meinem Geburtstag an um neun Monate zurück und kam dabei in den Mai. Marienmonat, der auch daheim als solcher gefeiert wurde. Eine tiefe Freude überkam mich dabei in dem Gedanken: Ich gehörte in jenem Jahr auch in das Maiengeschenk, das der Schöpfer der Maienkönigin zur Ehr‘ und Freud‘ ins Dasein rief, war in all der Maienpracht auch ein Blümlein, ein kostbares Menschenblümlein, das Gott seiner Mutter schenkte.

Ich zweifelte nicht daran, dass auch meine tiefgläubigen Eltern - von der Gnade angeregt - mich damals schon, am Anfang meines Daseins, unter den besonderen Schutz der Gottesmutter gestellt haben. Es war Brauch, dass allabendlich, sowohl im Sommer wie im Winter, von der ganzen Familie gemeinsam der Rosenkranz und noch einige andere Gebete abschließend mit dem „Sei gegrüßt, o Königin“, gebetet wurden. Vater und Mutter beteten dann noch laut im Schlafzimmer die Lauretanische Litanei.

Noch eine besondere Entdeckung über meine Marienangehörigkeit schon vor meiner Geburt kam mir. Ich erinnerte mich auf einmal, dass unsere Mutter die Gewohnheit hatte, im Oktober, ich glaube am Rosenkranzfeste, zur Mutter-Gottes-Kapelle nach Wenkhausen zu wallfahrten. Wenn sie das in den Jahren zunehmenden Alters noch tat, wird sie es gewiss in jungen Jahren getan haben, also in jenem Oktober nach meinem Eintritt ins Dasein, mich zur

Gnadenmutter nach Wenkhausen getragen und ihren Mutterhänden anvertraut haben. So darf ich also das erhebende, frohe Bewusstsein haben, dass meine Existenz von Anfang an unter dem Zeichen „Maria" stand und ich unter dem mütterlichen Schutz der lieben Gottesmutter das Licht der Welt glücklich erblickte, am 6. Februar 1893. Es war noch im Schatten des Lichtmesstages, eines beliebten Marienfestes im gläubigen Volke.

Heute ist der Erste von den „fünfzig Tagen". Da habe ich besonders zu danken für mein erstes Lebensjahr. Die größte Gnade dieses Jahres, die größte Erbarmung Gottes gegen mich war die Gnade der heiligen Taufe: am 8. Februar. So war ich also nicht so lange ohne das göttliche Leben. Wie kann man würdige Worte finden für dieses unbeschreibliche, unaussprechlich erhabene Geschenk! -- Froh macht mich der Gedanke, dass ich in diesem Jahre den lieben Gott noch nicht beleidigt, ihm noch nicht missfallen habe.

In der Dorfgemeinschaft aufgewachsen

Emilies Nichte, Maria Engel, beschreibt 1942 als zehnjähriges Schulmädchen in einem Aufsatz „Ein schönes Dorf" das Bauernhaus ihrer Eltern und Großeltern.

Husten Ein schönes Dorf

O du schönes Sauerland! Bist ja in der Welt so weit und breit bekannt! Meine Wanderfahrten führten mich oft durch dieses herrliche Land. Auf einer solchen Fahrt fand ich einst ein liebliches Tal zwischen hohen bewaldeten Bergen. Ein schmuckes Dörflein lag im Tale. Mitten hindurch führte eine saubere Landstraße. Zu beiden Seiten derselben standen schöne, gepflegte Bäume. Dahinter blickten mich die freundlichen Fachwerkhäuser der Talbewohner an.

Man sah es den Häusern an, dass hier fleißige, gute Menschen wohnten. Wie sauber war der Anstrich, wie blank waren die Fensterscheiben mit den blütenweißen Gardinen. Auf den Blumenbänken an der Giebelseite manchen Häuschens leuchtete eine Fülle von Blüten in bunter Pracht. Die schwarzen Balken mancher Häuser zeigten Inschriften aus alter Zeit.

An einem großen Bauernhause sah ich oben, fast an der Giebelspitze, ein Sonnenrad und daneben die Buchstaben INRI. Darunter war ein großes Kreuz mit der Inschrift IHS. Auf den Querbalken zu beiden Seiten der Haustür stand der ernste Spruch: „Ich geh aus oder ein, so steht der Tod und wartet mein." Das ansehnliche Haus stand im Schatten uralter mächtiger Eichen und hoher Eschen.

Hinter oder neben den Häusern lagen die gepflegten Gemüse- und Obstgärten. Mitten im Dorfe lud eine schlichte Kapelle den müden Wanderer zum Beten ein. Nicht weit davon war ein freier Platz, auf dem unter einer breitästigen Linde die Dorfväter an den Feierabenden zusammensaßen, ihr Pfeifchen rauchten und die Ereignisse des Tages besprachen. Hier war auch noch ein gemauerter Brunnen, aus dessen

Tiefen in alten Zeiten die Frauen und Mädchen das Wasser zum Kochen und Trinken geholt hatten.
(S. 258)

Arbeit und Gebet waren das selbstverständliche Lebensprinzip in der Dorfgemeinschaft – „ora et labora" nennen es die Benediktiner bis heute.

Husten

Das Leben der Menschen im Dorf war von jeher bis zum Maschinenzeitalter im 20. Jahrhundert von schwerer körperlicher Arbeit geprägt. Mit den Erträgen aus der Bearbeitung des kargen Bodens, die den Einsatz aller Kräfte erforderte, war kaum mehr als der tägliche Lebensunterhalt zu bestreiten. In die gleich bleibenden Arbeiten in Stall und Feld waren auch die Frauen und Kinder mit einbezogen.

Ein zweiter Hauptpfeiler des Lebens der frühen Zeit war neben der Arbeit das Gebet. Eine tiefreligiöse Einstellung prägte die Lebensanschauung der Menschen und ließ sie leichter Entbehrungen und andere Widrigkeiten ertragen. Gemeinsame Gebete, zum Teil auf den Knien verrichtet, gehörten in vielen Familien wie selbstverständlich zum Tagesablauf. ...

Die Teilnahme an der heiligen Messe in Drolshagen an Sonn- und Feiertagen war absolut verbindlich. Nicht genug mit den Mühen des weiten Kirchwegs bei jedem Wetter, erlegten die Frauen sich beim Kirchgang eine besondere Andachtsübung auf. Von Husten bis Drolshagen waren sieben Bildstöcke mit Darstellungen aus dem Leiden Christi aufgestellt. Sie standen ehemals anstelle des später üblichen Kreuzweges, der ursprünglich unbekannt gewesen ist. Mit „Fautfällen“ (hochdeutsch Fußfällen) vor den Bildstöcken, verbunden mit andachtsvoller Betrachtung, bereiteten sich die Frauen auf die heilige Messe vor. Eins dieser Kreuze stand am Ortsausgang in der Nähe des inzwischen abgerissenen Backhauses Engel, ein weiteres auf dem zweiten auf dem Kirchweg zu überwindenden Hügel mit dem bezeichnenden Namen „Kreuzberg“.

Die tiefe Frömmigkeit wurde auch an vielen äußeren Zeichen im Alltagsleben offenbar. So steckte der Bauer nach der Feldbestellung einen am Palmsonntag geweihten „Palmzweig“ mit einem stillen Gebet um Gedeihen an eine Ecke des Feldes. Vor dem ersten Austreiben im Frühjahr wurde das Vieh mit Weihwasser gesegnet. Beim Backen ritzte man in den Brotteig vor dem Verarbeiten das Zeichen des Kreuzes ein. (S. 123 f.)

Dorfgemeinschaft ist eine Großfamilie, wo Solidarität, Mit- und Füreinander gelernt und gepflegt werden.

In einer Zeit ohne moderne Medien pflegte man ein intensives Gemeinschaftsleben. Eine beliebte Einrichtung war die so genannte Lichtstunde, die Dämmerstunde, in der man, ohne schon Licht zu machen, oft mit dem ein oder anderen Nachbarn plaudernd in der Wohnstube zusammensaß. Die Männer trafen Husten sich im Winter sonntags nachmittags gern zum Kartenspiel. ...

In der engen Dorfgemeinschaft mit den wechselseitigen Abhängigkeiten bestand überhaupt ein starkes Gemeinschaftsgefühl. Frohne hebt in diesem Zusammenhang eine „echte kameradschaftliche Verbundenheit, eine nachbarliche Freundschaft und Hilfsbereitschaft hervor". (S. 129)

Kurz vor Emilies Geburt war eine dorfeigene Kapelle in Gemeinschaftsarbeit gebaut worden.

Husten

Heinrich Frohne, der ... den Kapellenbau als Kind miterlebt hat, notiert dazu in seiner Chronik: „Wir Hustener, Jung und Alt, haben damals an den Sonntagnachmittagen nach Kräften mitgeholfen, Bausteine und sonstiges Material zur Baustelle zu schaffen." Auch finanziell war man zu Opfern bereit. So belief sich beispielsweise die Kollekte, die anlässlich der Grundsteinlegung am 6. August 1882 abgehalten wurde, auf 45,- Mark - ein erheblicher Betrag, wenn man bedenkt, dass der Arbeiter, der einen drei viertel Tag lang Kalk löschte, dafür 1,95 Mark erhielt und der Schreiner, der zwölf Tage an den Schall-Löchern arbeitete, 24 Mark. (S. 162)

Wo gemeinsam gearbeitet wird, kann man auch miteinander feiern, es wachsen Identität und religiöses Brauchtum.

Das Herz-Jesu-Fest - alljährlich am Freitag nach der Fronleichnamsoktav begangen - ist für die Bewohner von Husten ein Festtag, an dem die Häuser mit Fahnen geschmückt sind, die Böllerschüsse krachen und zu dem die Familien ihre Verwandten und Freunde einladen. Den Verkündbüchern der Pfarrvikariegemeinde Iseringhausen ist zu entnehmen, dass die Bewohner von Husten und Halbhusten noch bis über die Mitte dieses Jahrhunderts hinaus Dispens vom Abstinenzgebot erhielten. ... In den über 100 Jahren seit Bestehen der Kapelle wurden bis heute am Herz-Jesu-Fest eine Frühmesse, ein Festhochamt und nachmittags eine Andacht gehalten. ... Zwischen Frühmesse und Hochamt brachte der Geistliche, begleitet von einem Messdiener mit Glöckchen, den Kranken des Dorfes die heilige Kommunion. Jeder, der ihm auf diesem Weg begegnete, kniete aus Ehrfurcht vor dem Allerheiligsten auf der Stelle nieder. Konnte der Priester, der von einer Familie zum festlichen Mittagessen eingeladen wurde, auch am Nachmittag noch anwesend sein, so fand eine Andacht mit Aussetzung des Allerheiligsten statt. (S. 165)

Im religiösen Brauchtum der Familie geborgen

Das Herz-Jesu-Gebet, das zum festen Gebetsschatz der Familie Engel gehörte, betet Emilie noch nach fünfzig Jahren Wort für Wort und hält es in der Familien-Hauschronik fest.

Chronik der Familie Engel

Im Juni fügte unsere Tante jeden Abend dem Abendgebet noch ein Weihegebet zum heiligsten Herzen Jesu (auswendig!) bei. Es hatte folgenden Wortlaut:

O mein Jesus, ich weihe dir mein Herz. Pflanze es in das Deinige ein. In deinem Herzen will ich leben. Durch dein Herz will ich lieben. In deinem Herzen will ich leben, ungekannt von der Welt, nur von dir gekannt allein. In diesem Herzen werde ich schöpfen die Flammen der Liebe, die das Meinige verzehren sollen. In ihm werde ich Stärke und Erleuchtung finden und Mut und wahren Trost. Bin ich lau und ohne Eifer, so wird es mich ermutigen, traurig, so wird es mich erfreuen, unruhig und verwirrt, so wird es mich beruhigen.

O Herz Jesu, es sei mein Herz der Altar deiner Liebe. Meine Zunge diene dazu, deine heilige Güte zu verkünden. Meine Augen seien beständig auf deine heiligen Wunden gerichtet, und mein Geist betrachte stets deine anbetungswürdigen Vollkommenheiten. Mein Gedächtnis bewahre für immer das kostbare Andenken an deine Erbarmungen. Alles in mir endlich sei ein Ausdruck meiner Liebe zu deinem Herzen, und mein Herz sei bereit zu allen Opfern für dich.

O Herz Mariä, du nach dem Herzen Jesu mitleidigstes, liebeswürdigstes und erbarmungsvollstes aller Herzen! Durch dich lass unsere Weihe, unsere Liebesbezeugungen und Entschlüsse zu dem Herzen deines Sohnes gelangen. Es wird sich erweichen ob unseres Elends und uns Befreiung gewähren. Du aber, (o Mutter), sei jetzt unsere Beschützerin auf Erden, o Mutter Jesu, und dereinst unsere Königin im Himmel. Amen.[1]

Eine Gabe von Emilie für die Dorfkapelle erinnert noch heute an ihre Liebe zum heiligsten Herzen Jesu.

Geschwister Klara

Ich erinnere mich jetzt noch daran, dass man zu Hause erzählt hat, dass Emilie für die Kapelle eine Altarborte zu Ehren des Herzens Jesu gestickt hätte mit einem kurzen Gebetchen: „Herz Jesu, Dir ewige Treue!" Diese Borte - so hat man mir vor einigen Jahren erzählt - existiert noch. (S. 80)

Was heute wie „im Kloster" erscheint, war für die Familie Engel normales Familienleben, war selbstverständlich.

Geschwister Klara

Wir waren eine durchaus religiöse Familie, haben viel gebetet und hätten alle ins Kloster gehen können. Das religiöse Leben in unserem Hause war eine Kraftquelle, aus der wir alle viel geschöpft haben, vor allem auch Emilie. Als Kinder beteten wir immer viel, sogar während die Mutter uns anzog. Das war für uns ganz normal. So war bei uns der ganze Tag eingespannt ins Gebet, das muss ich schon ehrlich sagen.

---

[1] Engel, Emilie: „Aus vergangenen Tagen", Gebete und religiöse Bräuche der Familie Engel, 1942 niedergeschrieben, S. 17 ff.

In unserer Familie waren wir fast „überreligiös“, aber nicht ungesund und übertrieben. Wir machten wohl keine frommen Reden, aber von innen heraus war die ganze Familie auf das Religiöse eingestellt. Bei uns, wie bei den Verwandten, herrschte ein resolutes Klima, das durch und durch religiös war. ...

Auch erinnere ich mich noch daran, wie unser kleiner Josef einmal zwischen den Knien herumkrabbelte, und als wir das Gebet zum heiligen Josef beteten: „Zu dir, o heiliger Josef“, hielt er plötzlich still und machte: „Hm“. Er hat sich sicher schon heilig gesprochen gefühlt und krabbelte dann schön weiter. Ich erinnere mich noch gut daran, wie wir darüber gelacht haben. (S. 72 ff.)

Advent und Weihnachten in der Engel-Familie.

Geschwister Klara

In der Weihnachtszeit sangen wir die schönen Weihnachtslieder. Damals hatten wir ein solch kleines, armseliges Krippchen, ein ganz einfaches Papierkrippchen mit einem Bildchen und Lichtchen dahinter, nicht so eine schöne Krippe, wie man sie heute hat.

Und dann sangen wir vor dieser Krippe unsere schönen Weihnachtslieder, bis unsere alte Tante sagte: „So, jetzt müssen wir in den Stall ans Melken!“ Sie war eine arbeitsvolle Seele. Gewöhnlich hat sie diese schönen Nachmittage nach dem Kaffee abrupt abgebrochen und uns in den Stall geschickt. Dort mussten wir melken. So saßen wir im Stall, alle drei

Mädchen, Arnolda, Mathilde und ich, Klara. Jede saß unter ihrer Kuh und dann haben wir mehrstimmig weitergesungen. (S. 65)

Ich erinnere mich, dass Emilie die Hauptsängerin und Anstimmerin war, wenn an langen Winterabenden im dunklen Wohnzimmer Advents- und Weihnachtslieder gesungen wurden. Der Vater sang im Brummbass die zweite Stimme. (S. 51 f.) Geschwister Anton

In ihrem Vater erlebten die Engel-Kinder Sicherheit und Geborgenheit.

Auch weiß ich noch gut, wie gern ich immer mit meinem Vater in den Wald ging. Und warum? Weil ich mich so wohl und geborgen fühlte bei ihm. Er hat oft im Wald gearbeitet, und ich war überglücklich, wenn ich mit ihm gehen und bei ihm sein durfte. Das war auch bei Emilie so. (S. 65) Geschwister Klara

Die Grundmuster eines Persönlichkeitsbildes sind in der Regel bis zum fünften Lebensjahr festgelegt. Emilie vermag im Rückblick aus ehrlichem Herzen zu danken.

Vermutlich fing auch schon eine gewisse religiöse Einwirkung und Beeinflussung an, von meiner Umwelt aus. Zum Beispiel dadurch, dass ich täglich des Öfteren sah, wie sich die Hände der Geschwister und großen Leute zum Gebet falteten und dabei immer dieselben Laute an mein Ohr drangen. Oder dass 7.2.1943 Tagebuch

- wie ich das in den letzten Ferien bei unseren Kleinsten beobachtete - meine Blicke am Kreuz und an Bildern an der Wand haften blieben, worauf dann die ersten Unterweisungen kamen: „Das ist der liebe Gott, die Mutter Gottes, der Schutzengel usw.“ Die tägliche Wiederholung dieser Wahrnehmungen blieb sicher nicht ohne einen nachhaltigen, ja dauernden Eindruck.

9.2.1943 Tagebuch

„Nie kann, o Herr, ich danken dir ...“ für das dritte und vierte Jahr meines Lebens. Welcher Liebeserweise soll ich besonders gedenken? Der gesunden, normalen Entwicklung meiner körperlichen und seelischen Kräfte und Fähigkeiten, der Aufgeschlossenheit und Empfänglichkeit für alles Religiöse, der Bewahrung vor dem Bösen? Für Letzteres möchte ich besonders herzlich danken, denn ich bin überzeugt, dass sich bei mir damals neben der guten Keimlein auch allerlei Unkraut entwickelte, dass ich eigensinnig war, mich oft mit den anderen zankte usw. Aber vor schlimmeren Versuchungen, Verführungen und Gelegenheiten, die mir für mein ganzes Leben hätten schaden können, blieb ich bewahrt.

10.2.1943 Tagebuch

Nicht vergessen will ich meines guten, treuen Schutzengels, der das kleine „Milchen“ so sorgsam an Seele und Leib behütet und bewahrt hat. Die ersten Gebetchen galten u. a. ihm, und unsere Mutter stellte uns von klein an unter seinen Schutz. „Schutzengel, bewahr et Milchen, dat et net fällt", so lautete ihr übliches Sprüchlein. Mein lieber heiliger Schutzengel, auch eine große Erbarmung Gottes in meinem Leben, für die ich herzlich danken will. Aber auch meinem heiligen Engel selbst will ich ein dankbarer und treuer Schützling sein.

Emilies Schwester Klara, die zwölf Jahre jünger ist, schildert die Schattenseiten der religiösen Erziehung um die Jahrhundertwende.

Geschwister Klara

Die religiöse Erziehung in unserer Jugendzeit förderte eigentlich die Skrupulosität. In unserer Gegend war in der damaligen Zeit das öffentliche religiöse Klima stark geprägt von den Wahrheiten über die so genannten letzten vier Dinge: Tod, Gericht, Himmel, Hölle. Wir hatten in unserer Gemeinde viele Jahre einen überaus edlen, tief frommen Priester, der nur alle vier Wochen den Empfang der heiligen Kommunion gestattete aus lauter Ehrfurcht vor dem Allerheiligsten und wohl aus Furcht, es könnte unwürdig kommuniziert werden. Eine nahe Verwandte von mir, eine wirklich fromme Seele, fragte einmal einen anderen Priester in unserer Gemeinde in der Beichte, ob sie außer am nächsten Morgen auch mehrere Tage später noch einmal zur heiligen Kommunion gehen dürfe. Die Antwort des Priesters lautete ganz besorgt: „Ja, aber vorher wieder beichten!" (S. 85)

Eine Bruchstelle wird sichtbar

In Emilies Leben bricht im Alter von sechs Jahren eine tiefe Not auf. Sie wird erkennbar bei einem alltäglichen Erlebnis auf dem Bauernhof.

Geschwister Anton

Emilie war wohl das Kind, von dem erzählt wurde, es sei einmal weinend in die Küche hereingestürmt mit dem Angstruf: „Papa kommt in die Hölle; er hat einen Mann geschlagen!" Was war geschehen? Der Vater hatte einem Viehhändler eine Kuh verkauft. Solche Verkäufe werden gewöhnlich mit einem kräftigen Handschlag bekräftigt. Emilie hatte das mit angesehen und war nun in Angst und Sorge um den Vater.

Das Kind Emilie wird um die Zeit der Einschulung verhaltensauffällig. Die besorgten Eltern ziehen einen Arzt hinzu.

Geschwister Antonia

Im ersten Schuljahr hat Emilie sehr unter Heimweh gelitten und viel geweint.[1]

Geschwister Anton

Wie das Urteil des Arztes, der wegen Emilies schwermütiger und ängstlicher Veranlagung (sie weinte viel) konsultiert wurde, sie „geschockt" hat, dürfte - weil von ihr selbst niedergeschrieben - bekannt

[1] Zeugnis von Antonia über Emilie.

sein. Emilie hörte zufällig mit, wie bei andern darüber gesprochen wurde. (S. 51)

Was Arzt und Eltern nicht verstehen konnten, verschloss das sensible Kind in den Tiefen seiner Seele. Die Dramatik zittert nach in den stichwortartigen Tagebuch-Eintragungen zu ihrem fünfzigsten Geburtstag.

„Nie kann, o Herr, ich danken dir genug ..." für das sechste Jahr meines Lebens. In diesem Alter fing mein Lebenskreuzweg an. Schwermütige Anwandlungen in meinem Gemütsleben - Angst vor der Hölle, häufiges Weinen - Absonderung in einem stillen Eckchen - Herzbeschwerden (vielleicht eingebildet) Gang des Vaters mit mir zum Arzt nach Eckenhagen. Unsere Mutter sagte danach einmal in meiner Gegenwart zu jemand, dass sie mit mir zum Arzt gegangen wären und der Arzt hätte gesagt, ich müsse (um von meinem absonderlichen Wesen befreit zu werden) zuweilen Schläge haben. Das war eine tiefe Beschämung für mich und blieb als solche in meinem Bewusstsein haften bis auf den heutigen Tag." 11.2.1943 Tagebuch

Pater Kentenich deutet nach dem Tode von Emilie dieses Geschehen.

Will man sich die seelische Verwirrung und die seelische Schockwirkung im Leben des sechsjährigen Kindes in ihrer ganzen Tragik bildhaft verständlich machen, so stellt man sich am besten einen Krebskranken im letzten Stadium vor. Der Krebs hat sich Studie 1955 J. Kentenich in diesem Zustand so in alle lebendigen Zellen hineingefressen, dass sie alle überwuchert sind und eine Heilung schlechthin unmöglich ist. Aus genauester Kenntnis des hier gemeinten Seelenlebens glaube ich mich dieses Bildes bedienen zu dürfen, ohne fürchten zu müssen, der Übertreibung bezichtigt zu werden. Die aufgebrochene seelische Schwermut wirkte sich nach ihren eigenen wahrheitsgetreuen Schilderungen in einer unüberwindlichen Höllenangst aus, die zu Absonderungs-, zu Menschen- und Weltfluchttendenzen drängte, die Tränenbäche zeitweilig unaufhörlich fließen ließ und die Gesundheit, besonders das Herz stark in Mitleidenschaft zog. ...

Wollen wir die Selbstdiagnose auf einen Generalnenner zurückführen, wollen wir sie mit einem charakteristischen Merkwort bezeichnen, so sagen wir wohl am treffendsten: es handelt sich hier um eine universelle, tief eingewurzelte und schuldhaft empfundene Angstpsychose. (S. 421)

Die Selbstdiagnose, die Schwester Emilie gibt, stellt eine solche Psychose seit dem schockartigen Ein- und Aufbruch im sechsten Lebensjahre fest, die das ganze Seelenleben aufgewühlt, zerfasert und gepeinigt hat. Weiteste Strecken der Entwicklung blieb diese Psychose. Nicht selten wirkte sie sich gleichzeitig überaus drückend und quälend auf den Körper aus. Periodisch auftretende Erleichterungen ließen den Zustand einigermaßen ertragen.

Diese Psychose nahm deshalb einen überaus bösartigen und hartnäckigen Charakter an, weil sie gleichzeitig mit einem außergewöhnlich starken krankhaften Schuldbewusstsein fast unlösbar verbunden auftrat. Eine Art Schuldhaftigkeit ist - wenigstens unbewusst - mit jeder Angst verbunden. Den tieferen Grund haben wir bereits hervorgehoben. Er ist im inneren Zusammenhang zwischen Urangst und erbsündlicher Urschuld zu suchen. In unserem Fall handelt es sich jedoch um einen solch ausgesprochen krankhaften Schuldkomplex, dass man mit Recht von einem Sündenzwang oder von einer Sündenpsychose sprechen kann. (S. 423)

Man darf nicht übersehen: das falsche Gottes- und Menschenbild, das sich der kindlichen Seele eingeprägt, als sie noch kaum zum Gebrauch der Vernunft gelangt, erfüllte gerade deshalb so stark und fast unauslöschlich die unterbewusste Seelenschicht, dass alle entgegengesetzten Belehrungen für den Kopf, die später in Schule und Lehrerinnenseminar geboten wurden, die Schicht nicht auflockern, nicht lösen und nicht wandeln konnten. Jedenfalls blieb die quälende, drückende und erdrückende seelische Not und Angst bis zur ersten Begegnung mit Schönstatt. Sie fand statt im Jahre 1921. (S. 390)

Zwischenbilanz nach fünfzig Jahren. Das Thema, wie kann ich vor dem gerechten Gott bestehen, taucht wieder auf:

In diesen Tagen beschäftigte mich ein Problem. Wäre es wünschenswert, wenn ich im frühen Kindesalter, als ich Gott noch nicht beleidigen konnte, ge- 8.2.1943 Tagebuch

In diesen Tagen beschäftigte mich ein Problem. Wäre es wünschenswert, wenn ich im frühen Kindesalter, als ich Gott noch nicht beleidigen konnte, gestorben wäre? Ich hätte das Kleid der Unschuld fleckenlos dem lb. Gott zurückgebracht...

Und jetzt, nach 50 Jahren! Zahllose Flecken, Wunden, Krankheiten!

Und doch erscheint mir dieser Weg von 50 Jahren und vielleicht noch länger als wünschenswerter. Einmal deshalb, weil er die

storben wäre? Ich hätte das Kleid der Unschuld fleckenlos dem lieben Gott zurückgebracht ...
Und jetzt, nach fünfzig Jahren! Zahllose Flecken, Wunden, Krankheiten.
Und doch erscheint mir dieser Weg von 50 Jahren und vielleicht noch länger als wünschenswerter. Einmal deshalb, weil so die Langmut und Barmherzigkeit Gottes in alle Ewigkeit mehr verherrlicht wird, dann aber auch wegen der vielen sieghaften Entscheidungen meines freien Willens für Christus auf meinem ganzen Lebenswege.
Diese freien Entscheidungen waren noch nicht möglich im unmündigen Kindesalter. Wenn der liebe Gott den freien Willen und damit diese freien Entscheidungen für ihn so hoch einschätzt, dass er lieber die Möglichkeit zu sündigen erträgt, als darauf zu verzichten, dann will auch ich so denken und ein langes Leben - wie meine 50 zurückgelegten Jahre - als einen *besonderen* Liebeserweis Gottes auffassen, trotz aller Untreue meinerseits in dieser Zeit. Wenn der Weg auch zahllose Biegungen und Zickzackformen aufweist, die Grundrichtung ging doch immer auf Gott hin. Und so hoffe ich, dass auch das Ende meiner Pilgerfahrt „die sieghafte Heimholung des auserwählten Lieblingskindes durch Christus und seine gebenedeite Mutter im Heiligen Geist zum Vater ist".

Den Berufswunsch zäh durchgesetzt

Wurzeln bleiben unsichtbar im Erdreich verborgen. Das Leben geht auch nach dem Sichtbarwerden der Bruchstelle für Emilie und ihre Familie weiter – in normalen Bahnen. Für Emilie beginnt die Schulzeit.
Die Dorfschule in Iseringhausen hatte um 1900 einen relativ hohen Standard.

Husten

Noch zu Beginn des 19. Jahrhunderts war der Unterricht im Wesentlichen auf die Fächer Religion, Lesen, Schreiben und wenig Rechnen beschränkt. Um 1901 hatte sich der Fächerkanon, wie ein Stundenplan in Iseringhausen aus diesem Jahr ausweist, um eine Reihe von Fächern erweitert: Gesang, Turnen, Handarbeit, Geogaphie, Naturgeschichte und Weltgeschichte.

Um die Wende des 19. Jahrhunderts waren die Verhältnisse im Schulwesen gefestigt und durchorganisiert, Ausbildung, Anstellung und Besoldung der Lehrer waren geregelt. In Iseringhausen stand die Schulgeschichte im 20. Jahrhundert weitgehend im Zeichen der Erweiterung und später des Neubaus der Schule. (S. 181)

Der Berufswunsch der vierzehnjährigen Emilie rückt in den Mittelpunkt.

Geschwister Anna

Emilie besuchte die Volksschule in Iseringhausen von 1899 bis 1907. Sie wollte gern Lehrerin werden. Da die beiden älteren Schwestern schon diesen Beruf ergriffen hatten, so wünschten die Eltern, sie als Stütze zu Hause zu behalten. Auf die Dauer konnten sie aber ihrem inständigen Bitten, sie studieren zu lassen, nicht widerstehen. (S. 55)

Ostern 1907 verließ Emilie die einklassige Volksschule in Iseringhausen. Ihr Wunsch: Lehrerin werden! Er fand wenig Gehör. Hindernd im Weg stand: Geschwister Anton

1. die Kostenfrage: Die beiden älteren Schwestern hatten studiert, bzw. waren noch im Studium. Das Geld war angesichts der Kinderzahl knapp.
2. Der Lehrerinnenberuf war überlaufen und überfüllt. Es hieß, sehr viele Anwärterinnen würden keine Stelle bekommen.
3. Emilie sollte vorerst zu Hause bleiben und der Mutter bei der vielen Arbeit ein wenig helfen.

Die Berufsfrage kam aber nicht zur Ruhe. Helfer für Emilie war wohl vor allem der unverheiratete Onkel im Hause, der ob seines Alters, seiner tiefen Frömmigkeit, seiner Klugheit eine gewisse Autorität besaß. Für ihn stand fest: Wenn Emilie Lehrerinnenberuf hat, dann soll und muss sie auch studieren. (S. 49)

Und dann hat man mir erzählt - ich habe es selbst ja nicht miterlebt -, sie hätte immer wieder gebettelt, ob sie nicht auch studieren dürfte. Sie habe diesen Wunsch mit Zähigkeit vertreten. Unsere Emilie wuss- Geschwister Klara te genau, was sie wollte, und konnte etwas durchsetzen, wenn sie etwas wollte, jedoch nie in einer schroffen oder erzwingenden Art. Sie hat also immer wieder gebettelt, aber unser Vater hat lange kein Ja dazu gegeben.

Und dann hat dieser alte Onkel Albert, der mit dem „Milchen" - unsere Emilie hieß „Milchen" zu Hause - immer so gut war und sie so gern hatte, seinen Bruder - also unseren Vater - so lange gequält und gebettelt, bis er zum Studium von Emilie Ja gesagt hat. Emilie sei überglücklich gewesen. (S. 81 f.)

Emilie war ein Melancholiker mit einem cholerischen Einschlag. Sie war stärker nach innen gekehrt als andere, aber nicht verkrampft. Abgesehen von der Unfreiheit ihrer Gewissensnot war sie nie zaghaft, sondern war ein entscheidungsfähiger, zielstrebiger und konsequenter Mensch. Sie war zielbewusst, klar und nüchtern. Von ihrem Temperament und ihrer übergroßen Gewissenhaftigkeit her war sie ein Mensch, der bei wichtigen Fragen mehr Zeit brauchte zum gründlichen Durchdenken einer Sache als andere. Bei Entscheidungen war sie nie leichtfertig, sondern eher etwas langsam und bedächtig. Sie wollte alles richtig machen, und darum nahm sie sich Zeit und wirkte entsprechend langsamer im Entscheiden. Aber was Emilie als richtig und gottgewollt erkannt hatte, das wurde von ihr auch tatkräftig und zielstrebig durchgeführt. Das habe ich an mir selbst in einer wichtigen Sache erfahren dürfen, als sie mich 1926 nach Schönstatt brachte. (S. 88)

1911 – 1921 Lehrerin aus Leidenschaft

Der Lehrerinnenberuf ermöglichte der unverheirateten Frau Selbstständigkeit und gesellschaftliches Ansehen. Seit 1801 hatten in Preußen die Frauen Zugang zum Lehrerinnenberuf erlangt. Die Notwendigkeit der Schulbildung für die Bevölkerung rückte mehr und mehr in das öffentliche Bewusstsein. Der Staat errichtete Lehrerinnenseminare, um dem wachsenden Bedarf Rechnung zu tragen.

Emilie besucht das neu erbaute Königliche Lehrerinnenseminar in Arnsberg. Zielstrebig absolviert sie den Ausbildungsgang, meistert die Umstellung vom Dorf in die Regierungsstadt. Ihre Mitstudentinnen behalten sie in positiver Erinnerung. Sie engagiert sich sozial und religiös und schafft einen glänzenden Abschluss.

Zielstrebig bemüht sie sich um eine Stelle. Schließlich ist das Ziel erreicht: Zusammen mit ihren beiden älteren Schwestern kann sie an einer Schule in Herne-Sodingen unterrichten. Das „Engel-Kleeblatt" ist im Ort gern gesehen.

Emilies intensiver sozial-apostolischer Einsatz bringt sie in ersten Kontakt mit Schönstatt.

Ausbildung am Lehrerinnenseminar

Das Berufsbild der Lehrerin vor dem Ersten Weltkrieg – ein religiös orientiertes Frauenideal.

unbeschreiblich weiblich

Das Lehrerinnenbild hing in nicht unerheblichem Maße von der Entwicklung des damaligen Frauenideals ab. Die Lehrerin erfüllte ihre weibliche Wesensaufgabe, indem sie das Prinzip der Mütterlichkeit auf psychologisch-geistiger Ebene verwirklichte, denn sie durfte laut der allgemeinen moralischen und gesetzlichen Vorschrift nicht heiraten. Sie übernahm sozusagen die geistige Mutterschaft über ihre Schülerinnen, denen sie sich mit all ihrer Kraft und Hingabe widmete.

Pauline Herber verglich die persönlichen Qualitäten, die eine Lehrerin mitbringen müsste, um wirklich für die Lehrtätigkeit berufen zu sein, mit jenen einer Ordensfrau. Ihre sie ganz und gar beseelende Motivation schöpfe sie aus einer tiefen und unerschütterlichen Religiosität. Dazu müssten sich als weitere Tugenden Selbstlosigkeit, Bescheidenheit, Arbeitsamkeit, Selbstdisziplin, klares Denken und ein heiteres Gemüt gesellen.

Zusätzlich wurde von ihr auch außerhalb der Schule eine vorbildliche Lebensführung, soziales Verantwortungsbewusstsein und Engagement gefordert. Nur ein so gestaltetes Berufsverständnis könne zur sittlichen Höherbildung der Nation beitragen und damit der neuen Kulturaufgabe der Frau gerecht werden. (S. 51)

Wie bereits erwähnt wurde, durfte die Lehrerin nicht heiraten. Der entsprechende Zölibatserlass datiert zwar erst vom 9. März 1880. Aber die unverheiratete Lehrerin war schon vor diesem Zeitpunkt der Regelfall gewesen und hatte sich in der gesellschaftlichen Moralvorstellung fest verwurzelt. Der Erlass sah erstens eine Klausel im Anstellungsvertrag vor, welche die Lehrerin im Falle einer Heirat verpflichtete, aus dem Beruf auszuscheiden, und zweitens den Wegfall aller Pensionsansprüche nach der Eheschließung. (S. 52)

Zeitgenössische Zeugnisse malen Details des Studienalltags.

unbeschreiblich weiblich

Noch am Abend des glücklichen Tages, da uns die Aufnahme zugesagt war, wurden uns auch die Regeln und Vorschriften unseres künftigen Lebens dargelegt:

Kohlschwarz war die Tracht, Kleid, Mantel und Hut: keine funkelnden Nadeln durften das Kleid schließen, keine leuchtende Blumen den Hut, kein bunter Besatz den Mantel. Dazu ein Kragen über Schultern und Arm, ähnlich dem Mantel einer Ordensfrau; einfach die Frisur und gemessen der Gang; edel die Haltung, aber ernst der Blick.

Aufmerksam und still saßen die werdenden Novizinnen des künftigen Lehramtes, und willig schrieb sich jede derselben die besten Vorsätze in Herz und Gedächtnis.
Nach der diesmal so glücklichen Vakanz begann dann die feste Ordnung des Studiums.

Klassenunterricht morgens und Klassenunterricht nachmittags, Silentium bis zum Abend und viel heimliches Lachen und Vergnügen zwischendurch.
(S. 65)

Mitstudentinnen erinnern sich an Emilie.

Erinnerung

Schwester Emilie studierte mit mir im Arnsberger Lehrerinnenseminar, sie war im Kurs ein Jahr vor mir. Da ich damals schon kränklich war, betreute sie mich. So hatte ich Gelegenheit, sie näher kennen zu lernen. Sie war eine tieffromme Seele, ging damals schon zur täglichen heiligen Kommunion, was zu der Zeit noch selten war. Nie hörte man sie lieblos oder klatschsüchtig über andere reden. Im Reden war sie sehr zurückhaltend, ihre Liebe, ihr Verstehen lag in ihren klaren, blanken Augen und in ihrer feinen Wesensart. Von ihr ging etwas aus, was ihre Umgebung ihre reine heilige Seele ahnen und empfinden ließ. Äußerlich war sie recht einfach und schlicht. Sie genoss allgemein - bei Lehrern und Mitschülerinnen - große Hochachtung und Liebe.[1]

[1] E. Wewer, Brief vom 28.3.1956.

Erinnerung Eine liebe, gute Mitschülerin - war alle drei Seminarjahre (Internat) Klassensprecherin, immer einstimmig wieder gewählt. Keine von allen hätte sich so zum Vermitteln geeignet wie sie, mütterlich besorgt für alle, begabt, machte die besten Aufsätze, fleißig, pflichtgetreu, aber nicht ehrgeizig, wollte nie glänzen mit ihrem Können, trat gern in den Hintergrund, fromm. Während fast alle gerne schliefen bis zum Wecken, stand sie schon oft eine halbe Stunde früher auf, um zur heiligen Kommunion gehen zu können, was damals etwas Seltenes war. Wer etwas auf dem Herzen hatte, fragte Emilie um Rat. Wir haben oft zu ihr gesagt: „Emilie, du heißt Engel, du bist aber auch ein Engel." Äußerlich schlank, blond, groß, ausgeglichene sanfte Gesichtszüge, Madonnentyp.[1]

Die Verbundenheit mit ihrer Familie zuhause trägt auch in der Ferne.

25.5.1911 Brief an Emilie

Liebe Emilie!

Deinen lieben Brief haben wir erhalten und uns gefreut, dass es Dir gut geht. Hier ist alles noch gesund und munter. In Iseringhausen ist die Frau Anna Scheele gestorben, und zwar im Wochenbett. Sonst ist alles noch beim Alten. Die kleine Toni hat sich tüchtig entwickelt. Alles andere mündlich. Kennst Du das Haus auf dieser Karte?

1000 Grüße Deine Mutter

---

[1] J. Hünemeyer, Januar 1956.

Examensnöte

Meine liebe Anna, herzlichen Dank für Deine beiden Karten. Ich stehe jetzt in den gefürchteten und ersehnten Examenstagen. Das Schriftliche ist vorbei. Nächste Woche Donnerstag - Samstag ist das Mündliche. Dann musst Du besonders an mich denken, nicht wahr? In zwei Wochen bin ich also wieder zu Hause und kann dann auf meinen Lorbeeren ausruhen, wenn's gut geht. Umstehend siehst Du meine Kolleginnen von Zimmer 1. In alter Liebe und herzliche Grüße

Emilie[1]

o. Datum Brief von Emilie

Alle Mühe hat sich gelohnt!

Beim Lehrerinnenexamen hat sie die mündliche Prüfung geschenkt bekommen auf Grund ihrer guten schriftlichen Arbeiten.

Geschwister Klara

Onkel Albert hat sich königlich darüber gefreut. Er hätte immer wieder zu seinem Bruder und auch zu Emilie gesagt: „Das hast du mir zu verdanken.“ Denn er war es, der zu Hause so lange gequält hatte, bis der Papa Ja sagte. (S. 82 f.)

---

[1] An A. Schneider.

Lehrtätigkeit im Industriegebiet

Emilies erste Bewerbung um eine Anstellung war wegen Lehrerüberfluss abgelehnt worden. Bei Ausbruch des Ersten Weltkrieges werden die Lehrer eingezogen. Emilie ergreift die Chance der Stunde und schreibt erneut ihre Bewerbung.

10.9.1914 Brief von Emilie

Im Februar dieses Jahres bestand ich nach dreijährigem Besuch des Königlichen Lehrerinnenseminars in Arnsberg die Prüfung für Volksschullehrerinnen. Später wurde ich vom Schulvorstand in Börnig-Sodingen bei Herne für eine Lehrerinnenstelle dortselbst gewählt. Mit Rücksicht auf ältere Schulamtsbewerberinnen wurde diese Wahl von der Königlichen Regierung nicht genehmigt. Da gegenwärtig viele Volksschullehrer zur Fahne einberufen sind, möchte ich hiermit die Bitte um Beschäftigung im Volksschuldienst wiederholen und die Königliche Regierung ersuchen, mich bei vertretungsweiser Verwendung von Schulamtsbewerberinnen gütigst zu berücksichtigen.

Gehorsamst Emilie Engel

Am Ziel! – Nach einer Vertretungsstelle in Grimlinghausen kann sie im Frühjahr 1915 in Sodingen im gleichen Schulverband beginnen, in dem auch ihre Schwestern unterrichten. Der Rektor der Schule heißt Emilie willkommen.

Meine l. Frl. E. Engel!

5.4.1915 Brief an Emilie

Der Herr Schulrat Stephanblome hat Sie vom 15. d. M. ab nach Sodingen als Ersatz für Herrn Lehrer Wurm berufen.

Ich freue mich mit Ihnen und bin fest davon überzeugt, dass Sie, in den Bahnen Ihrer Frl. Schwestern wandernd, sich bald die Liebe und Wertschätzung unserer gesamten Schulgemeinde einschließlich deren Vertretungen erwerben werden. Hier ist jetzt für Sie dauernd Platz.

Indem ich Ihnen noch nachträglich frohe Ostergrüße sende und damit auch Ihren lb. Eltern und Geschwistern, verbleibe ich Ihr J. Bitter, R.

Geschwister Anna

Im Herbst 1914 sah sie sich am Ziel ihrer Wünsche. Sie kam als Schulamtsbewerberin an die katholische Volksschule in Grimlinghausen bei Neuss, wo sie bis Ostern 1915 blieb. Ihre beiden ältesten Schwestern waren schon länger in Sodingen bei Herne als Lehrerinnen tätig. Durch die Vermittlung des dortigen Pfarrers und des Bürgermeisters wurde auch Emilie Ostern 1915 eine Stelle an der katholischen Volksschule in Sodingen übertragen. Zum Unterschied von ihren Schwestern war sie in der Schule und in der Gemeinde als Fräulein Engel III bekannt.

Emilie war mit Leib und Seele Lehrerin. Gewissenhaft bereitete sie sich auf jede Unterrichtsstunde vor. Ihr Rektor, ein tief religiöser Erzieher, schätzte sie sehr und schrieb ihr einmal zum Namenstag, der in die Oktav von Maria Himmelfahrt fiel, den Satz aus dem Festtagsevanglium: „Emilie optimam partem elegit, quae nunquam auferetur ab ea." - Emilie hat den besten Teil erwählt, der ihr niemals genommen wird. (S. 56)

Das Engel-Kleeblatt

Geschwister Klara

Als Lehrerin wohnte Emilie mit ihren beiden älteren Schwestern in Börnig-Sodingen. Alle drei „Engel-Lehrerinnen" waren sehr beliebt und bei der Bevölkerung sehr geschätzt. Sie hatten eine schöne Wohnung zusammen, und wir anderen fünf Mädchen - wir waren ja acht Mädchen in unserer Familie - wechselten uns ab und führten ihnen den Haushalt. Es war einmal diese Schwester oder jene, und so gab es auch eine Abwechslung in unserem Leben. (S. 95)

Eine Schülerin von Emilie hat lange Jahre das erste Zeugnis, das sie von ihrer Lehrerin Engel III, erhielt, aufbewahrt, ebenfalls eine Karte, die Emilie ihr schrieb, als sie in einem Kinderheim zur Erholung weilte. Sie erzählt:

Erinnerung

Lehrerin Engel schrieb: „Hedwig hat einen guten Anfang gemacht und wird das Klassenziel voraussichtlich erreichen." Darunter stand „E. Engel".

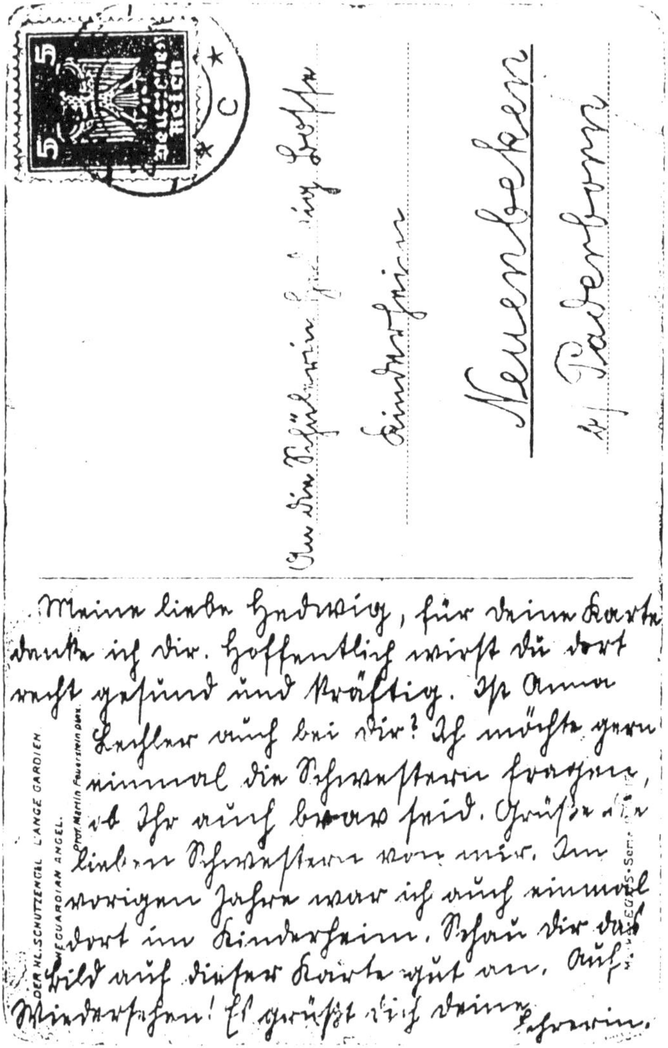

5 Deutsches Reich 5

An die Schülerin [illegible]

Kinderheim

Neuenbeken

b/ Paderborn

Meine liebe Hedwig, für deine Karte danke ich dir. Hoffentlich wirst du dort recht gesund und kräftig. Ist Anna Kahler auch bei dir? Ich möchte gern einmal die Schwestern fragen, ob Ihr auch brav seid. Grüße die lieben Schwestern von mir. Im vorigen Jahre war ich auch einmal dort im Kinderheim. Schau dir das Bild auf dieser Karte gut an. Auf Wiedersehen! Es grüßt dich deine Lehrerin.

DER HL. SCHUTZENGEL L'ANGE GARDIEN THE GUARDIAN ANGEL.

Prof. Martin Feuerstein pinx.

Ihre Schrift war wie gemalt. Bei dem „E" machte sie immer so einen Bogen. ... Ich fand sie ganz großartig, sie war einfach toll, vor allem das „E" mit den Schnörkeln! ...

„Meine liebe Hedwig, für Deine Karte danke ich Dir. Hoffentlich wirst Du dort recht gesund und kräftig. ... Ich möchte gern einmal die Schwestern fragen, ob Ihr auch brav seid. Grüße die lieben Schwestern von mir. Im vorigen Jahre war ich auch einmal dort im Kinderheim. Schau Dir das Bild auf dieser Karte gut an. Auf Wiedersehen! Es grüßt Dich Deine Lehrerin."

Auf der Rückseite ist ein Schutzengelbild zu sehen. Es war für mich eine solche Freude, die Karte zu bekommen, dass sie mir heute noch viel wert ist. Ich war damals gerade neun Jahre alt, hatte Heimweh und fand es so nett, dass meine Lehrerin an mich gedacht hatte und mir schrieb. Diese Karte ist jetzt 74 Jahre alt. ... Warum mir diese Karte so viel wert ist? Sie erinnert mich an meine liebe Lehrerin Emilie Engel. ... Die Familien in Sodingen waren finanziell nicht gut gestellt. Wir hatten kranke Kinder in der Klasse. Lehrerin Engel verstand sie und beschützte sie und hatte sie auch besonders betreut. Wir freuten uns darüber. Sie leitete uns an, für die kranken Schülerinnen und deren Familien zu beten. Sie hatte viel Verständnis für das Leid anderer.[1]

---

[1] H. Kleerbaum, in: Eröffnung des Seligsprechungsprozesses für Schw. Emilie Engel; Schönstätter Marienschwestern, Koblenz, 1999, S. 27 ff.

Der Sohn der Vermieterfamilie in Sodingen erinnert sich und schreibt nach fast 80 Jahren:

Erinnerung

Um gleich zur Sache zu kommen: Bei einem Geschwistertreffen gab es ein langes Gespräch über die Schwestern Engel, besonders über Erinnerungen an Emilie. Ria und Käthe erklärten, unsere verstorbenen Schwestern Änne und Gertrud hätten ausführlicher berichten können. Übereinstimmend wussten sie aber noch, dass Emilie „anders" gewesen sei als ihre Schwestern. Das sei aber normal! Sie selbst, die vier Schwestern, seien doch erheblich unterschiedlicher gewesen.

Emilie anders? Ja, stiller, zurückhaltender, mitfühlender. Ria erinnerte sich noch, dass Emilie sie oft nach Schulschluss gefragt hätte, aus welchem Grund diese oder jene Mitschülerin seit einigen Tagen so traurig, so verstört sein könne. Ria wusste den Grund oder erfuhr ihn über Mitschülerinnen. In vielen Fällen: Vater oder Bruder auf der Zeche verunglückt, tot oder im Krankenhaus.

Aber, was auch immer die Ursache war, Emilie wusste es dann einzurichten, das Mädchen möglichst unbemerkt von den Mitschülerinnen nach Schulschluss im Klassenzimmer zurückzuhalten, um ihm irgendwie beizustehen, ihm das Gefühl zu vermitteln, auch an der Lehrerin eine Stütze zu haben.

NB. Zwischen Emilie und Ria war nur ein Altersunterschied von 13 Jahren, also keine ganze Generationsdifferenz zwischen Lehrerin und Schülerin.

Meine Schwestern meinten: „Im übrigen alles normal!“ Normal? Aber nur aus der Sicht derer, die in jener Zeit und in jener Umgebung aufgewachsen waren.

Nach diesem Gespräch wurde mir wieder einmal bewusst, wie schwierig es ist, den jüngeren Generationen einen Eindruck von unserer „guten alten Zeit“ zu vermitteln. Von einer Zeit, die doch auch damals den Menschen mitgeprägt, beeinflusst hat.[1]

Apostolat

Außerschulisches soziales Engagement gehörte zu den Pflichten einer Lehrerin. Zwei zeitgenössische Berichte in der Zeitschrift MTA schildern die sozialen Verhältnisse.

MTA 1922

Apostelpfade

Vor allem möchte ich hinweisen auf die Hausbesuche bei den Eltern unserer Kinder, auch unserer früheren Kinder. Diese Familien stehen unserer apostolischen Betätigung am nächsten, weil von ihnen das Wohl unserer Kinder abhängt. Man wittert auch nicht so leicht „Bekehrungsversuche“, wenn der Lehrer oder die Lehrerin ins Haus kommt, als wenn der Priester erscheint. Man hat Gelegenheit, auf die Eltern einzuwirken und an den Schulentlassenen Jugendpflege zu üben. Es werden die für unsere Be-

[1] Th. Lubbers, Brief vom 29.8.1993.

rufsarbeit so unbedingt notwendigen Brücken geschaffen zwischen Schule und Elternhaus. Ich empfinde es jedes Mal, so oft ich ein Kind besuche, dass ich in ein wärmeres Verhältnis zu den Eltern und dem Kinde trete. Zugleich wird auch der apostolische Eifer gerade durch die Hausbesuche entfacht und belebt. Wie viel Elend habe ich in den Familien kennen gelernt! Das Herz blutete mir fast, wenn ich von solchen Besuchen heimkehrte, und ich fühlte den ungestümen Drang in mir, zu helfen, und wenn ich nicht konnte, wenigstens zu beten.

Nach den Herbstferien fing ich an, meine Kinder der Reihe nach zu besuchen, aber ich bin leider bis jetzt noch nicht weit damit gekommen, weil mir die Zeit fehlte. Eine edle Kollegin hier erzählte mir, sie habe sich ein Kontrollbüchlein für die Hausbesuche angelegt. Sie schreibt die Namen der Kinder straßenweise hinein, den Tag des Besuches, wichtige Beobachtungen und Erfahrungen bei demselben. Das scheint mir sehr praktisch und nutzbringend zu sein. (S. 141 f.)

Ein schwüler Nachmittag. Ich lenke meine Schritte in ein Kolonieviertel. Ganz dicht an der staubigen Landstraße liegen die armseligen Häuser, die teilweise durch Pfosten von außen vor dem Einstürzen geschützt werden. Die Autos, die vorbeisausen, schicken jedes Mal dicke Staubwolken in die Häuser hinein. Die Leute können die Fenster kaum öffnen. Kein Baum und Strauch bietet auch nur ein wenig Schat-

MTA 1925

ten. In den kärglich bemessenen Wohnungen herrscht eine unerträgliche Hitze.

Erstes Bild. In der ersten Familie werde ich freundlich aufgenommen. „Fräulein, wie schön, dass Sie uns mal besuchen." Ich setzte mich zu der Frau. Sie erzählt mir von ihrem Leid und Weh. Sie hatte gute Tage gekannt. Da kam der Krieg und machte den Mann zu einem hilflosen, verbitterten Krüppel. Ihr sauer erspartes Geld ging verloren. Da wandte sich der Mann fort von Gott und der Kirche, und es kam schreckliche Not, Zwietracht und Unheil.
Nun ist der Mann selbst in einer Lungenheilstätte, sie selbst muss mit ihren drei schwindsüchtigen Kindern darben. Ich verspreche ihr, für die Kinder zu sorgen. Da leuchtet ein kurzer Hoffnungsstrahl auf in den müden, matten Augen der Frau.

Doch da erzählt sie von einer schwer kranken Frau, die in demselben Hause unter dem Dache wohne. „Fräulein, wenn es geht, helfen Sie dort doch!" Ich klettere hinauf.

Zweites Bild. Schon vor der Türe höre ich ein leises Wimmern. Ich öffne, das Herz steht mir für einen Augenblick still. Auf einem Strohsack liegt eine wirklich dem Tode geweihte Frau in den besten Jahren. Lungentuberkulose im letzten Stadium. Kein Bezug auf dem Bett - im Zimmer eine unerträgliche Hitze. Vier Kinder spielen auf dem Boden, der wohl seit Tagen nicht mehr geputzt ist. Ich schaue ins Nebenzimmer. Dort liegt der Mann auf einer Bank. Er schläft seinen Rausch aus. Die ganze Küche ist erfüllt mit einem widerlichen Schnapsgeruch. Die arme Frau weint und erzählt mir, wie „er" soeben noch die Kinder herzlos geschlagen habe. Die letzten Groschen habe er vertrunken. Ich spreche ihr liebreich zu, reiche ihr einen Schluck frischen Wassers, öffne das Fenster. Hier tut schnelle Hilfe Not.

Ich überlege, was zu tun ist ... (Ein Laienapostel muss auch Mittel und Wege kennen, um helfen zu können. Er muss vertraut sein mit allen Wohlfahrtseinrichtungen der Stadt, des Amtes, des Staates, um sie nötigenfalls auch in Anspruch nehmen zu können.) Schnell eile ich zu einem jungen Mädchen, das mir schon mal treu geholfen hat. Ein Bettbezug wird beschafft, das Bett sauber überzogen, das Zimmer frisch aufgenommen, der Staub gefegt. Das älteste Kind hat mittlerweile eine Kanne Milch geholt - und nun kann sich die kranke Frau ein wenig laben.

Wir überlegen, wie wir weiter sorgen können. Die Frau muss ins Krankenhaus, die Kinder sollen aufs Land. *Mater habebit curam!* Und die Seele! Seit Jahren hat die arme Frau nicht mehr gebeichtet. Auch ihre arme zerquälte Seele müssen wir retten. (S. 245)

Emilies natürlicher Helferwille ist angesprochen. Ihre älteren Schwestern wundern sich über ihre unermüdliche Tatkraft.

Ihren Kindern war sie nicht nur Lehrerin und Erzieherin, sondern auch Mutter. Für sich selbst in jeder

Geschwister Anna

Hinsicht überaus genügsam und bescheiden, war sie stets darauf bedacht, anderen mitzuteilen. Ihre Schulkinder stammten zum größten Teil aus einer Bergarbeiterkolonie und kamen nicht selten aus ganz verwahrlosten Verhältnissen. Emilie hatte ein feines Gespür dafür, wo ein Kind seelischer oder materieller Hilfe bedurfte.

Durch fleißige Besuche bei den Eltern erhielt sie Einblick in das ärmliche, bzw. zerrüttete Familienleben mancher Kinder als Folge des unseligen Ersten Weltkrieges und half, soweit es in ihren Kräften stand. Arme, unterernährte Kinder durften aus der Schule in ihre Wohnung kommen und dort ein kräftiges Mittagessen einnehmen.

Aber nicht nur Kindern und Jugendlichen war sie eine mütterliche Betreuerin, sie leistete auch Erwachsenen Samariterdienste, wenn sich ihr Gelegenheit dazu bot. So wachte sie zu wiederholten Malen in der Nacht von Samstag auf Sonntag, da sie sich dann durch Schulpflichten nicht behindert fühlte, bei einer schwindsüchtigen Frau.

Welchen Wert man ihrem Beistand am Krankenbett beimaß, zeigte sich, als die Frau im Sterben lag. Da wurde Emilie aus der Schule geholt, um ihr in der letzten Stunde tröstend und helfend nahe zu sein. ...

In der Familie des Bergmanns Boldan war die Mutter gestorben und hatte vier unversorgte Kinder zurückgelassen. Emilie nahm das einzige Mädchen, sieben Jahre alt, mit nach Husten und brachte es in

ihrem Elternhaus unter. Dem Lehrer der Heimatschule empfahl sie das schwach begabte Kind noch besonders: „Am wärmsten die Ärmsten", schrieb sie dazu. Sieben Jahre lebte das Kind in Emilies Elternhaus und starb dann an Tuberkulose, der Todeskrankheit seiner Mutter.
Dem ältesten Jungen der Familie Boldan besorgte Emilie eine Stelle in der Gärtnerei des Studienheims Schönstatt. Sie brachte ihn selbst dorthin und kam so zum ersten Mal in Berührung mit Schönstatt. (S. 56 f.)

Meine beiden ältesten Schwestern, die mit Emilie in Sodingen wohnten, wunderten sich noch nachträglich, dass sie allem zugestimmt hatten, was Emilie machte, ... (S. 97) Geschwister Klara

Erste Kontakte mit Schönstatt

Mit Ende des Ersten Weltkrieges greift Gott in Emilies Leben ein. Sie ist 25 Jahre alt. In einer Artikelserie in der Zeitschrift MTA, „Wie ich in den Bund kam", schildert sie, wie Gott um sie geworben hat.

Ein apostolisches Werk an einem armen, verwahrlosten Jungen führte mich 1918 zum ersten Mal nach Schönstatt. Zwar hörte ich durch den Pallottiner-Laienbruder, mit dem ich wegen des Jungen zu tun hatte, noch nichts von der Apostolischen Bewegung, die sich in den Kriegsjahren allmählich entwickelt MTA 1925

Mater Ter Admirabilis

Gegenseitige Anregungen

Als Manuskript — gedruckt —

11. Jahrg. Nr. 17/18

1. August 1925

Frauennummer.

Wie ich in den Bund kam

Ave Maria!

Ein apostolisches Werk an einem armen, verwahrlosten Jungen führte mich 1918 zum ersten Male nach Schönstatt. Zwar hörte ich durch den Pallottiner-Laienbruder, mit dem ich wegen des Jungen zu tun hatte, noch nichts von der Apostol. Bewegung, die sich in den Kriegsjahren allmählich entwickelt hatte, aber diese Verbindung mit Schönstatt wurde ein äußerer Anlaß, daß mir die Zeitschrift MTA zugeschickt wurde. Manches darin verstand ich nicht, besonders die vielen Abkürzungen, und ich wußte hier auch niemand, der mir etwas über die Apostolische Bewegung gesagt hätte. Was mein Interesse weckte, war die Erkenntnis, daß es sich bei der Bewegung um Apostolat handelte, und nach dieser Richtung fühlte ich mich sowohl innerlich stark gedrängt als auch äußerlich durch tausend Gelegenheiten und Bedürfnisse apostolischer Betätigung hingezogen. Ein Beitreten zum Bunde lag mir fern, da ich zum Apostolat der göttlichen Liebe hatte, aber diese Verbindung mit Schönstatt wurde ein äußerer Anlass, dass mir die Zeitschrift MTA zugeschickt wurde.

Manches darin verstand ich nicht, besonders die vielen Abkürzungen, und ich wusste hier auch niemand, der mir etwas über die Apostolische Bewegung gesagt hätte. Was mein Interesse weckte, war die Erkenntnis, dass es sich bei der Bewegung um Apostolat handelte, und nach dieser Richtung fühlte ich mich sowohl innerlich stark gedrängt als auch äußerlich durch tausend Gelegenheiten und Bedürfnisse apostolischer Betätigung hingezogen. Ein Beitreten zum Bunde lag mir fern, da ich zum Apostolat der göttlichen Liebe gehörte.

Als ich dann von zwei Seiten (durch den erwähnten Laienbruder von Schönstatt und durch den Gauführer der Paderborner Bundesbrüder) eine Einladung zur ersten Frauentagung im Jahre 1921 erhielt, lehnte ich ab. Aber der Gedanke, ich könne mir auf der Tagung reiche Anregungen für meine apostolische Betätigung holen, trieb mich zuletzt dennoch nach Schönstatt, zumal ich eine kleine Rheinreise damit verbinden konnte.

Meine Cousine begleitete mich (ist nicht im Bunde), und wir landeten glücklich in Vallendar, wurden sogar zu unserem Staunen von einem Bundesbrüderlein, einem Gymnasiasten, von der Bahn abgeholt, der uns wahrscheinlich unser Ziel vom Gesicht ablesen konnte und den Weg zum Kloster zeigte. Mit etwas zaghaftem, beklommenem Herzen kam ich in

Schönstatt an. Wie ein Eindringling kam ich mir vor, wollte ich doch durchaus nicht dem Bunde beitreten. Ich wusste ja noch nicht, dass die Gottesmutter mich gezogen und geführt hatte, um mir hier an dieser Gnadenstätte aus großen Seelennöten herauszuhelfen, in denen ich schon so oft zu ihr um Hilfe gefleht hatte; ich ahnte ja noch nicht, dass ich hier in eine Schule eintrat, in der ich meine wahre Lebensaufgabe erkennen und für dieselbe vorbereitet werden sollte. (S. 225)

1921 – 1927 Der Bund ist meine Lebensaufgabe

Urheber einer Berufung ist Gott. Er verbirgt sich hinter Menschen und ihrem eigenverantwortlichen Handeln. Wer auf seinen Ruf eingeht, erfährt Bereicherung, Sinngebung, Erfüllung seines Lebens. Die ersten Schritte, ein paar Ja oder Nein, bestimmen die Richtung und Dynamik des Weges.

„Eine kleine Rheinreise" nach Schönstatt, um einige apostolische Impulse aufzunehmen, ist für Emilie das erste Ja, das weitere einfordert. Emilie verschreibt sich dem Ideal des Schönstätter Frauenbundes. In zäher Kleinarbeit baut sie in ihrer Heimatdiözese Paderborn die Gruppen- und Abteilungsarbeit auf.

Apostolat fordert den persönlichen Einsatz: nach außen und von innen. Das Ziel der Heiligkeit leuchtet wie ein Gipfel vor Emilie auf. Es erfährt eine grundlegende Klärung und Umprägung unter der zielstrebigen und kundigen Weisung Pater Josef Kentenichs.

Gottes Wille wird zum Maßstab für alle Entscheidungen ihres Lebens. Und Gott führt Emilie im Liebesbündnis mit Maria zum 1. Oktober 1926 und zum 29. Juni 1927. Sie wagt den Einsatz ihres Lebens für die Gründung der Schönstätter Marienschwestern und für die Heiligkeit dieser Gemeinschaft.

Berufen zum Apostolischen Bund - Aufbauarbeit

„Ihre Herzen haben Feuer gefangen." Ein Wort aus der Gründungsstunde Schönstatts wiederholt sich bei der ersten Tagung für Frauen in Schönstatt vom 13. bis 17. August 1921.

Die Eindrücke, die ich während der Tagung empfing, waren zu tief, als dass ich wieder vom Bunde hätte lassen können. Wer schon Tagungen in Schönstatt mitmachte, versteht das. Was mir der Bund in dieser Zeit gegeben hat, was er mir gewesen ist, möchte ich hier nicht erzählen. Ich will Euch, meine lieben Bundesschwestern, nur sagen, dass ich täglich das Magnifikat bete, Gott zum Danke für alles, was er Großes an unserer Mutter und durch sie an uns allen getan hat. (S. 226) MTA 1925

Kleinarbeit von Person zu Person – Anna Pries erzählt, wie sie durch Emilie in den Bund kam.

Die Mutter rief mich im Frühjahr 1922 nach schweren Wochen und Monaten gerade in dem Augenblicke in den Bund, als ich ihrer mütterlichen Hilfe am meisten bedurfte. Eines Abends nach der Maiandacht schickte sie mir die erste hiesige Bündlerin. Diese erzählte mir von Schönstatt und gab mir einige Exemplare der MTA mit. Wir kannten uns kaum, trafen uns hin und wieder in den Versammlungen des Apostolates der göttlichen Liebe, zu dem wir MTA 1925

beide gehörten. Wir hatten bald herausgefunden, dass wir beide dort im Apostolat der göttlichen Liebe das nicht fanden, was wir suchten. Das hatte sie wohl veranlasst, mir von Schönstatt zu erzählen. Am Schlusse unserer Unterhaltung fragte sie ganz zaghaft, ob ich die Tagung, die vom 4. bis 7. Juni in Schönstatt stattfinde, nicht mitmachen wolle.
Ich hatte mich aber schon für eine liturgische Tagung nach Münster, oder falls diese nicht stattfand, für Exerzitien angemeldet. Doch die Mutter rief nach Schönstatt, das war so offensichtlich, dass ich der Gnade nicht widerstehen konnte. Die liturgische Tagung fiel aus wegen zu geringer Beteiligung, die Exerzitien konnten zu dem bestimmten Termin nicht gehalten werden, da der Exerzitienmeister erkrankt war.

Manche mögen dieses alles Zufall nennen, für mich war es Fügung. Ich entschloss mich, nach Schönstatt zu fahren. Während der wenigen Tage, die mir noch blieben, studierte ich die Statuten der Apostolischen Bewegung. Was mir gefiel, war das Streben nach größtmöglicher Standesvollkommenheit, was mich abschreckte, war die *apostolische Betätigung auf allen erreichbaren Gebieten.*
Ich verstand diesen Satz nicht. Mir war absichtlich vom Bunde recht wenig erzählt worden. Ich sollte selbst urteilen und dann frei entscheiden. Auf der Fahrt nach Schönstatt übten wir uns hübsch im Stillschweigen. Je näher wir dem Ziele kamen, umso unheimlicher wurde es mir. Es war die erste Tagung,

wo Frauen im Bundesheim[1] wohnten. Dort herrschte große Armut.
Vor wenigen Wochen waren erst die guten Schwestern aus Limburg gekommen, ihnen fehlte es im Heim noch an dem Notwendigsten. Keine Vorhänge waren vor den Fenstern, nicht das nötigste Geschirr in der Küche, in den Schlafsälen harte, „musikalische" Soldatenbetten, an denen man zur Not Anschauungsunterricht über Berg und Tal hätte geben können. Das war 1922.

Nun überlegt einmal selbst, wie die Mutter in diesen drei Jahren geholfen hat. Denkt aber nicht, es sei ungemütlich im Heim gewesen. Mütterlich liebende Herzen und Hände walteten hier; und da, wo Mütterlichkeit und Liebe herrscht, ist man bei aller Armut reich und glücklich. Dazu kamen die herrlichen Vorträge, die teils im Kapellchen, teils im Vortragssaal gehalten wurden. Gleich im Anfang fühlte ich, Schönstatt ist eine Heimat, das Heim der Mutter, hier will sie auch ihre Kinder glücklich machen. Und sagt an, ist das nicht wahr geworden? Wer zählt die Menschenherzen, die hier glücklich und wieder glücklich wurden, die hier ihrem Leben neuen Inhalt, ihren Lebenspfaden gerade Richtung nach oben gaben?

Nach der Tagung stand bei mir der Entschluss fest, dem Bunde beizutreten, und meine lieben Bundesschwestern, ich betrachte die Berufung und Zugehö-

---

[1] Das Alte Haus beim Urheiligtum.

rigkeit zum Bunde als die größte Gnade meines Lebens. Was der Bund mir war und ist, was die Mutter in unermüdlicher Sorge und Liebe an ihrem armseligen und schwachen Kinde tat, kann ich hier wohl nicht gut erzählen.

Wir beiden Westfalenkinder sollten nun eine Gruppe bilden, die nach Aussage des hochwürdigen Herrn Bundesleiters[1] die Keimzelle für den Gau werden sollte. Wir fuhren mit recht gemischten Gefühlen heim, reich an Anregungen, glücklich in dem Bewusstsein der Zugehörigkeit zum Bunde, dankbar gegen Gott und unsere liebe MTA, aber auch bange vor dem Alltag und vor der Zukunft, bange vor den Pflichten, die wir übernommen hatten. Ganz langsam kamen wir zwei Bundesschwestern uns näher, viele Hindernisse und Schwierigkeiten waren zu überwinden. Es kam sogar zu einem sechswöchentlichen Gruppenstreik, weil wir gegenseitig Angst voreinander hatten. Doch die Mutter hielt die Fäden fest in der Hand. Je mehr wir sie kennen und lieben lernten, umso tiefer wurde unsere Gemeinschaft. (S. 226 ff.)

Gemeinschaftsgeist des Bundes

MTA 1926 Wie in der Gruppe der Gemeinschaftsgeist aufgefasst wurde, zeigen die Grundsätze: „Ich" heißt bei uns „wir" und „Was mein ist, ist dein". Da hatte z. B.

---

[1] Pater J. Kentenich.

N. eines Tages nicht mehr so viel Geld, um sich Brot zu kaufen. Kaum hatte X., die auch „abgebrannt“ ist, es entdeckt, so macht sie heimlich eine Anleihe für N. und schickt ihr das Geld mit der energischen Bemerkung: „Wenn Du Gemeinschaftsgeist hast, nimmst Du es an.“ (S.36 f.)

Gruppenarbeit – konkret

Ein Bild aus einer Ortsgruppe gibt folgender Bericht: MTA 1926
... Wie es kam, weiß ich nicht, - auf einmal waren wir im richtigen Fahrwasser: Wir übten die praktische Zurechtweisung. Und wie das ging! Ihr meint vielleicht, vor lauter Rücksicht hätte keine etwas zu sagen gewagt. Im Gegenteil, es ging sogar sehr heiter zu. Das kam gewiss daher, dass wir so „christlich“ teilten, denn ich glaube, es kann sich keine beklagen, dass sie zu kurz gekommen sei.

Ob's ja im Innern der einzelnen Bundesschwestern auch so heiter aussah? Das weiß ich nicht. So ganz ohne Kampf wird es wohl nicht abgegangen sein.

Denn da saßen die Choleriker und forderten Beweise für das, was man so kühn von ihnen behauptete, natürlich durch ein ganz harmloses: inwiefern? oder: Wie meinst du das? - Man konnte doch nicht gleich alles so ohne weiteres zugeben, war es doch schon schlimm genug, dass man sich selbst seine „Tugenden“ eingestehen musste, - aber dass andere nun auch schon hinter die Kulissen geguckt haben, und vielleicht noch tiefer, als man es sich selbst erlaubt hatte, das war doch etwas zu arg! - Was konnte aber alles helfen, man war erkannt. Das Vernünftigste war hier, gute Miene zum bösen Spiel zu machen. - Wie gut, dass heitere Stimmung war!

Doch auch der Sanguiniker verleugnete sich nicht. Er hielt sich tapfer dabei, sich zu entschuldigen und wusste sogar noch eine Entschuldigung für seine Entschuldigungen. -

Und dass man gar dem Melancholiker gegenüber so rücksichtslos sein und ihn so blamieren konnte, das war doch unverzeihlich! Ach ja! - Das Streben nach Heiligkeit ist manchmal recht schwer, - wenn man das alles vorher überlegt hätte! ... Da stand man nun in seiner ganzen „Größe", und es blieb schließlich nichts übrig, als ein demütiges mea culpa und ein fester Vorsatz.

Dann sind wir froh auseinander gegangen mit dem Bewusstsein, dass diese „schwere Stunde" das Band der Gemeinschaft noch fester um uns geschlungen hatte. (S. 41)

Führen heißt selbstlos dienen.

MTA 1926 Führerin sein heißt für uns, Dienerin unserer Bundesschwestern sein, ihnen ständig helfen durch Gebet, Opfer, Wort und Tat, ihnen unsere Kraft, unsere Zeit und besonders ein verstehendes Herz zu schenken. (S. 37)

Ein kleines Erlebnis ist mir im Gedächtnis geblieben. Es war während der Augusttagung. Bericht
Da kam die Nachricht, dass eine Bundesschwester im Magdeburger Bezirk schwer erkrankt sei. Sie war wohl in der Seelsorgehilfe tätig und stand allein. So viel ich weiß, gehörte sie zu Emilies Abteilung. Emilie fühlte sich gedrängt, hinzufahren und die Kranke zu besuchen und für sie zu sorgen.

Anna Pries war nicht einverstanden mit der Reise. Es gab zwischen den beiden eine ernste Auseinandersetzung; ich war gerade bei Herrn Pater auf seinem Zimmer im alten Haus, als Emilie klopfte und sich dann in schlichter Weise bei Herrn Pater entschuldigte, weil sie Anna Pries, die ja ihre Gauführerin war, heftig widersprochen hatte. Herr Pater hat dann den Fall mit der Reise entschieden - wie, das ist meinem Gedächtnis entfallen.

Ich weiß nur noch, dass Herr Pater mir Emilie als Vorbild des Gehorsams und der Bescheidenheit hinstellte. Seitdem habe ich immer mit großer Hochachtung zu Emilie aufgeschaut.

Die Ziele des Bundes – Klarstellungen von Emilie bei einem Gautag in Werl 1925: Was muss der Bund von seinen Mitgliedern verlangen?

Der Bund will katholische Führer erziehen im Geiste der Kirche und im engen Anschluss aneinander. Mittel dazu sind: ernstes Streben nach größtmöglichster Standesvollkommenheit: Ordensgeist, restlose Nachfolge Christi und Zusammenschluss zu Ar- MTA 1925 beitsgemeinschaften, die von verantwortungsvoller Liebe und Sorge füreinander und für den gesamten Bund getragen werden.

Auf Grund der Tradition des Bundes fußen beide Mittel auf einem ganz innigen, einzigartigen Anschluss an die Gottesmutter. Die Marienverehrung ist das Fundament des Bundesgeistes. In den genannten drei Momenten ist die letzte Forderung schon enthalten: Apostolat auf allen erreichbaren Gebieten. Wer restlos dem Heiland und der Mutter nachfolgt, wer sich ernstlich verantwortlich fühlt für die Seele des Nebenmenschen, ist durch und durch apostolisch gesinnt und betätigt sich auch entsprechend. (S. 344)

MTA 1926 Es wurden folgende Richtlinien für unsern Gau festgelegt:

1. Der Bund ist für jeden von uns Lebensaufgabe. Es sollte für uns ein selbstverständlicher Ausfluss des Gemeinschaftsgeistes sein, *wöchentlich* wenigstens einmal eine Gruppenbesprechung zu halten. ...

2. Der Weg zum Bunde geht über die Liga. Die Einführung geschieht entweder einzeln durch eine Bundesschwester oder durch Aufnahme in eine bestehende Ligagruppe.

3. Die Anmeldung zum Bunde, sowie zu Tagungen in Schönstatt geschieht nur noch durch die Gauführerin, um zu vermeiden, dass Unberufene nach

Schönstatt kommen, die den Erfolg der Tagungen nur beeinträchtigen. ...

5. Jedes Bundesmitglied soll wenigstens *einmal* im Jahre an einer Tagung oder an Exerzitien in Schönstatt teilnehmen. ...

An Bundestagungen dürfen nur teilnehmen, die wenigstens ein Jahr in der Liga sich als tauglich für den Bund erwiesen haben. (S. 44 f.)

Selbstverpflichtende Forderungen

Zum Bunde gehört nicht, wer MTA 1926

a) den Rechenschaftsbericht dreimal nacheinander nicht abgegeben hat.

b) Wer durch sein Verhalten dem Bunde zur Unehre gereicht, indem er z. B. den Bund dadurch in Verruf bringt, dass er über die Beichte oder den Seelenführer spricht, oder wer die Verherrlichung seines Ich mehr liebt, als die Verherrlichung Gottes, und sich nicht freuen kann über die Erfolge anderer, oder wer *nur* stöhnt und klagt, anstatt zu arbeiten.

c) Wer über das Wesen des Bundes nicht selbstständig Rede und Antwort stehen kann.

d) Wer keinen Sinn für die Gemeinschaft hat, also z. B. nicht teilnimmt an Gruppenbesprechungen, wer nur nehmen aber nicht geben will, wer überhaupt empfindlich ist und keine schwesterliche Zurechtweisung verträgt, wer aus der Gruppe plaudert bei solchen, die nicht zur Gruppe gehören, wer im ganzen Jahre nicht nach Schönstatt reist, Unmöglichkeitsfall ausgenommen. (S. 45)

Stand des Gaues Paderborn, den Emilie mit aufgebaut hat, Ende 1925 – was ein Jahresbericht nur in nüchternen Zahlen ausdrückt!

MTA 1926 I. Der Frauengau Paderborn umfasst:
eine Führerinnengruppe
zwei Lehrerinnen-Abteilungen
zwei Nichtlehrerinnen-Abteilungen
eine Diasporagruppe
insgesamt 61 Bundesschwestern. Der Gaudirektor ist der hochw. Herr Pater Kolb.

1. Die *Führerinnengruppe.* Sie ist zugleich Stammgruppe des Gaues und besteht aus der Gauführerin und den 4 Abteilungsführerinnen. Die Namen der Führerinnen sind:
Anna Pries, Börnig, Wilhelmstr. 30
Emilie Engel, Sodingen, Mont Cenisstr.
Maria Engel, Sodingen, Mont Cenisstr.
Maria Terwey, Börning, Ringstr. 8
Wilhelmine Nolte, Börnig, Kirchstr.

2. Zwei Lehrerinnen-Abteilungen:
Die Lehrerinnen-Abteilung E. Engel mit 6 Gruppen.
Die Lehrerinnen-Abteilung M. Engel mit 4 Gruppen.

3. Zwei Nichtlehrerinnen-Abteilungen
Abteilung Terwey mit 3 Gruppen
Abteilung Nolte mit 2 Gruppen

4. Die *Diaspora-Gruppe* mit 5 Bundesschwestern, die direkt der Gauführerin unterstehen.
Drei Bundesschwestern bilden sich seit einigen Monaten als berufstätige Bundesschwestern aus, um später eventuell in der Diaspora als Seelsorgshelferinnen Verwendung zu finden.
Fünf Bundesschwestern sind im Laufe des Jahres in einen Orden eingetreten.
Eine Bundesschwester, Maria Windolph, ist gestorben.

Als Vorstufe für den Bund betrachten wir unsere Ligagruppen ... in Worbis, Bochum, Olpe, Börnig und Wegeleben.

Unsere Kinderliga umfasst 7 Gruppen.

Tagungen: Vom 14. bis 16. Februar dieses Jahres hielt H. H. P. Kentenich im Krankenhause zu Börnig eine Tagung für unseren Gau. 61 Bundesschwestern waren im Laufe des Jahres in Schönstatt. (auszugsweise S. 34 ff.)

Die Allernächsten in seiner Liebe nicht übergehen! Emilies Zugehörigkeit zu Schönstatt wirkte auch zurück auf ihre Familie und auf das Alltagsleben der Lehrerinnen in Sodingen. Außer Anna konnte Emilie ihre Geschwister im Laufe der Zeit für Schönstatt gewinnen.

Geschwister Klara

Unsere Älteste war Anna. Sie ist Lehrerin geworden und war eine ganz resolute energische Frau. Sie ärgerte sich später ein wenig, als Emilie auf einmal den „Anstrich" der Ängstlichkeit bekam. In Sodingen war Anna immer mit Emilie zusammen gewesen, hatte einen gemeinsamen Haushalt mit ihr und nie hatte sie diesbezüglich etwas bemerkt.

Unsere Anna wollte nichts für sich haben, hat ständig geschafft und gearbeitet und kam immer nach Hause, sobald sie Ferien hatte. Dort wirkte und schaffte sie, schälte Kartoffeln, tat die leichten Hausarbeiten, denn eine andere Arbeit war sie nicht gewohnt, weil sie von Anfang an sehr viel studiert hatte. Während ihres ganzen Lebens blieb sie immer an dem gleichen Ort, in Börnig-Sodingen.

Maria hatte nicht so eine resolute Art wie Anna, sondern war mehr eine liebenswürdige, freundliche Person. Anna hatte etwas Strengeres, Herberes in ihrem Wesen, während Maria etwas Freundliches und Sonniges in ihrer Art hatte. Sie war eine sehr gute Lehrerin und sehr beliebt, auch in Schönstatt. Sie war eine eifrige Schönstätterin ... Sie lebte so ganz in Schönstatt und hatte ein gutes Verhältnis zu ihren Bundesschwestern. Ich hatte Maria immer gerne. (S. 68 f.)

Emilies Bruder Anton schreibt:

Geschwister Anton

Schönstatt verdanke ich unendlich viel, ihm verdanke ich, dass ich jetzt Priester bin. Von Schönstatt und dem Apostolischen Bund werde ich auch in Zukunft nicht lassen können. Anna wird sicher „seufzen“, wenn sie dieses liest; aber sie kann sicher sein, dass es auch für sie keinen besseren Weg zur seelischen Gesundung und Zufriedenheit gibt, als den über Schönstatt und den Apostolischen Bund. - Sie täte sich selbst und vielen anderen Menschen für jetzt und für die Zukunft einen Gefallen damit, wenn sie auch diesen Weg gehen würde.[1]

Klara Engel erzählt, wie sie noch vor Emilie nach Schönstatt kam. Unvergesslich ist ihr, wie „mich meine energische Emilie in den Zug setzte".

Geschwister Klara

Auf jeden Fall hat der liebe Gott es gefügt, dass ich unseren Herrn Pater bei einem Besuch bei meinem Bruder kennen lernte. Herr Pater hat sich auch für mich, für meinen Beruf, interessiert. ... In meinen Gesprächen mit ihm steckte jedoch noch kein klarer Entschluss. Ich habe ihm sofort vertraut und ihm alles so gesagt, wie es bei mir war. Er hat mich in keiner Weise überredet, hat aber sehr auf mich eingewirkt, dass ich doch keine innere Ruhe mehr hatte.

Emilie wusste wohl, dass ich Herrn Pater bei meinem Bruder treffen würde. Von meinem Bruder aus fuhr ich zu Emilie, die damals schon Lehrerin in Börnig-Sodingen war. Ich erzählte ihr von meinen Erlebnissen bei meinem Bruder und mit Herrn Pater und sprach weiter mit ihr über meine Berufung.

---

[1] A. Engel, Brief vom 17.8.1925.

Wenn Emilie etwas vorhatte, dann hielt sie daran fest, und man kam nicht mehr aus allem heraus. Ich glaube, sie hatte wohl so ein bisschen den Heiligen Geist, dass sie erkannte: Das ist das Richtige für die Klara. Ich aber entgegnete ihr, dass ich doch nicht wüsste, ob das das Richtige für mich sei, dass ich es nicht könnte, und war sogar daran, einen Rückzieher zu machen. Dann aber hat sie mir auf einmal ganz energisch gesagt: „Ich schreibe jetzt dem Herrn Pater, und was der sagt, das tust du!"

Sie schrieb Herrn Pater und erhielt von ihm den berühmten Brief, den viele von uns schon kennen, in dem er schreibt: „Ob Fräulein Klara Beruf hat zum Bunde? Ja." Ganz energisch! Herr Pater war wie Emilie. Er hat genau in das gleiche Horn geblasen.

„Und ob sie Beruf zum Bunde hat! Sie möge den von Emilie vorgeschlagenen Weg beschreiten und gehen, sie möge sich aber beeilen. Das Leben ist kurz, und wir haben keine Zeit, Seitensprünge zu machen."

Dann war mein Los gefallen. Ich habe mich entschlossen: Ich fahre nach Schönstatt. Ich weiß heute noch nicht, wie ich das fertig gebracht habe. Ich bin nicht mehr nach Hause gefahren, um mich zu verabschieden. Ich hatte nur meinen Handkoffer von meiner Reise zu meinem Bruder bei mir, nur das Notwendigste, und mit diesem Koffer bin ich sofort nach Schönstatt gefahren.

Es war an einem Samstag, am 8. Mai, dem Fest des heiligen Michael, als mich meine energische Emilie in

Herne in den Zug setzte, so wie ich war - ohne mich beredet zu haben, erst nach Hause zu fahren. Ich war noch nie in Schönstatt und hatte noch nie etwas in Schönstatt mitgemacht. Ich kannte nur Herrn Pater von dem einen Besuch her, sonst hatte ich keinen Dunst, keine Ahnung von Schönstatt. (S. 91 f.)

Anfänge einer Erziehungsschule

Wachstum geschieht in kleinen, unmerklichen Prozessen, von innen heraus, mit Rückschlägen und Neuaufbrüchen. Emilie geht den Weg zur inneren Freiheit – von kundiger Hand geführt.

Nach der zweiten Frauentagung, 4. bis 8. Juni 1922 in Schönstatt, beginnt ein intensiver Briefwechsel zwischen Emilie und Pater J. Kentenich. Wie im Apostolischen Bund bewährt, schickt Emilie ihm jeden Monat einen Bericht über ihr spirituelles Leben – und erhält Antwort. Hier werden Grundtöne angeschlagen, die richtungweisend bleiben für ihr zukünftiges Leben. Rückblickend schreibt Pater Kentenich:

Studie 1955
J. Kentenich

Die Seele war in ihren tieferen Schichten so stark von zermürbenden Zwangsideen und von erdrückendem Ideenzwang angefüllt, dass fast alles, was mit ihr in Berührung kam, der Gefahr erlag, in dieses Mühlrad hineingetrieben und von ihm zermalmt und zerrieben zu werden. ... Und alle diese Zwänge - das sei wiederholt - saßen nicht etwa nur an der Oberfläche der Seele - wie die jeweils kurz und trocken hingeworfene Notiz im Tagebuch meinen lassen könnte: nein, sie waren tief innerlich krebsartig verwachsen und schienen unausrottbar überall hin verzweigt zu sein.

Dabei war das Erdrückendste, dass hinter jeder Zwangsäußerung das Schreckgespenst der Sünde und des drohenden und unnachsichtig strafenden ewigen Richters und in Verbindung damit der unerbittliche Beichtzwang stand. Sündenzwang und Beichtzwang mündeten - wie leicht verständlich - in einer erschreckend tiefen Not vor dem Sterben und der Begegnung mit dem ewigen Richter aus. Die Aufzeichnungen aus den Jahren 1922 - 1926 weisen deutlich nach der Richtung. (S. 498 f.)

Der Briefwechsel des zweiten Halbjahres 1922 ist grundlegend und modellhaft. Es wird erkennbar: Emilie geht auf das Angebot der Gnade ein. Sie vertraut sich P. Kentenich an und folgt seinen Weisungen. Das wird ihr zum Heil.

3.7.1922 Briefwechsel Emilie

Hochwürdiger Herr Pater!
Nun will ich Ihnen doch meinen Rechenschaftsbericht senden und alle Befürchtung bezüglich des Seelenführers ruhig und vertrauensvoll dem lieben Gott und unserer Dreimal Wunderbaren Mutter übergeben. Ich möchte aber ausdrücklich bemerken, dass alle Sorgen in diesem Punkte und alles *berechtigte* Misstrauen ganz allein gegen mich sich richteten.
In der Zeit nach der Tagung ging es sehr wirr in meiner Seele zu wie lange nicht mehr. Ich hatte in mehreren Fällen gegen mein Gewissen gehandelt

Sedingen, den 3. Juli 1922.

Hochwürdiger Herr Pater!

Nun will ich Ihnen doch meinen Rechenschaftsbericht senden und alle Befürchtung bezüglich des Seelenführers ruhig und vertrauensvoll dem l. Gott und unserer dreimal wunderbaren Mutter übergeben. Ich möchte aber ausdrücklich bemerken, daß alle Sorgen in diesem Punkte und alles <u>berechtigte</u> Mißtrauen ganz allein gegen mich sich richteten.

In der Zeit nach der Tagung ging es sehr wirr in meiner Seele zu wie lange nicht mehr. Ich hatte in mehreren Fällen gegen mein Gewissen gehandelt und war tief unglücklich dadurch geworden, wie es jedem geht, der nicht auf diese Stimme in seinem Innern hört. Dann ging ich beichten, obschon seit der letzten hl. Beichte in Schönstatt noch keine ganze Woche verstrichen war. Dieses Beichten machte das Maß meiner Verwirrung voll, denn mein Bekenntnis veranlaßte den Beichtvater zu folgenden Worten: „Warum sind Sie denn zur hl. Kommunion und war tief unglücklich dadurch geworden, wie es jedem geht, der nicht auf diese Stimme in seinem Innern hört. Dann ging ich beichten, obschon seit der letzten heiligen Beichte in Schönstatt noch keine ganze Woche verstrichen war. Dieses Beichten machte das Maß meiner Verwirrung voll, denn mein Bekenntnis veranlasste den Beichtvater zu folgenden Worten: „Warum sind Sie dann zur heiligen Kommunion gegangen, wenn Sie meinten, nicht zu dürfen? Es ist besser, Sie warten mal vier bis sechs, oder sechs bis acht Wochen mit dem Empfang der heiligen Kommunion. Sie dürfen nicht so oft beichten, wenn Sie ruhiger werden wollen. Ich habe etwas Erfahrung darin. Wollen Sie die Lossprechung haben?“ Da bin ich denn ohne Lossprechung wieder fortgegangen, innerlich zerschmettert und wie gelähmt. Ich glaube, dass ich es dem Beichtvater deutlich genug zu verstehen gab, wie unglücklich mich seine Worte machten. Auf meine Bemerkung, dass die heilige Kommunion meine größte Freude sei, bekam ich zur Antwort, was ich selbst schon bei mir gedacht und befürchtet hatte: „Das ist Gefühlssache.“ Dass gerade der Vorabend des schönen Fronleichnamsfestes war, dass ich gerade die Fronleichnamszeit nicht zur heiligen Kommunion gehen könnte, stimmte mich nur noch unglücklicher (Gefühlssache). Nachdem ich dann ein paar Tage lang mich äußerlich zum Frohsinn und gegen den Appetit zum Essen und Trinken gezwungen - ich durfte doch Schönstatt nicht in Misskredit bringen - und mich innerlich zermartert hatte, bin ich zu einem anderen Beichtvater gegangen, der mir gestattete, zur heiligen Kommunion zu gehen. Seitdem bin ich wieder zu meiner alten Gewohnheit zurückgekehrt und froh geworden. Aber ob nicht der betreffende Beichtvater recht hatte? Ob nicht Gefühl und Gewohnheit die Ursache sind, dass mein ganzes Befinden abhängt von der heiligen Kommunion? Darf ich einen Versuch machen und jenem Beichtvater im Empfange der heiligen Sakramente folgen? Vielleicht bin ich gerade hier richtig beurteilt worden. Die Behandlung, die ich erfuhr, war meinem Gewissen entsprechend.

Zwei Wochen mit dem Beichten zu warten, ist mir recht schwer geworden. Einmal habe ich es fertig gebracht, aber ich machte doch innerhalb dieser Zeit, es waren die letzten zwei Wochen, den Versuch zu beichten und opferte demselben drei kostbare Stunden. Die Umstände fügten sich aber so, dass ich unverrichteter Sache wieder heimkehrte. Ich bin auch in dieser Zeit wieder gegen mein Gewissen zur heiligen Kommunion gegangen, sagte es aber vorher dem lieben Heiland, warum ich käme, und er möchte es doch nicht zulassen, dass ich ihn unwürdig empfinge. Ich erwecke vollkommene Reue und bitte vertrauensvoll, mir auch ohne Beichte meine Schuld zu verzeihen. Dann gehe ich mit ruhigem Herzen. Hoffentlich ist diese Ruhe keine Einbildung, keine Selbstsuggestion, keine Vermessenheit.

Eine Beantwortung meines Briefes darf und will ich nicht beanspruchen. Die Freimarke füge ich nur bei

für den Fall, dass Sie es für gut oder notwendig erachten, mir wiederzuschreiben.
Bitte, beten Sie für mich, dass ich stets Gottes Willen erfülle, ihm nie widerstehe. Ich fühle mich täglich als glückliches Gotteskind, das lieber sterben, als sich von Gott trennen will, und auch als leichtsinniges Menschenkind, das aus Menschenfurcht und anderen Gründen doch gegen sein Gewissen handelt. Ich meine, mein verstorbener Beichtvater wäre mit Schuld an diesem Widerspruch in mir. Vielleicht hat er mir aber auch den größten Dienst erwiesen und mich vor dem zeitlichen und ewigen Verderben bewahrt. Sie sehen, meine Seele ist ein wirklich „dunkler Erdteil", und wenn Sie mir helfen wollen, dass alle dunklen Tiefen sich der Gnadensonne des Heiligen Geistes öffnen, bin ich von Herzen dankbar. Ich werde Euer Hochwürden aber nicht jeden Monat mit einem solch langen Briefe belästigen. Vielleicht habe ich heute gerade das Wesentliche nicht geschrieben und mich wie gewöhnlich in ein gutes Licht gestellt. Möge der liebe Gott das berichtigen! Dass ich für Sie bete, ist selbstverständlich.

Mit ehrfurchtsvollem Gruße verbleibe ich Euer Hochwürden dankbare Emilie Engel

C. Chr. Engers a. Rh. 6.7.22

Verehrtes Fräulein!
In Kürze auf Ihren Rechenschaftsbericht folgende Antwort:
1.) Was Sie aus Gehorsam gegen den Seelenführer tun, ist *keine* Handlung gegen Ihr Gewissen. Für alles, was Sie in meinem Auftrage tun, habe ich *allein* vor Gott die Verantwortung. Alle *entgegengesetzten* Handlungen müssen *Sie* allein verantworten.
2.) Gehen Sie alle Tage zur heiligen Kommunion und alle 14 Tage zur heiligen Beichte. Anklage sei kurz und bündig.
3.) Halten Sie die alte Formel des PI [Persönliches Ideal] fest als Orientierungspunkt bei der Betrachtung, tagsüber jedoch die neue Fassung: Allen alles!
4.) Die Vollkommenheit besteht in der *kindlichen* Hingabe an den lieben Gott. Das Haupthindernis sind für Sie seelische Abnormitäten. Das Hauptmittel ist blinder Gehorsam im *Geiste des Glaubens* und ergebungsvolles Gebet um die Freiheit der Kinder Gottes.
5.) In Ihrem Schlafengehen zeigt sich starke Unregelmäßigkeit. Warum?
6.) Vergessen Sie nicht die Freudigkeit! Sie können in Ihren Briefen so ausführlich werden, wie Sie es für zweckmäßig halten, werden mir jedoch die Kürze nicht übel nehmen.

Mit freundlichem Bundesgruß und priesterlichem Segen P. J. Kentenich

C. Chr. Engers a. Rh., 6.7.22

Verehrtes Fräulein!

In Kürze auf Ihren Rechenschaftsbericht folgende Antwort:

1.) Was Sie aus Gehorsam gegen den Seelenführer tun, ist <u>keine</u> Handlung gegen Ihr Gewissen. Für alles, was Sie in meinem Auftrag tun, habe ich <u>allein</u> vor Gott die Verantwortung. Alle <u>entgegengesetzten</u> Handlungen müssen <u>Sie</u> allein verantworten.

2.) Gehen Sie alle Tage zur hl. Kommunion und alle 14 Tage zur hl. Beicht. Anklagen Sie kurz und bündig.

3.) Halten Sie die alte Formel des PE fest als Orientierungspunkt bei der Betrachtung, tagsüber jedoch die neue Fassung: Allen alles!

4.) Die Vollkommenheit besteht in der kindlichen Hingabe an den lieben Gott. Das Haupthindernis sind für Sie seelische Abnormitäten. Das Hauptmittel ist blinder Gehorsam <u>im Geiste des Glaubens</u>. Und ergebungsvolles Gebet und die Freiheit der Kinder Gottes

1.8.1922
Briefwechsel
Emilie

Hochwürdiger Herr Pater,
für die Antwort auf den Rechenschaftsbericht des vorigen Monats danke ich bestens. Die vielen „g" [gehalten] auf dem jetzigen Bogen sagen eigentlich nur die Quantität der Übungen; winzige Kleinigkeiten will ich in Zukunft nicht mehr anrechnen, sondern mehr auf die Qualität sehen.

Für den geringen Erfolg meines PE [Partikularexamen] kann ich Euer Hochwürden noch einen Beweis liefern. Meine älteste Schwester machte mir vor zwei Wochen den Vorwurf der Verschlossenheit und Schweigsamkeit; man wage es kaum noch, in meiner Gegenwart etwas zu sagen. Ich erzählte Euer Hochwürden schon, dass wir hier zu vier Geschwistern sind, drei Lehrerinnen und ein Hausmütterchen. Auch stehen uns eine Anzahl Kolleginnen recht nahe; eine kommt täglich zum Mittagessen. Meine Schweigsamkeit besteht darin, dass ich nicht teilnehme am Schimpfen und Klagen über die traurigen Zustände hier unter der Jugend und unter den Erwachsenen (Industriebevölkerung), über Fehler bestimmter Personen und Familien. Mein Gewissen verbietet mir, Nachteiliges über andere zu erzählen, auch wenn es sich um Kinder handelt, abgesehen von solchen Fällen, wo es notwendig ist. Gewöhnlich begründen andere ihr Reden mit dem starken Bedürfnis nach Aussprache, Austausch von Erfahrungen usw. Es ist mir auch zum Vorwurf gemacht worden, dass ich schweige über die Arbeiten, die ich aus apostolischen Gründen tue. Auch hier glaube ich im Recht zu sein. Ich schweige mit Rücksicht auf die

Ehre der Leute, um die ich mich bemühe und zweitens, weil man mich immer nach meinen äußeren Werken beurteilt, ohne eine Ahnung zu haben von den dunklen Seiten meines Innenlebens. Es ist mir ganz klar, dass ich in meinem Schweigen recht handele; aber meine Schuld ist es zum großen Teil, dass mein Schweigen so auffällt. Hätte ich mein PE besser gehalten! Ich werde im kommenden Monat es von neuem und mit mehr Eifer und Energie versuchen, aus mir herauszugehen, mich anderen anzupassen, vor allem auch darum beten, dass es gelingt. Es ist wirklich wenig Geschick und Anlage dafür vorhanden. Wenn Euer Hochwürden mir nicht dieses PE vorgeschrieben hätten, würde ich schön dem alten Sprichwort „Schweigen ist Gold" treu bleiben und denken: „Gott hat mir als apostolische Aufgabe Gebet, gutes Beispiel und Opfer zugewiesen. Warum soll ich etwas Fremdes mir aneignen, was Gott mir bis jetzt nicht gegeben hat?"

Die andere Übung im PE, Akte des Glaubens an den Heiland und Bitte um freudige Liebe, wurde mir leicht. Ich vertiefe das Wort „Heiland" durch wiederholte Betrachtung, und es flößt mir seitdem viel Trost und Vertrauen ein, erinnert mich daran, was ich persönlich der unendlichen Güte meines Heilandes verdanke. Die Bitte um freudige Liebe kam fast immer etwas gezwungen und widerstrebend heraus, weil ich fürchte, der Grad der Freudigkeit entspricht nicht dem Grad der Würdigkeit; freudigere Liebe setzt geringere Unwürdigkeit, mehr Opfer, energischeres Arbeiten bei mir voraus.

Damit mein Brief nicht so lang wird, möchte ich *kurz* noch einige Fragen stellen.

1. Wie verhält man sich, wenn einem jemand mit ehrabschneidenden Reden kommt? Durch schweigendes Anhören billigt man äußerlich die Ehrabschneidung. Die besprochene Person entschuldigen kann man auch nicht immer, und die bösen Zungen auf die kürzeste Weise zum Schweigen zu bringen, dazu fehlt mir der Mut. Ich habe mir schon schwere Vorwürfe darüber gemacht und mich vor der heiligen Kommunion wegen solcher Sachen abgequält.

2. Darf ich mit Rücksicht auf mein schwaches Gedächtnis wieder wie früher jede Woche beichten oder doch länger als fünf Minuten auf die Gewissenserforschung verwenden? Lieber gehe ich ja alle zwei Wochen zur heiligen Beichte, aber bei wöchentlicher Beichte gehe ich nicht so oft „gegen mein Gewissen" zur heiligen Kommunion.

3. Mein verstorbener Beichtvater hatte mir verboten, auf eine abgelegte Beichte wieder zurückzukommen, und so muss ich manches vergessen, was mir nachträglich einfällt. Darf ich Eurer Hochwürden bitten, diese Vorschrift aufzuheben? Falls Ende der Ferien in Schönstatt Exerzitien sind, möchte ich doch gern eine Generalbeichte über die letzten Jahre ablegen.

4. möchte ich noch nachträglich um Zustimmung bitten, dass ich mein Tagewerk nach beiden Seiten hin, morgens und abends ein wenig verlängert habe

gegen die frühere Ordnung; es geht nicht gut anders, und doch drückt mich ein leiser Ungehorsam. Gewöhnlich wird es abends etwas später als 10 Uhr, nachdem ich schon 10 geschrieben habe. Unregelmäßigkeiten haben vielfach ihre Ursache im kollegialen Leben und in den häuslichen Verhältnissen.

Bei der letzten heiligen Beichte bin ich in eine Schwierigkeit geraten, wie ich sie noch nicht hatte. Beim Erwecken der Reue kam mir das Bewusstsein, dass ich alle Vergehungen der Vergangenheit, obgleich ich sie verabscheute, doch entschuldigen könnte. Ich war unglücklich darüber und sagte es, aber die Worte des Beichtvaters änderten nichts an meiner „Verblendung".

Noch ein Wort zur Beleuchtung meiner Gruppenarbeit. Gestern hatte ich mit Fräulein Pries, unserer Gruppenführerin, eine längere Aussprache, und es stellte sich heraus, dass wir aus Angst voreinander uns einige Wochen lang nicht richtig gesprochen hatten. Wir bilden zu dreien hier eine Gruppe. Ich bitte Euer Hochwürden dringend um Ihr Gebet und täglich um den priesterlichen Segen.

In Dankbarkeit Emilie Engel

7.8.1922
Briefwechsel
J. Kentenich

Wertes Fräulein Engel!

Sie gestatten, dass ich wieder *in aller Kürze* auf Ihre Fragen eingehe.

1. Wenn Ihre Schwestern und Kolleginnen über die traurigen Zustände unter der Jugend usw. schimpfen, kann man dem Gespräch eine andere Richtung geben, indem man die Heilmittel in den Vordergrund stellt und nach Methoden sucht, abzuhelfen. *In diesem Zusammenhang* ist auch Erzählung von eigenen guten Erfahrungen gottgefällig.

2. Schweigen bei Ehrabschneidung in privater Unterredung ist keine äußerliche Billigung, sondern für edle Menschen eine feine Zurechtweisung, die langsam wirkt. Vor der heiligen Kommunion sich wegen etwaiger Fehler Unruhe machen, ist gegen die Freiheit der Kinder Gottes.

3. Es ist für Sie nicht der Wille Gottes, alle acht Tage zu beichten und länger als fünf Minuten das Gewissen zu erforschen. Wenn der Gehorsam in diesem Punkte Ihnen schwer wird, so erinnern Sie sich daran, wie viele Verdienste Sie sich dadurch erwerben können. Eine Generalbeichte dürfen Sie nie mehr ablegen! Sonst kommen Sie nie zur Freiheit der Kinder Gottes. Auch das Verbot Ihres trefflichen verstorbenen Beichtvaters, nie mehr auf eine abgelegte Beichte zurückzukommen, dürfen Sie *nicht* als aufgehoben betrachten. *Alles*, was der Herr, der Sie so gut geleitet, Ihnen gesagt, angeraten und aufgetragen, gilt auch jetzt noch.

4. Für Sie ist es nicht gut, bei der heiligen Beichte einzelne *bestimmte* Sünden zu bereuen. Es genügt, die Sünden allgemein durch die Reue zu erfassen.

Das Wachstum in der Heilandsliebe ist eine große Gnade. Die *Freudigkeit* der Liebe wird durch Bewusstsein der eigenen Unwürdigkeit eher gesteigert als niedergedrückt. Das ist der Sinn einer *kindlichen* Hingabe an Gott.

Wenn es Ihnen nicht zu viel Mühe macht, würde ich um jeweiligen Bericht bitten über Ihre apostolische Tätigkeit.

In Ihrem Innenleben müssen Sie immer noch mehr streben nach Schlichtheit, Einfachheit, Einfalt. - Am Ende der Ferien sind keine Exerzitien für Lehrerinnen, wohl vom 8. bis 12. August für Mitglieder der Liga.
Für die Ferien wünsche ich Ihnen gute Erholung. Dadurch wird während dieser Zeit der liebe Gott von Ihnen am meisten geehrt. Vielleicht finden Sie auch Gelegenheit, für Verbreitung der Königin der Apostel[1] etwas zu tun.
Mit freundlichem Bundesgruß und priesterlichem Segen

in Verehrung und Hochachtung P. J. Kentenich

2.9.1922 Briefwechsel Emilie

Hochwürdiger Herr Pater!
Beiliegend meinen armseligen Rechenschaftsbericht. Es hat wohl kaum Zweck, dass ich noch einen Brief beifüge, denn was ich zu sagen müssen glaube, kann ich doch nicht schreiben. Ich hoffe, wenn ich wieder

---

[1] Zeitschrift.

einmal nach Schönstatt komme, wird manches geklärt werden können und damit mehr Ruhe und Sicherheit über mich kommen. Der Winter soll ja wohl darüber vergehen, bis wieder eine Tagung ist.

Die größte Schwierigkeit ist nach wie vor die heilige Kommunion. Früher, als mein Beichtvater noch lebte, wurde sie mir insofern leichter, als ich in der größten Ratlosigkeit immer Gelegenheit hatte, vor der heiligen Kommunion mir im Beichtstuhl Aufschluss zu holen. Zudem beichtete ich jede Woche. Jetzt muss ich selbst entscheiden, und weil ich fürchte, durch Ungehorsam dem lieben Gott zu widerstehen und in frühere Verwirrung zurückzufallen, entscheide ich mich für den Empfang der heiligen Kommunion, selbst dann, wenn mich nichts anderes an der Todsünde zweifeln lässt als die Vorschrift meines verstorbenen Beichtvaters, ich solle zur heiligen Kommunion gehen, solange ich nicht *mündlich* den guten Vorsatz gebrochen hätte. Euer Hochwürden haben in der Antwort auf meinen letzten Rechenschaftsbericht ein erlösendes Wort gesprochen, indem Sie alles aufrechterhielten, was mir früher angeraten und aufgetragen wurde.

Im kommenden Monat habe ich mir das Ziel gesetzt, den Heiland besser kennen zu lernen, und, da er mich aus der Sklaverei des Satans errettet und mir das tägliche Joch meiner Skrupel und sehr erniedrigender Zwangsvorstellungen (wenn es etwas Krankhaftes ist) erleichtert hat, mich als seine ganz getreue Dienerin mit meiner ganzen Kraft in seinen

Dienst zu stellen. Als Betrachtung nehme ich das Evangelium nach Lukas, als Erneuerung des PI morgens und nachmittags dreimal: „Mein Heiland, als Werkzeug der Mutter alle meine Kraft für dich und die Seelen!“ Lieber würde ich sagen: „Mein Heiland, deine Sklavin durch Maria“, aber Euer Hochwürden verwarfen den Ausdruck, als ich ihn in mein PI hineinbringen wollte.

Von meiner apostolischen Betätigung soll ich etwas sagen. Ich beschränkte mich in den Ferien hauptsächlich auf das gute Beispiel, hatte es mir zum Grundsatz gemacht, in unserer großen Familie „allen alles zu werden“, um gelegentlich Einfluss auf die Seelen zu besitzen. Diesen Vorsatz suche ich auszuführen durch freudige Erfüllung dessen, was mir aufgetragen wird und durch liebevolles Eingehen und Verstehen hinsichtlich der verschiedenen Anlagen und Temperamente meiner Umgebung. Außerdem besuche ich öfter eine alte kranke Frau und diene ein wenig der Ausbreitung der Apostolischen Bewegung. In zwei Fällen wurde ich dazu veranlasst, ohne dass ich an diese beiden Personen gedacht hätte. Es sind zwei ältere Kolleginnen, und ich denke, dass sie zur nächsten Tagung nach Schönstatt kommen.
Könnte ich doch meinen Bruder wieder in den Bund zurückführen! Er meint, er passe noch nicht hinein, und ich bin überzeugt, dass gerade jetzt ihm der Bund von größerem Nutzen wäre. Was ihn abhält, sind die Sorgen um die Zukunft und die Mittel der Selbstheiligung. Einen Seelenführer hat er nicht und

glaubt er nicht haben zu dürfen. Die MTA bekam er schon lange nicht mehr, hat sie aber jetzt durch mich wieder bestellen lassen. Ich bitte Euer Hochwürden, ihn recht dringend der lieben Mater ter admirabilis anzuempfehlen - und auch mich.

Mit ehrfurchtsvollem Gruße verbleibe ich Euer Hochwürden dankbare

Emilie Engel

2.10.1922
Briefwechsel
Emilie

Hochwürdiger Herr Pater!
Für die Benachrichtigung von Ihrer Westfalenreise danke ich bestens, aber nach Hörde zu kommen und im Pfarrhaus anzuklopfen, brachte ich nicht übers Herz. Vielleicht komme ich gelegentlich der Frauentagung im Oktober nach Schönstatt; doch ist es noch nicht ganz sicher und ich kann auch leider nur einen kleinen Teil der Tagung mitmachen, von Samstagabend bis Sonntagabend.

Meinem Bericht möchte ich noch etwas hinzufügen, was mich in letzter Zeit oft beschäftigt hat. Ich möchte es versuchen, ohne Seelenführer fertig zu werden und mich mit dem Bericht an die Gruppenführerin begnügen, dass ich die Tagesordnung eingehalten habe. Der starke Drang, mich auszusprechen und mein Innerstes zu enthüllen, ist eine große Schwäche, die mit Leidenschaft und Temperament zusammenhängt. Das sehe ich jetzt klar ein und lässt sich nicht forttäuschen mit dem Gedanken, um Gottes Willen sich führen zu lassen, im Glauben zu gehorchen usw. Ich fühle es, dass ich durch diesen Verzicht schneller hineinwachse in die Übernatur und mein Blick und meine Gedanken unmittelbar auf Gott sich richten, ohne auf dem Wege zu Gott unnötigerweise sich aufzuhalten. Möge der göttliche Heiland und die Dreimal Wunderbare Mutter mir helfen und auch Euer Hochwürden in dieser Angelegenheit den richtigen Weg für mich erkennen lassen. Ich bete innig darum.

In unserer Gruppe haben wir uns trotz der Verschiedenheit der Charaktere gut zusammengefunden. Wenn wir nur ein wenig mehr Zeit hätten für rechte Gruppenarbeit! Heute Nachmittag wollten wir uns treffen, haben aber auch danach noch zwei Versammlungen zu besuchen.

Noch eins wollte ich sagen und Ihre Ansicht darüber hören. In den Pfarrschulen Amerikas fehlt es sehr an Lehrkräften, und hier ist großer Überschuss. Könnte ich nicht dort einen Platz ausfüllen und irgendeiner Kollegin, die sehnlichst auf Arbeit in der Schule wartet, hier einen Platz frei machen? Natürlich möchte ich im Bunde bleiben und im Sinne der Apostolischen Bewegung weiterarbeiten. Begeistert bin ich nicht von dem Plan, denn ich müsste hier von einem Arbeitsfelde scheiden, wo sich tausend Gelegenheiten finden, den Drang nach apostolischer Betätigung zu befriedigen; es ist nur eine ganz nüchterne Überlegung. Hier könnten viele andere voll und ganz und besser meine Stelle ausfüllen.

Ich bitte Euer Hochwürden recht dringend um Ihr Gebet und den priesterlichen Segen. Könnte ich Ihnen einmal sagen, wie glücklich ich mich oft als

Bundesmitglied fühle trotz aller seelischen Abnormitäten! -
Ehrfurchtsvollen Gruß und Dank Emilie Engel

Dieser Brief trägt mit P. J. Kentenichs Handschrift den Vermerk: Skrupeln.

Wertes Fräulein Engel! 11.10.1922 Briefwechsel J. Kentenich

Nach Rückkehr von meiner Westfalenreise hatte ich hier in Schönstatt vom 1. bis 5. eine Tagung für Priester, vom 6. bis 10. Exerzitien für unsere Bündler aus dem Laienstande. Badener und Westerwälder waren dabei vertreten. Darum jetzt erst meine Antwort auf Ihren Brief und RB [Rechenschaftsbericht].

Es ist nicht Gottes Wille, dass Sie ohne Seelenführer zum Himmel gehen. Dadurch, dass Sie Ihren Seelenführer *nicht* an Ort und Stelle haben, ist von selbst eine größere Selbstständigkeit gewährleistet. Dazu kommt, dass eine vernünftige Seelenleitung keine Unterbindung, sondern eine Festigung der Freiheit der Kinder Gottes erstrebt. Diese ist aber bei Ihnen nicht möglich ohne blinden Gehorsam - erhellt vom Lichte des Glaubens! - in Dingen, die Sie zwangsmäßig hindern, das Herz der Gnade Gottes zu erschließen. Im Übrigen ist Verzicht auf Seelenführung gleichbedeutend mit Austritt aus dem Apostolischen Bund, da dieser als wesentliche Forderung Anschluss an Seelenführer aufstellt. Körperliches Befinden und Seelenzustand zeigen, dass der Gedanke, nach Amerika zu wandern, nicht als sichere Anregung der

Gnade angesprochen werden kann. Es ist darum gut, ihn aus dem Kopfe zu schlagen und sich zu bemühen, in Ihrer jetzigen Stellung alle verfügbaren Mittel zu Selbstheiligung und Apostolat auszunutzen. Vielleicht können Sie mir beim nächsten Bericht kurz den Gegenstand der Geistlichen Lesung und im Allgemeinen den Betrachtungsstoff angeben. Vergessen Sie nicht, sich für Fehler im PE eine Buße aufzuerlegen. Dafür, dass Sie an zwei Tagen keine Aufzeichnung gemacht, könnten Sie zur Sühne sich bemühen, einen Tag lang Zuhause recht aufgeräumt zu sein. Wenn Sie am Samstag kommen können, sind Sie herzlich willkommen. Ob aber die Anstrengung der Reise für die paar Stunden, die Sie im Kreise der Bundesschwestern, die vermutlich durchweg Ihnen unbekannt sind, nicht zu groß ist? Noch etwas! Für Ihren Bruder ist es gut, sich dem Bunde wieder zu nähern.

Zu Neujahr 1923 schreibt Emilie einen Brief an Pater J. Kentenich, den er ihr, mit seinen Antworten am Rande versehen, zurückschickte. Später kommt dieser Brief erneut in seine Hand. Er bezeichnet ihn als charakteristisch für die seelische Struktur von Emilie zu dieser Zeit.

1.1.1923 Briefwechsel Emilie

Hochwürdiger Herr Pater!
Zunächst möchte ich Ihnen beim Jahreswechsel meine besten Glückwünsche zum Ausdruck bringen; ihre Verwirklichung will ich im Gebete von Gott erbitten. (*Antwort:* In Erwiderung der Wünsche vor allem Fortschritt im Kindesverhältnis zu Gott.)

Der beigelegte Freiumschlag soll nicht eine Bitte um Antwort auf meinen Rechenschaftsbericht bedeuten; er mag einem anderen apostolischen Briefe dienen, falls Sie keine Zeit haben, oder es für unnötig erachten, wiederzuschreiben. An drei Tagen fehlen die Aufzeichnungen. Bei etwas mehr Eifer hätte ich sie machen können, wenn es auch ein wenig Überwindung kostete. Die Übungen waren wie an den übrigen Tagen.
Wo ein Fragezeichen oder eine Lücke ist, war ich im Zweifel, z. B. am 23., 24. und 25. hatte ich viel mit Sorge darüber nachgedacht, ob ich wohl mit einem großherzigen Akt des Vertrauens und Gehorsams meine ganze Vergangenheit in dem Abgrunde unendlicher Güte und Barmherzigkeit begraben solle, ohne Ihnen noch einiges aus der Vergangenheit gesagt zu haben. Daher abends bei der Kontrolle ein Fragezeichen.
(*Antwort:* Mangel an Glaubensgeist. Beten Sie viel um diesen Geist!)
Am Weihnachtsmorgen habe ich bei der heiligen Kommunion mit einem Akt restloser Hingabe an Gott das Gelübde des Gehorsams gemacht, vorläufig für einen Monat. Ich habe diesen Akt vor Gott und mir selbst damit begründet, dass ich einen Maßstab haben müsste in dem Streben nach vollkommener Erfüllung des göttlichen Willens, und dieser Maßstab soll mir die Weisung, der Befehl des Seelenführers sein.
(*Antwort:* Das Gelübde können Sie jeden Monat erneuern.)

Ihren Worten gemäß tritt das Gelübde also nur dann in Kraft, wenn mir unter diesem Gelübde (ausdrücklich) etwas befohlen wird.

(*Antwort:* das heißt, wenn ein solcher *Befehl* nicht beobachtet wird, ist eine Sünde da; wenn Sie aber im *Geiste* des Gehorsams meine Räte befolgen, haben Sie doppeltes Verdienst. Ebenso wenn Sie offen sind ...)

Über das verflossene Jahr hatte ich als Leitmotiv die Worte Brentanos gesetzt: „Werden muss ich wie ein Kind, wenn ich will zum Vater kommen." Ich habe aber erst im letzten Halbjahre ein wenig bewusster und ernstlicher danach gestrebt. Dasselbe Ziel soll mir auch im kommenden Jahre vorschweben, denn es leuchtet mir allmählich ein, dass ich noch lange nicht in dem echten Kindesverhältnis zu Gott stehe, und dass Ihre wiederholte Mahnung in dieser Hinsicht notwendig war. Die Betrachtung der Epistel des gestrigen Sonntags über die Freiheit der Kinder Gottes passte gerade recht für mein jetziges Streben, auch die Lesung eines Büchleins aus der Bibliothek meines Bruders. Auf Heiligen Bergen - Worte der Seelenführung, gesammelt aus den geistlichen Briefen des heiligen Franz von Sales.

(*Antwort:* Franz von Sales ist für Sie empfehlenswert.)

Meine seelische Stimmung der letzten Zeit stellt einen Konflikt dar zwischen dem heißen Drange, in großem Vertrauen und blindem Gehorsam alle Folgerungen zu ziehen aus einem echten Kindesverhältnis zu Gott - und der Notwendigkeit, erst eine

Generalbeichte über die letzten 6 oder 7 Jahre abzulegen. Vor dieser Zeit legte ich eine gründliche Lebensbeichte ab. Doch habe ich dem lieben Gott versprochen, vorläufig aus Gehorsam die sorgenvollen Gedanken an die Vergangenheit wie eine Versuchung abzuweisen, bis Sie mir eine Generalbeichte erlauben.
(*Antwort:* Folgen Sie *blind* in diesem Punkte, weil es so der Wille Gottes für Sie ist. Dann haben Sie auch keine Verantwortung.)
Kurz vor den Ferien habe ich infolge einer Zurücksetzung eingesehen, dass ich sehr stolz und selbstsüchtig bin, auch in meinen apostolischen Arbeiten. Eine ganze Woche lang wollte das Gefühl sich aufbäumen gegen die bessere Erkenntnis und den Willen. Auch jetzt noch steigt dieses Gefühl der Zurücksetzung zuweilen auf.
(*Antwort:* Je mehr Sie frei werden von Ängstlichkeit, desto mehr werden sich die Wurzeln anderer ungeordneten Neigungen zeigen. Gut so. Das erhält in der Demut und drängt zum Vertrauen.)
Ich freue mich, dass ich mich bald wieder in die Arbeit hineinstürzen darf. (8. Januar). Ich hoffe und wünsche, manches Schreckliche hat dann nicht mehr so viel Zeit und Raum, in meiner Fantasie hochzukommen. Soweit ich's beurteilen kann, habe ich mich gut erholt trotz aller Unruhe im Hause. (15 Personen).
(*Antwort:* Auf Erholung auch im Schuljahr achten.)
Meine apostolische Betätigung in den Ferien bestand in der Pflege des guten Beispiels, in gelegentlichen

Einwirkungen auf meine Angehörigen, im Apostolate des Briefes, zudem ich jetzt mehr Zeit hatte, und im apostolischen Gebete. Um meinen Bruder machen wir uns nach wie vor große Sorge. Bitte, helfen Sie mir, das Herz der himmlischen Mutter zu bewegen, hier bald ihre Güte und Macht zu zeigen.
(*Antwort:* Gerne!)
Indem auch ich mich Ihrem Gebete empfehle und um den priesterlichen Segen bitte, verbleibe ich
Euer Hochwürden dankbare
Emilie Engel
(*Antwort:* Priesterlichen Segen und freundlichen Bundesgruß!)

Anstöße – Wegweisungen
Der regelmäßige Briefwechsel setzt sich in den folgenden Jahren fort. Einige Texte lassen die Führung erkennen, die Emilie durch Pater Kentenich erfährt.

6.5.1924
Briefwechsel
J. Kentenich

Wie Sie sich den Weg der geistigen Kindheit vorstellen, fasse auch ich ihn auf. Ich kann Ihnen darum kein besseres Maigeschenk wünschen, als den von der Gnade betauten Willen, diesen Weg wenigstens während der Zeit Ihres Noviziats[1] zu gehen. Als Gegengeschenk - so deucht mir - will der liebe Gott Ihnen die Befreiung schenken von Ihrem demütigenden Kreuze. ...

Stattdessen können Sie ja während des Monats Mai durch ein einfaches Versprechen der lieben Gottes-

[1] Einführungszeit des Apostolischen Bundes.

mutter täglich sagen, dass Sie den heutigen Tag ganz selbstlos zubringen wollten, um ihr eine Freude zu machen und sie zu bitten, den Apostolischen Bund zu segnen. Vielleicht wird es Ihnen dann auch leichter, zu Ihrer Schwester ein natürliches edles Verhältnis zu finden. Vergessen Sie nicht das Stoßgebetchen: „Allmächtiger Gott, mache mich auf die Fürbitte meiner himmlischen Mutter zu einer großen Heiligen und schone nicht meine schwache Natur."

Diesmal kommt Ihr Rechenschaftsbericht aber recht spät. Wohl eine Folge Ihrer vielen Arbeit. Wie stellen Sie sich das vor, dass Sie Ihre Rechenschaft öfter wie bisher mündlich ablegen wollen? Da hat der „Plagegeist" ja recht lange nachgewirkt; nun im Übrigen haben Sie ja auch ein Recht dazu, „Plagegeist" zu sein, solange ich Ihre Seele führe. Wenn Sie aber meinen, Sie hätten meinen Erwartungen im Streben nach Heiligkeit nicht entsprochen, so irren Sie. Wohl sehe ich Ihre Fehler und Schwächen, weiß aber auch und danke dafür mit Ihnen dem lieben Gott und der jungfräulichen Gottesmutter von Herzen, dass die Reinigung Ihres Innenlebens Fortschritte macht und der Gottmensch Sie immer mehr an sich zieht. Machen Sie sich auch keine Sorge über Ihre Brauchbarkeit als Führerin. Sie sind ja nur Werkzeug, und je schwächer das Werkzeug, desto größer die Güte und Barmherzigkeit Gottes. Sie taten gut daran, der inneren Anregung zu folgen und sich dem Heiland ganz in die Arme zu werfen. Wenn er Sie aber drängt,

13.7.1924
Briefwechsel
J. Kentenich

sich kindlicher an seine Mutter anzuschließen, so lassen Sie sich aber auch das nicht zwei Mal sagen. Sie können sich denken, dass es mich freut, in Ihnen die Spannung gegen die Marienverehrung gelöst zu wissen.
Lernen Sie aber auch mehr und mehr mit dem Apostel Paulus beten: „Ich rühme mich meiner Schwachheit, weil dadurch die Kraft Gottes an mir offenbar wird." Den letzten Gedanken wollen Sie besonders stark betonen, damit Sie nicht in ein falsches Minderwertigkeitsgefühl hineinkommen.

Für Ihre Anregung bezüglich der Exerzitien vielen Dank; ich werde sie selber aber wohl kaum halten können. Trage mich im Gegenteil mit dem Gedanken, von den Frauentagungen mich mehr und mehr zurückzuziehen, sobald ich einen Ersatzmann finde. Es gibt halt zu viel Arbeit auf allerlei Gebieten, dass es jetzt schon für eine Kraft nicht mehr möglich ist, allen Anforderungen gerecht zu werden. Wenn ich nicht die feste Zuversicht hätte, dass die vielen Seelen, die der liebe Gott mir zugeführt, fleißig für mich beteten, könnte ich mir nicht erklären, wie die ganze Last der so oft entgegengesetzten Arbeit mich nicht niederdrückt.

Wenn auch ein Rest von Schreckgespenstern in Ihrer Seele hängen geblieben sind, so müssen Sie die mit Geduld ertragen. Gut, ja sehr gut war es allerdings, dass diese Schreckgespenster die Gelegenheit waren, die Sie zwangen, auch in den schwierigsten Dingen rückhaltlos offen zu sein. Solange Sie Novizin sind, dürfen Sie sich nach der Richtung nicht das Geringste sparen. Ich hoffe, dass Sie nach der Noviziatszeit innerlich so geklärt sind, dass ich Sie in den meisten Dingen mit Gott allein lassen kann.

Streben Sie nur weiter danach, heilig zu werden, dann werden Sie auch demütiger, selbstloser und opferfreudiger im Verkehr mit Ihrer nächsten Umgebung. Wollen Sie mir nicht nächstens einmal mitteilen, was Ihre Bekannten und Verwandten meistens an Ihnen auszusetzen haben? Ich halte es nicht für gut, wenn Sie das Gelübde der Selbstlosigkeit weiter ausdehnen als Sie es bisher taten. Es ist Gottes Wille, wenn Sie während Ihrer Noviziatszeit in zweifelhaften Dingen so handeln, wie Sie glauben, Ihr Seelenführer würde als Stellvertreter Gottes entscheiden. Es liegt das alles im Geiste des Gelübdes, steht aber nicht unmittelbar unter dem Gelübde.

Lieb wäre es mir, wenn Sie mir demnächst einen Vorschlag machten für Ihr PE, damit Sie lernen, mit der Zeit auch in diesen Dingen etwas selbstständiger zu werden. Einstweilen können Sie das bekannte Gebetchen öfter beten: „Allmächtiger Gott, mache mich auf die Fürbitte meiner himmlischen Mutter zu einer großen Heiligen und schone nicht meine schwache Natur.“ Oder: „Lieber Heiland! Ich glaube, dass du mich als Werkzeug der jungfräulichen Gottesmutter zu einer Stütze des Bundes berufen hast und Großes durch mich wirken willst, trotz meiner Schwäche. Ich hoffe auf die nötigen Gnaden, und ich liebe den Bund wie einen Ausfluss deines heiligen Willens."

Vergessen Sie nächstens nicht, ausführlicher zu berichten, was Sie getan in der Marienverehrung für sich und für andere. Die jungfräuliche Mutter segne Sie und Ihr Heiligkeitsstreben!

5.8.1924 Briefwechsel Emilie

Hochwürdiger Herr Pater!

Für die Antwort auf meinen letzten Bericht ein herzliches „Vergelt's Gott"! Ich soll Ihnen sagen, was andere an mir auszusetzen haben. Am liebsten möchte ich dieses Urteil meiner Umgebung überlassen, aber ich will es doch versuchen, mich mit den kritischen Augen meiner Angehörigen und Bekannten unter die Lupe zu nehmen.

Was meine beiden ältesten Schwestern, mit denen ich doch am meisten zusammen bin, an mir tadeln, wird wohl die schlimmsten Ecken und Kanten meines Wesens kennzeichnen. Ich bin ihnen zu schroff und streng, zu wenig menschlich und natürlich, zu unvernünftig usw. Ich sorge zu wenig für meine Gesundheit, lege nicht genug Wert auf mein Äußeres. Wenn wir bei Verwandten oder Bekannten eingeladen sind, habe ich immer keine Zeit. Anstatt die Zeitung zu lesen, lese ich nur etwas „Frommes". Ich erzähle nicht von dem, was ich erlebt habe, oder wenn ich es tue, will ich den Namen eines Schuldigen nicht nennen (gemeint sind Ärger und Unannehmlichkeiten in der Schule, im Kollegium usw.).

Gewöhnlich kommt das, was ich verschwiegen hatte, nachher von anderer Seite her ans Licht. Wenn andere ihrem Ärger Luft machen, schweige ich oder suche die Ursache des Ärgers zu entschuldigen; dann heißt es oft: „Du musst natürlich alles entschuldigen." Meine älteste Schwester kann es nicht hören, wenn ich das Wort „Bund" oder „Schönstatt" nenne, und ich suche es deshalb auch nach Möglichkeit zu vermeiden. Ich stoße aber auch schon hart bei ihr an, wenn ich einmal durch ein harmloses Wort meine übernatürliche Gesinnung zum Ausdruck bringe, ein Wort, das ich zur Erklärung und Begründung sage, wenn man mir vorwirft, dass ich nicht so denke und handle wie andere. Sie werden verstehen, dass es bitter ist, wenn man sozusagen herausgefordert wird, den Grund seiner Handlungsweise zu sagen und dann hören muss: „Bleib mir weg mit deinen frommen Reden, ich kann das nicht haben, man muss seine Frömmigkeit nicht so nach außen zeigen, ich bin nun einmal nicht so heilig (!) wie du" usw. Schon ein ganz kurzes Wort meinerseits genügt, eine solche Szene hervorzurufen. Doch ich kann mich schnell darüber hinwegsetzen, aber meine Schwester selbst leidet viel unter ihrer Eigenheit. Wäre sie im Bunde, sie würde froh und frei werden und ganz anders arbeiten. - Ich bin andern gegenüber auch zu ernst und still und pflege nach ihrer Ansicht die Kollegialität nicht genug. Schon lange habe ich mich nicht mehr darin geübt, aus mir herauszugehen, wenn ich in Gesellschaft bin, die Gruppe ausgenommen.

Heute Morgen bei der Betrachtung kam es mir zum Bewusstsein, welches die tiefste Ursache ist, warum meine Frömmigkeit sooft abstoßend wirkt. Es fehlt mir das sich erbarmende, geduldige, verzeihende Heilandsherz. Wenn ich gegen andere eine solche Gesinnung hätte, wie der Heiland gegen mich, würde ich nie eine innere Abneigung durchschimmern lassen oder ein kühles Benehmen zeigen, dann müsste ich stets gleiche aufrichtige, herzliche Liebe zum Ausdruck bringen.

Ich kann wohl gegen Unglückliche, Arme, Kranke, Irregehende und Sünder mitleidig, gut und nachsichtig sein, aber gegenüber meinen Angehörigen und Kolleginnen, die so viele Gnaden von Gott bekommen und nach Vollkommenheit streben wollen oder sich für gut halten, bin ich innerlich hart und strenge, kann es nicht gut vertragen, wenn sie nach meiner Ansicht zu natürlich denken und handeln, wenn sie nahe liegende Opfer nicht bringen können, und diese meine Gesinnung müssen andere wohl oft herausfühlen, so dass ich ihnen dann ein Dorn im Auge oder ein „lebendiger Vorwurf" bin, wie mir schon zwei- oder dreimal von verschiedener Seite gesagt wurde. Ja, wenn der Heiland mit mir auch so wenig Geduld hätte!

Ich soll auch darüber berichten, was ich hinsichtlich der Verehrung der lieben Gottesmutter getan habe. Es war leider recht wenig, immer nur Kleinigkeiten. Die Kinder leitete ich an, der himmlischen Mutter eine Freude zu machen; meistens setzten wir das sofort in der Schule in die Tat um. Ich erzählte ihnen etwas, um ihnen Vertrauen und Liebe zu Maria einzuflößen. Alle meine früheren und jetzigen Schülerinnen habe ich der lieben Mutter in besonderer Weise anvertraut. Einer derselben, einem sechzehnjährigen Mädchen, das mit seiner ganzen Familie zu einer Sekte übergetreten war, riet ich, als sie in Not war, sich doch wieder an die himmlische Mutter zu wenden. Ich hoffe, dass diese Familie durch die Hilfe der Gottesmutter wieder zurückkehren wird, wenn auch vielleicht erst nach langem Beten und Opfern. Doch sie kann auch schnell und bald helfen, zuweilen fühle ich ein „waghalsiges Vertrauen" in mir. Auch andern Menschen, auf die ich Einfluss habe, sagte oder schrieb ich etwas, um sie der Mutter näher zu bringen. Ich betete um die Gnade, dass wir im Bunde marianische Menschen würden.

Doch vielleicht sollte ich erzählen, wie *ich* praktisch meine himmlische Mutter verehre und ihr diene. Sie ist meine immer währende Zuflucht und Vermittlerin, die Priesterin, die mich dem Heiland und mit dem Heiland der allerheiligsten Dreifaltigkeit als Opfer darbringen soll. Ich habe mich daran gewöhnt, sooft ich ihr Bild schaue, ihr zu sagen, dass ich sie liebe, dass ich ihr danke. In den Ferien will ich täglich neben der gewöhnlichen Lesung noch eine besondere über die Gottesmutter halten, um sie besser kennen zu lernen. Es fehlt noch sehr, sehr viel, bis ich ein ganz marianischer Mensch bin, bis ich den Grignonschen Akt voll und ganz verwirkliche. Als ich mich vor zwei Jahren durch diesen Akt der Gottesmutter schenkte, erkannte ich die Tragweite desselben noch nicht so wie jetzt.

Ich muss meinen Brief schließen, will nur noch eben sagen, welches PE ich in diesem Monat habe. Ich sollte mir ja selbst eins wählen. Für jede Stunde tagsüber habe ich mir einen Akt der Selbstverleugnung auferlegt (möglichst oft Nächstenliebe), und zwar um dem gekreuzigten und eucharistischen Heiland meine Liebe, meinen Dank, meine Sühne darzubringen, um ihm immer ähnlicher zu werden, um bis zum letzten Rest mich meiner selbst zu entäußern und ein gottgefälliges Opfer zu werden. Es ist mir in der letzten Zeit klar zum Bewusstsein gekommen, dass ich mehr tun muss und eine größere Verantwortung habe, als alle andern in unserer großen Familie, Anton wegen seines Priesterberufes wohl ausgenommen. Ich habe mehr Gnaden, mehr Glaubenslicht von Gott erhalten als andere; das soll aber von jetzt an auch ein Grund für mich sein, nach dem Vorbilde des Heilandes eine unerschöpfliche Geduld mit andern zu haben. -

Recht dringend bitte ich um Ihr Gebet, um den priesterlichen Segen und um Ihre Führung, damit ich den Willen Gottes in allem erfülle. Ich empfehle mich jeden Morgen besonders in Ihr Gebet und in Ihr heiliges Messopfer und bitte den lieben Gott, er möge durch Sie mich segnen. Sie hatten mir ja vor zwei Jahren erlaubt, jeden Morgen um den priesterlichen Segen zu bitten. Wenn mir auch nie wieder etwas davon gesagt wurde, behielt ich doch die Gewohnheit bei. Darf ich's weiter so halten?

Mit ehrfurchtsvollem Gruße verbleibe ich
Euer Hochwürden stets dankbar E. E.

Die feierliche Weihe der ersten zwanzig Bundesschwestern im Heiligtum ist für Emilie eine endgültige Entscheidung für Schönstatt. Das Weihegebet hat Gertraud von Bullion verfasst, jede hat es abgeschrieben, unterschrieben und als Besiegelung dem Bundesleiter übergeben.

Weihe an unsere Dreimal Wunderbare Mutter. 16.4.1925 Weihegebet

Herrin, Königin, Dreimal Wunderbare Mutter! Ich, Emilie Engel, weihe mich dir heute vor aller Welt und in feierlichster Weise ganz und gar für immer und ewig. Dir übergebe ich mein Herz, meinen Verstand, meinen ganzen Willen, dir alles, was mein ist und mein sein wird an irdischem Gut sowie an Fähigkeiten und Gütern meiner Seele. Von dieser Stunde an will ich mit all dem Meinen und für alle Zeiten als dein absolutes Eigentum zu deiner unumschränkten Verfügung stehen in dem Kampfe um das Reich deines Sohnes, zu welchem du uns anführst. Ich bin nun dein, o Königin, unwiderruflich dein! Nun wisse aber auch, dass ich nichts inniger begehre, als durch dich mich in vollkommenster Weise, so wie nur du dies vermagst, Jesus, deinem gekreuzigten Sohne, zu schenken. Er ruft mich in seine nächste Nähe, ich soll in vorzüglicher Weise

Weihe an unsere Dreimal Wunderbare Mutter.

Herrin, Königin, Dreimal Wunderbare Mutter! Ich, Emilie Engel, weihe mich dir heute vor aller Welt und in feierlichster Weise ganz und gar für immer und ewig. Dir übergebe ich mein Herz, meinen Verstand, meinen ganzen Willen, dir alles, was mein ist und mein sein wird an irdischem Gut sowie an Fähigkeiten und Gütern meiner Seele. Von dieser Stunde an will ich mit all dem Meinen und für alle Zeiten als dein absolutes Eigentum zu deiner unumschränkten Verfügung stehen in dem Kampfe um das Reich deines Sohnes, zu welchem du uns verführst. Ich bin nun dein, o Königin, unwiderruflich dein! Nun weißte aber auch, daß ich nichts inniger begehre, als durch dich mich in vollkommenster Weise, so wie nur du dies vermagst, Jesus, deinem gekreuzigten Sohne, zu schenken. Er ruft mich in seine nächste Nähe, ich soll in vorzüglicher Weise mit ihm streiten gegen das Reich Satans in den Reihen unseres Apostolischen Bundes. Mutter, ich verlange danach, diesem Rufe zu folgen, den Geist der Armut lieben zu lernen, die Verachtung als seinen Anteil freudig zu umfangen, den Geist des Gehorsams und der Gemeinschaft zu üben, in heiliger jungfräulicher Liebe dem irdischen Genusse zu entsagen. Ja, mit ganzem Herzen, aus ganzer Seele verlange ich danach, mich für diese höchsten Ziele einzusetzen. Wenn ich aber auf mich schaue, o Mutter, dann erfaßt mich Furcht und Zagen. Nichts bin ich als Armseligkeit und Schwäche. Darum reiche du, o starke Frau, mir die Hand, und führe du mich hin zum Kreuze, an dem ich mit meinem Heiland zu sterben begehre, weil ich ihn liebe, und weil ich die ganze Welt seiner Liebe erobern möchte.

mit ihm streiten gegen das Reich Satans in den Reihen unseres Apostolischen Bundes. Mutter, ich verlange danach, diesem Rufe zu folgen, den Geist der Armut lieben zu lernen, die Verachtung als seinen Anteil freudig zu umfangen, den Geist des Gehorsams und der Gemeinschaft zu üben, in heiliger jungfräulicher Liebe dem irdischen Genusse zu entsagen. Ja, mit ganzem Herzen, aus ganzer Seele verlange ich danach, mich für diese höchsten Ziele einzusetzen. Wenn ich aber auf mich schaue, o Mutter, dann erfasst mich Furcht und Zagen. Nichts bin ich als Armseligkeit und Schwäche. Darum reiche du, o starke Frau, mir die Hand, und führe du mich hin zum Kreuze, an dem ich mit meinem Heiland zu sterben begehre, weil ich ihn liebe, und weil ich die ganze Welt seiner Liebe erobern möchte.

Und nun, mein Jesus, nimm mich an als eine Gabe deiner gebenedeiten Mutter. Zeichne mich mit deinem Kreuze zu deiner Braut und Kämpferin. Gib mir, was du von mir zu fordern gedenkst, und dann, Herr, fordere von mir, was du willst. Siehe, hier bin ich! Amen.

Schönstatt, den 16. April 1925
Emilie Engel, sod. Ap. Börnig-Sodingen

Ihre Seele ist auf dem rechten Wege. Halten Sie nur fest: Das „agere contra“ heißt für mich: Kämpfen gegen Eifersucht und Empfindlichkeit. Letzteres be- 11.5.1925 Briefwechsel J. Kentenich sonders der Schwester gegenüber. - Möge der Mai alle Tugendkeime in Ihnen zur Blüte bringen.

4.7.1925
Briefwechsel
J. Kentenich

Das tiefe Erfasstsein von der Realität des gegenwärtigen Gottes und das ehrfurchtsvolle Hingegebensein an ihn und alles, was daraus erwächst für die Behandlung der Menschen und Ihre Selbsterziehung, ist wohl augenblicklich die Gnade, die der liebe Gott Ihnen gegeben. Sie sollten sich bemühen, treu mit ihr zu wirken und alles Störende, Eigensinnige und Eigenmächtige beiseite zu schieben. Ich halte es für eine Anregung des Heiligen Geistes, die Ihnen nahe legt, den Gedanken an das Leiden und das Wünschen und Sehnen danach einstweilen nicht zu beachten und stattdessen die kleinen Gelegenheiten des Alltags getreulich auszunutzen. Ich denke da besonders an den Verkehr mit Ihrer Schwester und an das Verhältnis zu Ihren Gruppenführerinnen. Mit letzteren sollten Sie ein so inniges Freundschaftsbündnis erstreben, wie Sie es in Ihrer eigenen Gruppe haben.

2.10.1925
Briefwechsel
J. Kentenich

Besondere Freude macht es mir, dass Sie den Bund nun mehr und mehr als Ihre Lebensaufgabe betrachten und an dieser Aufgabe innerlich emporwachsen und Ihre Schüchternheit überwinden. Gern helfe ich Ihnen beten, dass die scharfe Trennung zwischen Bund und Liga zum Besten des Ganzen vor sich gehe. Im Geiste des heiligen Franz von Sales ist es sehr erstrebenswert, gegen sich strenge zu sein, gegen die anderen, zumal die Hausgenossen, edel und mütterlich. Gerade im Zusammenleben mit unsympathischen Charakteren kann der Heroismus am meisten Nahrung finden.

Es ist sicher gut, dass Sie die verstehende aufrichtige Liebe auch zu Hause üben wollen. Doch sollten Sie gerade aus derselben schwesterlichen Liebe heraus nicht so leicht locker lassen, wenn Ihre Schwestern absolut alt und vergrämt werden wollen. Also das Ziel festhalten: die Methode den Verhältnissen entsprechend ändern. Wenn Sie mir die Erlaubnis geben wollen, künftig auch das, was Sie mir etwa mitteilen von Ihrer Schwester, zu benutzen, natürlich sehr diskret, damit ihre Charakterbildung etwas mehr Fortschritte macht, so müssten Sie mir das schon ausdrücklich sagen.

7.11.1925
Briefwechsel
J. Kentenich

Ihre Auffassung vom Bunde als Lebensaufgabe ist durchaus korrekt, und ich wünsche und bete, dass nicht nur unsere F., sondern womöglichst alle Bundesschwestern den Bund zu ihrer Lebensaufgabe erwählen. Wir im Bunde wissen genau, was wir unter dem Ausdruck zu verstehen haben. Aber Außenstehende könnten ihn leicht missverstehen. Sie könnten leicht meinen, wir wollten unsere Arbeit, etwa den Beruf als Lehrerin, vernachlässigen und dann nur unmittelbar für den Bund arbeiten. Solchen gegenüber kann man ja ruhig sagen: der Bund ist ein

14.11.1925
Briefwechsel
J. Kentenich

Stück Lebensaufgabe für mich. Es hat ja doch keinen Zweck, viel und lange auseinander zu setzen, wie wir das auffassen: Der Bund ist meine Lebensaufgabe. Sie haben also in der Formulierung meines letzten Briefes eine Art, wie man etwa Außenstehenden gegenüber sprechen kann. Ich schrieb ihn unter dem Eindruck Ihres Vortrags, der ja nun der Öffentlichkeit zugänglich gemacht wird.

Ich schrieb Fräulein P. auch davon. Sollte sie ähnliche Schwierigkeiten haben wie Sie, so mögen Sie ihr den Inhalt dieses Briefes mitteilen.

Im Übrigen wollen wir beide dem lieben Gott danken, dass er uns zu einer großen Aufgabe berufen, und uns immer würdiger machen der Gnaden, die die liebe Gottesmutter uns vermitteln will.

Über Emilies Entwicklung in den ersten Jahren im Bund schreibt Pater Kentenich:

Studie 1955
Briefwechsel
J. Kentenich

Führerweisung und Führergebundenheit spielen seit 1921 im Leben der Verstorbenen eine große, eine überragende, eine ausschlaggebende Rolle. Verhältnismäßig schnell und tief werden sie von ihr als organische Vaterweisung und als organische Vatergebundenheit empfunden, bejaht und verwirklicht. Organische Vatergebundenheit verbindet diesseitige und jenseitige Vaterschaft ideen-, gesinnungs- und lebensmäßig zu einer organischen Ganzheit. Sie ist - nebst geheimnisvoll wirkenden Gnadenkräften - der Schlüssel zum vollen Verständnisse ihres Lebens.

Sie war ja auch das Mittel, dessen sich Gottes Vatergüte und Vaterweisheit bediente, um sie vor der drohenden Katastrophe körperlich-seelischen Zusammenbruches zu bewahren und sie zum Gipfel des Vollkommenheitsberges emporzuführen. Ist - ganz allgemein gesprochen - durchweg ein Rückschluss von der Wirkung auf die Ursache berechtigt und gestattet, so darf und muss man auch hier auf eine überaus gesunde Führung zurückschließen. (S. 417)

Schönstatt, das wird eine Existenzfrage

Die Apostolische Bewegung wächst; zahlreiche Tagungen finden statt. Die Idee, hauptberuflich am Ort Schönstatt zu wirken, wird heiß diskutiert. Emilie Engel und Anna Pries fühlen sich angesprochen.

In Emilie wird diese Frage immer drängender. Sie möchte die Sommerferien 1926 in Schönstatt verbringen und erbittet das Einverständnis der Eltern, denen sie in diesen Wochen dann nicht zur Hand gehen kann. Von der Mutter erhält sie eine positive Antwort.

Sie teilt ihre Bereitschaft nach Schönstatt mit, sich ganz einzusetzen für die wachsende Apostolische Bewegung.

In diesen Wochen werden bereits die zukünftige Tracht und der Name für die neue Gemeinschaft gefunden – und Emilie ist nicht direkt daran beteiligt.

12.1.1926 Brief von der Mutter

Nun zur Sache, warum ich dieses Briefchen schreibe. Liebe Emilie, wenn es einmal so sein muss mit dem Leben und Wirken in Schönstatt und demnach auch

Deine Pflicht ist, so kannst Du in den Ferien ruhig dorthin gehen. Wir legen Dir nichts in den Weg. Wir hegen die Hoffnung, dass auch wir viele Vorteile davon haben für Seele und Leib. Ich glaube, dass Schönstatt eine Gnadenstätte ist und viel Segen über unsere Familie von dort gekommen ist. Du wirst uns aber dennoch nicht ganz aufgeben und immer wenigstens für ein paar Tage nach Hause kommen, besonders wenn die Ferien lange dauern. Also hoffe ich, also sei es. Du wirst so damit einverstanden sein.

1.2.1926
Briefwechsel
Emilie

Was mich in den letzten Wochen viel beschäftigt hat, ist die Frage der „berufsmäßigen Bundesschwestern". Der Brief, den ich von Schönstatt aus an meine Eltern schrieb, sagte Ihnen das schon. Am Samstag in der Woche darauf - ausgerechnet an einem Samstag - kam eine recht günstige Antwort, die ich dankbaren und frohen Herzens als Geschenk der himmlischen Mutter annahm. Und dann lag auf einmal mein Leben, Vergangenheit und Zukunft, so klar vor mir, wie noch nie. Ich war überzeugt, dass die „berufsmäßige Bundesschwester" die Verwirklichung meines Klosterberufes sei, während bis dahin immer noch leise Zweifel, heimliche Sorgen vorhanden waren, dass ich früher vielleicht dem Willen Gottes nicht gefolgt wäre. *So* also sollte mein Klosterberuf verwirklicht werden. Der liebe Gott und die Gottesmutter hatten also doch durch alle die dunklen rätselvollen Wege der Vergangenheit die Führung meines

Lebensschiffleins in der Hand gehabt und mich vorbereitet auf einen „Orden", den ich nicht kannte und den ich trotz meiner großen Schwachheit und Unwürdigkeit durch Gottes Gnade ein wenig aufbauen und stützen helfen sollte.

Ich denke in den letzten Tagen sehr nüchtern über diese Angelegenheit. Gern würde ich Sie, Hochwürden, einmal gefragt haben, ob es Zweck hat für mich, in solchen Gedanken mich aufzuhalten, eventuell überlegt haben, wie ich mich noch fester und unwiderruflicher mit dem Bunde verketten könnte, hinter welchem ich die ganze Kirche, den Heiland, die Gottesmutter, die heiligste Dreifaltigkeit, Himmel und Erde sehe.

Wenn man ins Kloster geht, will man seinen Eigenwillen kreuzigen, man gibt seine Freiheit Gott hin. Das würde mir sehr schwer werden, mich so ganz abhängig zu machen für mein ganzes Leben. Und doch meine ich, ich sollte dieses Opfer dem lieben Gott bringen. Ich bin ja in der glücklichen Lage, von Hause aus nicht gehindert zu werden, könnte darum verzichten auf das freie Verfügungsrecht über meine Ferien, über meine Beschäftigung, mein Eigentum. Wie ich mir das im Einzelnen denke, und ob das *leicht* so durchführbar ist und unbeschadet meiner seelischen Gesundung geschehen kann, lässt sich gewiss mündlich in den Osterferien besser überlegen. Worauf es mir hierbei ankommt ist, dass ich nicht mehr meinem Eigenwillen folge, sondern ihn nach dem Vorbild des Heilandes gänzlich Gott, unserer Bundesherrin und Ihnen als dem sichtbaren Stellvertreter beider unterwerfe.

14.2.1926
Briefwechsel
J. Kentenich

Gestern Abend kam ich heim, um schnell die notwendigste Post zu erledigen und dann wieder weiterzufahren. Daher auch die Verzögerung meiner Antwort auf Ihren Brief. Ob es wirklich Gnade ist, die Sie zur berufsmäßigen Bundesschwester drängt? Beten Sie fleißig, um hier das Richtige zu erkennen und bemühen Sie sich einstweilen, fleißig zu beten und zu opfern, damit der Wille Gottes in Bossweiler geschieht.

5.6.1926
Briefwechsel
Emilie

Ich denke an meine persönliche Berufssache. Es muss bald eine Entscheidung kommen, der Ruf zur ungeteilten Hingabe meiner Kraft und Zeit an den Bund oder der Verzicht auf die Erfüllung dieses Herzenswunsches und eine etwas andere Einstellung. Zu allem bin ich bereit, wenn es Gott gefällt und zu seiner Ehre gereicht.

Ich wollte Ihnen noch sagen, dass ich meine Ferien gern auf irgendeine Weise dem Bunde zur Verfügung stellen möchte. Wie - das überlasse ich Ihnen.

1926
Chronik

Eines Tages hieß es: Josefine und Agnes sollten einmal ins Sprechzimmer kommen. Ein unerwarteter Plan wurde uns dann enthüllt. Wir sollten eine von Bossweiler aus frei werdende Filiale in Ludwigshafen übernehmen, und zwar Seelsorgehilfe. Ganz eindringlich sagte uns Herr Pater: „Sorgen Sie, dass die Tracht schnell fertig wird, und zwar muss sie fein werden, da Sie dort überall auftreten müssen."

Herr Pater konnte es scheinbar kaum abwarten, bis die Kleider fertig waren. Immer wieder fragte er danach. ...

Wir äußerten unser Bedauern, dass Anna Pries uns nicht sehen könne, um ihr Gutachten abzugeben. Auf unsere Bitte, ob nicht eine zu ihr fahren dürfe, zog Herr Pater die Uhr und meinte: „Fahren Sie beide nach Börnig, gegen drei Uhr geht ein Zug."

Als wir merkten, dass es ihm ernst war, richteten wir uns schnell. Wir gingen schnell noch ins Kapellchen, um uns bei der Gottesmutter zum ersten Mal als Schwestern vorzustellen. Voll Freude soll Herr Pater zu den Heimkindern gesagt haben: „Die zwei sind doch schön!" Wir fanden uns im Zug erst wieder. Es war uns ganz eigen zu Mute, wenn wir uns ansahen und wenn man uns als „Schwester" anredete.

Den Höhepunkt bildete dann unsere Ankunft in Börnig. Anna, die bis spät abends Bundesbriefe geschrieben und in Gedanken sich ständig mit der Bossweiler-Schönstatt-Entwicklung befasst hatte, glaubte Gespenster zu sehen, als sie gegen 22 Uhr von ihrem Fenster aus zwei Schwestern über die Straße kommen sah in einer Tracht, ähnlich wie sie sie mit Maria Sauer für die berufstätigen Bundesschwestern geplant hatte. Sie glaubte, Trugbilder wahrzunehmen. Selbst als die Gestalten aufs Haus zukamen, glaubte sie nicht, dass es Wirklichkeit sein könne, nicht eher, bis es schellte und wir vor ihr standen. - Das war ein eigenartiges Wiedersehen. Die Freude und das Staunen wollte kein Ende nehmen. Die Nacht war sehr kurz, so viel gab es zu erzählen.

Nachmittags kamen die Bundesschwestern aus Börnig und Sodingen zu einer gemütlichen Gruppe bei Anna zusammen. Unsere Tracht gefiel allen. Niemand hatte etwas auszusetzen. Es wurde viel miteinander geplant und überlegt. Vor allem suchten wir auch noch einen entsprechenden Namen für die neuen Schwestern. Der Titel „Schönstätter Marienschwestern" fiel damals und wurde mit Begeisterung aufgenommen.

Im Sommer 1926 müsste Emilie das Gesuch um Beurlaubung aus dem Schuldienst einreichen, wenn sie im Herbst nach Schönstatt gehen will. Doch noch immer ist die drängende Frage für sie offen.

Ende Juni teilt sie in ihrem Rechenschaftsbericht an Pater Kentenich kurz mit, dass sie die Ferien nun zuhause verbringen wird. Das war doch anders geplant. Pater Kentenich reagiert umgehend.

30.6.1926 Briefwechsel Emilie

Am letzten Tage des Monats möchte ich meiner Pflicht genügen und Ihnen meinen Kontrollzettel schicken. Möge es kein Fehler gegen den Gehorsam sein, wenn ich keinen langen Brief dazu schreibe. Ich kann es nicht. Zudem habe ich ja neulich außer der gewöhnlichen Zeit einen - vielleicht unnötigen - Brief geschrieben.

Der liebe Gott ist gut gegen mich. Er will mich von meinem lächerlichen Stolze und meiner Selbstsucht heilen, indem er mir durch allerlei kleine Vorkommnisse zeigt, wie überflüssig und untauglich ich bin. Aber solche Pillen schmecken noch bitter - und das nach fünfjähriger Zugehörigkeit zum Bunde!

Am kommenden Sonntag habe ich Abteilungstag, W. Nolte u. M. Terwey ebenfalls. Darf ich um ein Gedenken für uns alle bitten? Ich fühle mich ganz arm und unfähig und unwürdig, der Mutter Hilfe zu verlangen. Ob es der Wille Gottes ist, dass ich immer Führerin sein soll? -

Trotz allem habe ich in der letzten Zeit den Gedanken erwogen, mich am 15. August durch ein Gelübde für mein ganzes Leben an den Bund zu ketten. Dann sind es gerade fünf Jahre her, seit ich zum Bunde kam. - Die Augustferien werde ich wahrscheinlich in unserer einsamen sauerländischen Heimat zubringen. Ich habe noch nie viel für die Gemeinschaft getan, sondern an mich gedacht, wenn ich in Schönstatt war.

Über den Fortschritt in der Sache unserer berufsmäßigen Bundesschwestern freue ich mich. Gern will ich dafür beten. Ich glaube, Gretchen tut es recht Leid, dass sie nicht mit dabei sein kann.

Indem ich um Ihr Gebet und um den priesterlichen Segen bitte, verbleibe ich mit ehrfurchtsvollem Gruße

Euer Hochwürden dankbare E. E.

3.7.1926 Briefwechsel J. Kentenich

Zum Abteilungstage Gottes Segen! Darf ich in Ihrem Briefe zwischen den Zeilen lesen? Wenn das stimmt, was ich vermute, dann ist es mehr als zweifelhaft, weshalb Sie so kurz geschrieben. Darf ich fragen, weshalb Sie diesmal Ihre Ferien zu Hause zubringen wollen? Wegen des Gelübdes können wir demnächst ja - so Gott will - sprechen. Vergessen Sie nie, dass der Weg, den der liebe Gott Sie führen will, der Weg der geistigen Kindheit ist. So weit und so lange Sie von diesem Wege abweichen, ist die Selbstsucht in Ihnen Führerin. Gerne will ich Ihnen beten helfen, dass Gott allein in Ihnen herrscht.

5.7.1926 Briefwechsel Emilie

Für Ihre Antwort auf meinen Rechenschaftsbericht sage ich herzlich „Vergelt's Gott". Ja, die Kürze meines Schreibens bedeutete nichts Gutes, aber in dem Augenblick hielt ich mich für unfähig, mehr davon zu schreiben. Ich fühle mich ganz vergiftet von Selbstsucht und wusste eine Zeit lang nicht mehr, ihrer Herr zu werden. Hätte ich auch jene reine Gottes- und Nächstenliebe, um die ich andere beneide! Vor mir steht immer mein Ich als Ziel. Dazu kamen noch schwere, wahrscheinlich selbstverschuldete Glaubensschwierigkeiten, selbstverschuldet, weil ich vielleicht mit Zweifeln ein wenig gespielt, sie nicht im Entstehen unterdrückt hatte.

Darf ich jetzt die Ergänzung zu meinem kurzen Briefe geben. Dass ich die Herbstferien zu Hause verleben wollte, hatte folgende Ursache: Sie wissen, wie glücklich ich war, als ich die eine gerade Linie in meinem Leben gefunden hatte, die nach Schönstatt führte, um nur noch für den Bund zu leben, von dessen Berufung ich fest überzeugt bin. Sie bestärkten mich noch in der Annahme, oder Sie bestätigten wenigstens meine Gedanken, dass der liebe Gott wahrscheinlich es so mit mir vorhabe. Wie stark der Drang in mir geworden ist, zeigt Ihnen mein vorletzter Brief. Ich war nicht mehr indifferent genug geblieben. Demütig und vertrauensvoll mich im Warten zu üben, wäre gewiss besser gewesen. Bin ich unbescheiden und zudringlich geworden? Ich bot mich in dem genannten Briefe auch an, die großen Ferien auf irgendeine Weise dem Bunde zu schenken. Sie erwiderten nichts darauf, erwähnten auch nichts von dem, was mir so heiß auf der Seele brannte, von meinen Aussichten für die Zukunft.

Dazu kam dann der nicht befriedigte Wunsch, auch wie A. Pr. mithelfen zu können bei den Sorgen und Arbeiten für unsere berufsmäßigen Bundesschwestern, zu denen ich mich doch immer rechnete. (Größenwahn!) Es kamen noch viele andere Momente hinzu, zum Beispiel, dass ich gerade abwesend war, als Agnes Waldmann und Josefine Hoischen hier waren und Derartiges mehr. Der liebe Gott wollte mich gewiss durch all das erziehen. Das habe ich mir auch immer vorgesagt, und doch sagte ich mir auf der anderen Seite auch: „Es ist alles nur Einbildung und Traum, wie du dir die Zukunft gedacht hast; du hast weder die Fähigkeiten noch die notwendige Selbstlosigkeit dazu; es war wieder eine Selbstsucht, die dich antrieb, usw." Ich glaube, Sie verstehen, was das für mich bedeutete, zum zweiten Male einen Beruf, für den ich leben und sterben wollte, zu Grabe tragen zu müssen. Doch hatte ich immer den Willen und das Vertrauen, mit der Gnade Gottes diese Schickung als Kreuz oder Strafe freudig tragen zu lernen.

Dass ich aber neben ganzer Schularbeit und unvermeidlicher gesellschaftlicher und verwandtschaftlicher Pflichten sowie Arbeit in der Gemeinde auch noch eine *gute* Führerin im Bunde sein könnte, schien mir auf die Dauer über meine Kräfte, auch zum großen Schaden meiner und anderer Seelen zu sein. Daher in meinem letzten Briefe die Frage, ob es wohl Gottes Wille wäre, dass ich immer Führerin sei. So kam ich auf den Gedanken, eine gute und ganze Bundesschwester zu werden, aber ohne das Amt der Führerin, einmal, um meinen Stolz, meine unbändige Selbstsucht zu bekämpfen, dann auch, weil genug andere da sind, die mehr Fähigkeiten haben, um *gleichzeitig* eine tüchtige Lehrerin und gute Führerin im Bunde zu sein.

Aus dieser Verfassung entschloss ich mich - es mag auch etwas Eigensinn dabei gewesen sein -, die Ferien zu Hause zu verleben und mich der Familie zu widmen. Das ist ein großes Opfer für mich, aber ob es nicht gut für mich ist in Anbetracht meiner Eigenliebe, meines Stolzes? -

Bitte, beten Sie für mich, und sagen Sie es auch Maria Sauer, dass sie mir hilft. Ich bin ja jetzt wieder ruhig und gleichmütig, aber nach der ganz reinen, ganz selbstlosen Gottes- und Nächstenliebe werde ich mit Gottes Gnade noch schwer ringen und kämpfen müssen.

Wenn ich für den Bund etwas tun kann, bin ich stets mit Freuden bereit. Aber ebenso freudig möchte ich auch verzichten lernen auf Schönstatt und den ausschließlichen Bundesberuf. Nur möchte ich mir in letzterem Falle einen Ersatz und eine Sicherung schaffen durch das Gelübde, von dem ich schrieb. Möge der liebe Gott auf die Fürbitte der Mutter Ihnen und mir bald Klarheit geben über meine Zukunft, damit ich nicht mehr so viel Kraft und Zeit mit unnötigem Denken verschwende und zielbewusster arbeiten kann. Wenn Sie annehmen, dass ich mich getäuscht oder die Berufsgnade verloren habe, so sagen Sie es mir doch bitte offen heraus. Ich bin Ihnen dankbar dafür. Die Mutter Gottes wird mich nicht verlassen und mir helfen, dass ich Mut und Vertrauen bewahre. Aber aus der Ungewissheit möchte ich gern heraus. Doch wie Gott will. Ich will mich anstrengen, hier jetzt meine Pflicht zu tun, so, als ob ich immer hier bliebe und hier meine Lebensaufgabe zu erfüllen hätte.

Der Abteilungs-Tag war schön. Vielleicht bekommen Sie den Bericht zu lesen. Mir selbst brachte er als Frucht die Erkenntnis, dass ich bereit sein müsste, mich für jede Abteilungsschwester zu opfern und dass ich *viel* zu wenig tue.

Darf ich doch noch etwas sagen zu meinem alten Zukunftsplane? Ich dachte neulich, es wäre ideal, wenn man berufsmäßige Bundesschwester wäre und gleichzeitig Abteilungsführerin bleiben könnte. Man könnte mehr tun für die Abteilung und die Verbindung mit Schönstatt würde noch fester. Die Reise zum Abteilungs-Tag würde die ganze Abteilung leicht aufbringen, sodass der Zentrale keine Kosten entständen.
Wenn Sie es für gut halten, so will ich einstweilen nicht mehr an meine Zukunft denken und nicht mehr davon sprechen.
Ich bitte noch einmal um Ihr Gebet und um den priesterlichen Segen.

Am gleichen Tag, an dem Pater Kentenich Emilies Brief erhält, schreibt er ihr seine Antwort – ein Ja zu ihrer Berufung. Noch 25 Jahre später bekennt Emilie ihm im Rückblick auf diese Monate: „Ich bin halb krank daran gewesen, weil Sie nicht JA sagten. Ich dachte, Sie wollten mich nicht!“[1]

---

[1] 7.6.1950.

Nun habe ich Sie lange genug geprüft. Was Sie mir im letzten Briefe schrieben, hatte ich im Wesentlichen erwartet. Sie dürfen es mir aber nicht übel nehmen, dass ich so zurückhaltend bin. Es kommt eben alles darauf an, dass die Gnade Gottes das begonnene Werk vollendet, und darum will und darf ich nicht unnötigerweise eingreifen, sondern glaube, im Gegenteil da und dort bremsen zu müssen, um die Geister, die in Ihnen tätig sind, zu prüfen. Zu Ihrer Beruhigung darf ich Ihnen aber mitteilen, dass ich von vornherein trotz Zurückhaltung und Nichtantwortens es für selbstverständlich hielt, dass Sie in den Ferien dasselbe tun wie die Gauführerin. Nur ein Unterschied scheint mir einstweilen festzuhalten zu sein. Es wird schwer halten, dass beide sich gleichzeitig pensionieren lassen. Weil nun bei der Gauführerin mehr Aussicht auf Pensionierung vorhanden, wäre es wohl der Mühe wert, bei ihr zuerst den Versuch zu machen. Sie verstehen, was ich damit sagen will.

6.7.1926
Briefwechsel
J. Kentenich

Merken Sie nicht, wie wichtig es ist, dass Sie in allem den Geist des Kindseins festhalten, sonst machen Sie sich jeweils unnötige Sorgen und Schwierigkeiten. Wie Sie über die berufstätigen Bundesschwestern als Abteilungsführerin usw. denken, urteile ich auch. Doch wollen wir alles das der Zukunft überlassen. Alles in allem: Wir haben keinen Grund, an Ihrer Berufung als berufsmäßige Bundesschwester zu zweifeln, müssen aber langsam vorgehen, um den Willen Gottes zu ermitteln über den Zeitpunkt, an dem Sie endgültig sich zur Verfügung stellen. Inzwischen üben Sie sich in der Schlichtheit, Selbstlosigkeit und Opferfreudigkeit.

Vier Wochen vor der Gründung hat Emilie noch keinen Bescheid, ob ihr Urlaubsgesuch genehmigt wird. Erst am 14.9.1926 erhält sie die befristete Beurlaubung.

29.8.1926
Tagebuch

Scheitert das Urlaubsgesuch an der Regierung, dann ist es der Wille Gottes, dass ich noch warte, denn in dem Maße ist die Notwendigkeit meiner Tätigkeit in Schönstatt noch nicht vorhanden, dass ich so viel riskiere. Soll ich aber letzteres doch und meine Stelle preisgeben, dann wird der liebe Gott durch die Verhältnisse noch mehr die Notwendigkeit zeigen. Die innere Neigung ist da, die Bereitschaft zu allem, das wird auch bleiben. Ich habe ja doch mich ganz dem Bunde geschenkt und unter den Seelenführer gestellt durch das Gelübde des Gehorsams. Jetzt muss ich mich üben in der Ergebung in den göttlichen Willen.
In der nächsten Zeit immer wieder Akte der Sehnsucht erwecken nach Erfüllung des göttlichen Willens bis zum Äußersten.

28.9.1926
Briefwechsel
J. Kentenich

Es war ein schönes Geschenk, das mir die liebe Gottesmutter unmittelbar vor meiner Abreise machte: die Nachricht von Ihrer Beurlaubung ... Ich habe Sie zwar schon durch A. Pries herzlich willkommen heißen, möchte es aber hiermit auch noch einmal persönlich tun. - Möge Ihre Tätigkeit in Schönstatt reich gesegnet sein - - Ein Großteil meiner Sorgen lade ich auf Ihre Schultern ab. Wenn Sie ganz der lieben Gottesmutter treu bleiben, wird sie durch Sie Wunder wirken. „Was gering war, hat Gott erwählt, um das, was etwas ist, zu beschämen." Lieben Sie darum Ihr Nichts, Ihre Armseligkeit, damit Gottes Allmacht durch Ihre Ohnmacht verherrlicht werde. Gerne will ich Ihrer Seele nach der Richtung dienen; das soll mein Dank dafür sein, dass Sie sich ganz für Gott und die liebe Gottesmutter einsetzen wollen.

Dass uns im Laufe der Zeit allerlei Schwierigkeiten erwarten, ist selbstverständlich. „Wenn ich am Kreuze erhöht sein werde, will ich alles an mich ziehen!" Wer mit dem Heiland die Welt erlösen will, muss neben ihn ans Kreuz. - - Und es ist ja so vieles, wovon wir hoffen, die arme Welt erlösen helfen zu dürfen. Sie kennen ja die große Not Ihrer Geschlechtsgenossinnen - das Elend des Volkes - - - und die heiße Sehnsucht des Welterlösers und der Schmerzensmutter nach jeder Seele.

Danken Sie darum herzlich und innig für den schönen Beruf, der Ihnen geworden - - „Allmächtiger Gott, mache mich auf die Fürbitte meiner himmlischen Mutter zu einer großen Heiligen und schone nicht meine schwache Natur." Und vergessen Sie Maria Sauer nicht.

Halte hier Lehrerexerzitien für 54 Teilnehmer. Auf frohes baldiges Wiedersehen mit der „armen"!, „mittellosen"! Dienstmagd Gottes!"

Herzl. Bundesgruß u. pr. Segen
in Verehrung S. F. [Seelenführer]

Studie 1955
J. Kentenich

Seit Oktober 1926 wird symbolhafter Ausdruck für ihre Schönstattergriffenheit das Verlassen einer gesicherten Lebensstellung und das wagemutige Übersiedeln nach Schönstatt, um sich dort aus tiefer Gläubigkeit heraus ganz und vorbehaltlos dem jungen Werke der werdenden Familie der Marienschwestern zur Verfügung zu stellen. (S. 518)

Der 1. Oktober 1926 mit der ersehnten Ankunft von Anna Pries und Emilie Engel ist der Tag der offiziellen Gründung der Gemeinschaft der Schönstätter Marienschwestern.

1.10.1926
Chronik

Vielleicht mache ich euch eine kleine Freude, wenn ich von meinen Erinnerungen erzähle. Bis zum 30. September 1926 waren die Pallottinerinnen im Haus. Am 1. Oktober sollten Schwester Anna und Emilie kommen, um den „Heimkindern" Stab und Stütze zu werden.

Die einzige Autorität war damals unser Röschen, denn Herr Pater war auf Reisen. Am Morgen des 1. Oktober wurde die Arbeit verteilt. Blitzblank sollte das ganze Haus beim Einzug am Abend sein. Maria Sauers Zimmerlein wurde mit viel Liebe für Schwester Anna bereit gemacht. Emilie bedachte man mit dem Zimmer, das jetzt Rosa bewohnt.

Nachmittags schritt Rosa prüfenden Blicks durch das Haus. Alles glänzte. Ganz heimelig brannten und knisterten die Öfchen in den Zimmern unserer neuen Oberinnen, denn der Tag war ziemlich kühl. Nur unten, da war noch allerlei Arbeit in der Küche und im Vortragssaal, wo die Begrüßungsfeier sein sollte. Da ich nicht recht zu gebrauchen war im Haus - ich bin von Natur aus dumm und zu nichts nutze -, stellte man mich auf Wachtposten. Ich sollte von Schwester Annas Zimmer aus aufpassen, wann sie kämen, damit alle bis dahin noch an der Arbeit bleiben könnten. Wie ihr wisst, kann man den Weg von dort aus weit überschauen. Wenn ich die Meldung von der Ankunft brächte, dann wollten alle aufhören. Alles, was an Schellen und Glocken in Schönstatt war, sollte in Funktion treten, und wir wollten dann vom Tor bis zum Kapellchen Spalier bilden, um sie würdig zu empfangen.

Nun saß ich also oben auf dem Posten. Es war schon etwas dämmerig. Da gewahrte ich endlich in der Ferne zwei menschliche Gestalten. Ich wollte hinunter, um zu melden, dass unsere Langersehnten vielleicht nicht mehr ferne seien.

Unten aber war man schon ungeduldig geworden. Die Beauftragten standen mit Schelle, Schellchen und Glockenstrang bereit und begannen, als sie mich nur kommen sahen, ohne mich gehört zu haben, ihre Arbeit. Die große Hausglocke, deren Strang damals noch bis unten zur Treppe reichte, bedrohte unser Trommelfell und übertönte meine Stimme.

Die Kapellchenglocke, die bis dahin nie geläutet hatte, so viel ich weiß, hub an, ihr jauchzendes Stimmchen zu probieren.

Endlich - als die Muskeln müde geworden waren, traten zwei durch das Tor, und zwar ein Mann und eine Frau, die sich nach dem Weg ins Studienheim erkundigten! Da könnt ihr euch unsere Heiterkeit vorstellen. Kurz danach kamen Anna und Emilie aber dann wirklich, und das „Geläute" ging wieder los. Emilie hat nachher erzählt, sie hätte bei dem ersten Läuten unterwegs den Angelus gebetet, und die Patres im Studienheim hatten gemeint, wir gäben Brandsignal mit der Kapellenglocke.

Nun hatten wir sie also glücklich da, und damit ist eigentlich das, was ich euch aus meinen Erinnerungen geben wollte, aus. Wir sind zuerst ins Kapellchen gegangen, wir waren vielleicht damals 20, haben mit dem Lied: „Segne du, Maria, ..." der lieben Gottesmutter Segen auf unsere beiden lieben Schwestern herabgefleht. Und dann haben wir noch etwas gefeiert in unserer damaligen Art, Kammkonzert, Dramen usw. Es war so schön und künstlerisch, dass Schwester Anna eine beauftragte, ganz plötzlich im Kammkonzert, das hinter einer spanischen Wand herklang, die Wand umzulegen, wohl damit sie die „Künstler" einmal von Angesicht zu Angesicht schauen konnte.

Nachher haben wir noch bei Kakao und Kuchen beisammen gesessen, uns wohl der Wichtigkeit der Stunde bewusst, da unsere zwei Mütter Beruf und

Familie verlassen hatten, um ihre Lebenskraft und Arbeit einer Gemeinschaft zu schenken, die damals noch auf gar schwachen Füßen stand.

Dich habe ich erwählt

Am Gnadenort der Gottesmutter setzt sich Emilie rückhaltlos der Führung und Erziehung des Gründers und der Gemeinschaft aus. Pater Kentenich weist später hin auf die Bedeutung dieser Zeit.

Das Gemeinschaftsleben wirkte auf Schwester Emilie nach ihrem Eintritt bei den Marienschwestern nach allen Richtungen hin überaus befreiend und entspannend. Studie 1955 J. Kentenich

Nicht nur die gelockerte und übernatürlich verklärte Atmosphäre war für sie ein Gesundungsbad: auch die Führung und Erziehung konnte jetzt kraftvoller und zielstrebiger als bisher einsetzen und zugreifen. Sie nahm ihre Verantwortung sehr ernst. Gewiss freute sie sich am greifbaren Wachstum des Gotteskindes in der Verstorbenen: ähnlich wie Eltern sich am Gedeihen ihrer Kinder freuen. Sie scheute aber auch keine Sorge und Mühe, bis Gottes Meißel und Hammer ein Meisterwerk vollbracht hatten. Erzieher sind und bleiben ja Liebende - so lautet ein Wort, das in der Familie geläufig ist -, die nie von ihrer Liebe lassen. Auch die Seele selber ließ es an treuer Mitwirkung nicht fehlen. Tag für Tag wurde sie schmiegsamer und bildsamer.

So wirkten drei Faktoren getreulich und unermüdlich zusammen und zeitigten - auf die Dauer gesehen - ein dankenswertes Resultat. (S. 501)

In der ersten Woche in Schönstatt macht Emilie Exerzitien. Die Hinweise, die sie in dieser Woche und den folgenden Monaten von Pater Kentenich erhält, notiert sie in ihrem Tagebuch. Sie wächst in die Lebensform der neuen Gemeinschaft hinein, das Ideal der Heiligkeit wird zum strahlenden Leitstern ihres Lebens.

4.–11.10.1926 Tagebuch

Frohsinn ist der Gipfelpunkt der Heiligkeit für Sie. Ganz selbstlos das eigene Leid vergessen und den andern und der Idee dienen.

4.10.1926 Tagebuch

Nun müssen Sie sich einerseits mit ganzer Seele als Mutter mitverantwortlich fühlen für die Gemeinschaft, andererseits aber behandeln lassen wie ein Kind, Befehle und auch Strafe annehmen wie ein Kind.

29.10.1926 Tagebuch

Wenn ich nicht naiv bin, bekommt mein Wesen nicht die weiche, schmiegsame klare Form, die es haben muss, wenn die Gnade ihre volle Wirksamkeit in mir entfalten soll.

4.1.1927 Tagebuch

Am Anfang einer Bewegung müssen Menschen stehen, die dem demütigen, verachteten Heiland nachfolgen. Im Verhältnis zu A. kann ich mich in der

Liebe zur Verachtung und Verdemütigung üben. Ich muss mich freuen, wenn ich übersehen, nicht geachtet, hintenangesetzt werde, wenn man mir widerspricht, meine Meinung nicht gelten lässt.

Wenn ich anderer Ansicht bin als andere, dann muss ich zuerst prüfen, was davon aus meinem naturhaften Gegenwillen herausfließt. Wenn ich das abgestreift, muss ich erst das Gute an der gegenteiligen Ansicht anerkennen, darauf äußere ich ruhig meine Ansicht.

Der Besuch der Eltern in Schönstatt, von dem Klara berichtet.

Geschwister Klara

Am 31. Mai 1927 waren unsere Eltern ein einziges Mal zusammen in Schönstatt und besuchten uns beide. Damals war es noch Sitte, dass man mit dem Besuch auch einmal zu Herrn Pater ging, der sein Sprechzimmer oben im Alten Haus auf Zimmer 18 hatte.

Für uns war es selbstverständlich, unsere Eltern zum Herrn Pater zu bringen. Wir gingen also ins Alte Haus und begrüßten ihn. Er nahm unsere Eltern so liebevoll auf und war sehr nett zu ihnen. Man merkte, unser Vater und unsere Mutter fühlten sich sofort zu Hause. Wir haben dann auch unbekümmert erzählt, sodass mein Vater auf einmal einen bedeutenden Ausspruch machte. Ich weiß jetzt nicht mehr, wovon vorher die Rede war. Auf jeden Fall sagte mein Vater auf einmal zu Herrn Pater: „Herr

Pater, wenn Sie nicht sorgen, dass die beiden große Heilige werden," - er hat nicht gesagt: Heilige, sondern große Heilige -, „dann kriegen Sie es oben im Himmel mal mit mir zu tun."

Herr Pater war ganz tief ergriffen. Bei nächster Gelegenheit hat er in einem Vortrag diesen Ausspruch meines Vaters der ganzen Schwesternschaft erzählt, wahrscheinlich, um uns alle anzueifern zum Heiligkeitsstreben.

Emilie war auch ganz ergriffen von diesen Worten unseres Vaters und ich auch. Er war echt religiös, aber sprach nicht viel darüber - und dass er nun auf einmal diesen an sich tiefen Gedanken aussprach - haben wir beide nicht von ihm erwartet.

Bei dem Besuch machten wir ein Foto mit unseren Eltern. Früher gab es im alten Schönstatt nur einen Fotografen, den Pallottiner-Bruder Wendelin, der unser Foto vor dem Kapellchen machte. Herr Pater ist leider nicht dabei, weil er sich damals noch nicht fotografieren ließ. Das war einfach so. Er hatte jedoch Emilie gebeten, sie solle ihm ein Foto geben mit dem Satz von unserem Vater.

Emilie schrieb den Satz schön unten links ins Foto, nicht auf die Rückseite: „Sorgen Sie, dass die zwei große (dick unterstrichen) Heilige werden!" Allerdings hat sie den Nachsatz, den ich noch genau kenne, nicht dazu geschrieben. Wahrscheinlich passte das nicht so ganz zu ihrem Empfinden, dass mein Vater dazu gesagt hatte: „Sonst kriegen Sie es im

Himmel mal mit mir zu tun." Das ist tief eingegangen, und ich habe es nie wieder vergessen.

Dieses Foto hat Herr Pater bis 1951, also von 1927 bis 1951, in seinem Zimmer verwahrt. Als er nach Amerika musste, wurde das Zimmer ausgeräumt, und Emilie hat es damals an sich genommen. Nach dem Tod von Emilie habe ich das Bild an mich genommen und es später ins Archiv weitergegeben. (S. 103 f.)

Dieser Tage sagte mir der alte Vater Engel ganz aus sich selbst, ohne mein Zutun: „Sie müssen dafür sorgen, dass meine beiden Kinder, die hier sind, große Heilige im Himmel werden. Wenn ich mal da hinaufkomme und ich sehe, es sind nur kleine Heilige geworden, dann bin ich Ihnen böse." 2.6.1927 Vortrag J. Kentenich

Während der Jahresexerzitien 1927 – P. Kentenich ist zu dieser Zeit nicht in Schönstatt – hält Emilie Rückblick. Gott hat ein besonderes Gnadenangebot für sie bereit.

Ich will morgen *ganz streng* mit mir ins Gericht gehen. In Gegenwart des allwissenden göttlichen Richters will ich mich vor mir selbst und vor dem Beichtvater anklagen über all meine Verdorbenheit und Bosheit. - Mutter, hilf Deinem Kinde! 23.6.1927 Tagebuch

Ich muss ein ewiges Lob der Barmherzigkeit Gottes werden! [1] ...

Während des Rosenkranzgebetes schenkte mir Gott eine Erleuchtung, die ich bis jetzt noch nie hatte, und die ich so gern festhalten möchte als Gegenmittel gegen allen Neid, alle Eifersucht, alles Minderwertigkeitsgefühl. Ich sah ganz klar ein, und auch mein Wille war einverstanden: Es kommt nur darauf an, dass Gott in möglichst hohem Maße verherrlicht wird, einerlei von wem. Also will ich mich freuen, wenn andere mehr tun als ich und heiliger sind als ich.

24.6.1927
Tagebuch

Lieschen Terwey hat am Tage vor ihrem Tode gesagt, ich müsse mehr Vertrauen haben. Gewiss wird sie mir auch helfen, das Vertrauen zu bewahren und zu steigern, wenn ich jetzt ohne menschliche Stütze in mein Elend hinabsteige. ...

Gott hat mich von Ewigkeit her mit Namen gerufen und für seinen besonderen Dienst bestimmt. Nicht viele, die die gleiche Veranlagung haben wie ich, bekommen so viele Gnaden. Die liebe Gottesmutter hat mich berufen zur Mitbegründerin ihrer geliebten Familie. Ich muss mein Standesbewusstsein stärken. Gottes Ehre muss maßgebend sein, muss das alleinige Ziel sein. Auf mich kommt es nicht an. Ich bin nichts.

---

[1] Dieser Satz ist rot unterstrichen.

Folgende Gedanken bewegten mich tagsüber stark: Heute muss mein Bekehrungstag sein. Heute muss ich ganz heilig leben. Der Heiland gibt mir ja durch das Mysterium der heiligen Messe die Kraft dazu. - 1500 Millionen Menschen beleidigen Gott, hemmen den Kreislauf des göttlichen Lebens. Zu diesen gehöre auch ich. Von jetzt an um keinen Preis mehr! 26.6.1927 Tagebuch

Unsere Gemeinschaft darf Gott nicht mehr beleidigen, darf den Kreislauf des göttlichen Lebens nicht hemmen, muss eine Gemeinschaft von Heiligen werden, die, wenn auch nicht heilig gesprochen, doch den von der Kirche anerkannten Heiligen gleichkommen, damit von unserer Gemeinschaft eine Heiligkeitsatmosphäre sich verbreitet über die ganze Apostolische Bewegung, die ganze Kirche, die ganze Welt. Nur solche dürfen in unsere Gemeinschaft hineinkommen, die Beruf zur Heiligkeit zeigen. -

Es ist wohl der Mühe wert, wenn ich mein Leben Gott opfere und mich bereit erkläre zu allem erdenklichen Leiden (per Christum Dominum nostrum natürlich!), damit alle in unserer Gemeinschaft heilig werden. Vielleicht darf ich es am Feste Peter und Paul ... Ich will mich verantwortlich fühlen für das Heiligwerden aller. Wie wird dieser Gedanke mir Stoßkraft geben und mich erheben über das Triebhafte.

Jetzt möchte ich noch etwas fragen, ... Darf ich am Feste Peter und Paul meine Exerzitien schließen und 26.6.1927 Briefwechsel Emilie die Nacht vorher nach Belieben im Gebete zubringen? Darf ich dann dem lieben Gott mein Leben anbieten und mich bereit erklären zu allen erdenklichen Leiden für die Heiligkeit unserer Familie hier. Unsere Gemeinschaft darf das Maß der Beleidigungen Gottes nicht noch vergrößern - darf den Kreislauf des göttlichen Lebens nicht hemmen - muss eine Gemeinschaft von *Heiligen* werden, die - wenn auch nicht heilig gesprochen - doch den von der Kirche anerkannten Heiligen nicht nachstehen. *Alle*, die je unserer Gemeinschaft eingegliedert werden, müssen Heilige werden, nur solche dürfen endgültige Aufnahme finden. Ich möchte mich in besonderer Weise für das Heiligwerden aller verantwortlich fühlen, indem ich (Häufchen Elend) mit Christus und durch Christus mich gänzlich dafür opfere. Das Ziel ist groß genug, denn dann wird von unserer Gemeinschaft aus eine Heiligkeitsatmosphäre sich verbreiten über die ganze Apostolische Bewegung, über die ganze Kirche, über die ganze Welt. -

Der heutige Nachmittag galt besonders meiner Abteilung. Morgen denke ich an die Schule. Bitte, beten Sie für mich, wenn ich es auch gar nicht verdiene.

28.6.1927
Tagebuch

Tagsüber will ich die suchende Seelsorge üben, besonders denen gegenüber, die nicht von selbst kommen. Es muss mir zur Gewohnheit werden, freundlich und interessiert mit ihnen zu sprechen, wenn sie mir begegnen. Ich muss mehr Interesse für die Arbeit im Hause zeigen. Es darf keine Woche verge-

hen, wo ich nicht auch etwas bei der Arbeit mitgeholfen habe. ...
Der ganzen Gemeinschaft gegenüber: Jedem Fehler, jeder Unvollkommenheit will ich auf irgendeine Weise abzuhelfen suchen. Ich will nicht mehr herb sein gegen Meinesgleichen, nicht mehr so viel Kraft und Pflicht zum Ausdruck bringen, sondern unauffällig handeln. Dann wird man mich menschlicher finden und sich eher an mich heranwagen.

Es ist mein Subjektivismus, meine Ichsucht, meine Machtsucht, ein starker Kontrastwille, und die Neigung, mich schmollend zurückzuziehen, wenn mir etwas nicht nach Wunsch und Willen gemacht wird. Als Mittel dagegen will ich die Erkenntnis des zweiten Tages in mir ganz lebendig zu erhalten und immer mehr zu vertiefen suchen.

Gottes Ehre! Für mich nichts! Diese Worte sollen Leitmotiv sein in der nächsten Zeit und mir helfen, das Triebleben dem flutenden göttlichen Leben ganz unterwürfig zu machen.

Zum Abschluss ihrer Exerzitien am Fest Peter und Paul will Emilie ihre gänzliche Hingabe für die Heiligkeit der Gemeinschaft auf die Patene des Priesters legen.
Pater Kentenich ist unerwartet nach Schönstatt zurückgekehrt; nun feiert er zu Emilies freudiger Überraschung morgens früh die heilige Messe im Heiligtum.
Das Weiheangebot wird zur Achse ihres künftigen Lebens.
Pater Kentenich geht bereits bei der Messansprache an diesem Apostelfest auf die Weihe ein und später noch einmal nach Emilies Tod.

29.6.1927 Weihe

O allerheiligste Dreifaltigkeit, durch die Hände meiner lieben himmlischen Mutter bringe ich dir im Verein mit dem Opfer, das dein Diener, mein SF [Seelenführer], dort am Altare darbringt, dem Opfer deines Sohnes, meines Heilandes und mystischen Hauptes, das Opfer meines Lebens und die Bereiterklärung zu allen erdenklichen Leiden dar, damit wir hier eine Gemeinschaft von Heiligen werden, und damit von ihr aus eine Heiligkeitsatmosphäre sich verbreitet über die ganze Apostolische Bewegung, die ganze katholische Kirche und die ganze Welt.

29.6.1927 Predigt J. Kentenich

Das heutige Fest zeigt uns, wie wir am Anfange des Christentums die Grundeinstellung des Christentums auffassen sollen. Mir persönlich sagen solche Feste immer sehr viel. Weshalb? ... Was will uns das heutige Fest sagen? Das sind ja - menschlich gesprochen - die ersten Gründer der ersten apostolischen Gemeinde, es sind die Fundamente der ersten apostolischen Gemeinde ...

Ich las da in einem Brief einen Gedanken, der uns vielleicht einen Fingerzeig nach der Richtung geben kann:

„Darf ich dem lieben Gott mein Leben anbieten und mich bereit erklären zu allem erdenklichen Leide für die Heiligkeit unserer Schönstätter Marienschwestern? Diese Gemeinschaft darf das Maß der Beleidigungen Gottes nicht noch vergrößern, darf den Kreislauf des göttlichen Lebens nicht hemmen - sie muss im Gegenteil eine Gemeinschaft von Heiligen werden, die, wenn auch nicht kirchlich heilig gesprochen, doch den von der Kirche anerkannten Heiligen nicht nachstehen. Alle, die je in diese Gemeinschaft eingegliedert werden, müssen Heilige werden! Nur solche dürfen endgültige Aufnahme finden. Ich möchte mich in besonderer Weise für das Heiligwerden aller verantwortlich halten, indem ich mit Christus und durch Christus mich gänzlich dafür opfere. Das Ziel ist groß genug, denn dann wird sich von dieser Gemeinschaft aus eine Heiligkeitsatmosphäre ausbreiten auf unsere ganze Bewegung, auf die ganze Kirche und auf die ganze Welt."

Suchen Sie die Berührungspunkte zwischen der ersten Apostelgemeinde und unserer jetzigen. Ich meine, ein ähnliches Ziel müssten auch wir uns unbedingt stellen. Mag sein, dass ich nicht zu diesen Heiligen gehöre, aber das eine muss ich unbedingt erstreben: Ich will wenigstens ein Steinchen sein am Postament, auf dem die Heiligen unserer Bewegung zu stehen kommen. Ich habe schon oft gesagt: Wenn unsere Bewegung, und unsere engere Familie insbesondere, keine Heiligen hervorbringt, dann haben wir unser edelstes, bestes Streben vergeudet, dann haben wir nicht das Letzte gesucht. Und die heutige Welt kann nur gesund werden, kann nur genesen durch Heilige. Nicht durch neue Organisationen, nicht durch neue Strömungen, die diese und jene neue Übung in die Welt hineinbringen - nein, das können nur die Heiligen.

Und so meine ich, dürfte das heutige Fest uns wieder klar vor Augen führen, wie die ersten Gründer der ersten apostolischen Gemeinde heilig geworden sind und große Heilige geworden sind, so dürfen und müssen auch wir danach streben, dass die Gründer einer neuen apostolischen Bewegung auch Heilige werden.

Studie 1955
J. Kentenich

Das innerseelische Hauptereignis dieses Jahres dürfte jedoch die bereits bekannte urpersönliche Weihe vom 29. Juni 1927 gewesen sein, um die sich das ganze spätere Leben wie um eine Achse dreht. Damit soll nicht gesagt sein, die anderen Weihen hätten nicht tief gegriffen. Das Gegenteil ist der Fall. Im Kerne dürfen Sie jedoch aufgefasst werden wie eine genauere Ausdeutung der besagten Weihe vom 29. Juni. (S. 505)

Langsam, aber unauslöschlich tief prägt sich ihrem Gemüte das Ideal der Heiligkeit ein, bis es in seiner dreifachen Dimension ihre ganze Seele erfüllt und zum Dreikönigsgestirn ihres Lebens wird. -

Das Jahr 1927 setzt diese Entwicklung unentwegt fort. Sie erreicht am 29. Juni 1927 einen Höhepunkt. Mit großer Selbstverständlichkeit bietet die hochgemute Gottesstreiterin nach sorgfältiger Überlegung und Vorbereitung ihr junges Leben Gott an. (S. 518)

1927 – 1935 An die Spitze gestellt

Emilie wollte durch Dasein und Helfen der Apostolischen Bewegung dienen. Dazu war sie nach Schönstatt gekommen. Gottes Plan hatte sie jedoch nicht nur zur Mitbegründerin der Schwesternfamilie berufen. Er stellte sie immer wieder an die Spitze.

Bei allen äußeren Aufgaben und bei aller Verantwortung behält Emilie ihr Ziel vor Augen: Zur Spitze der Heiligkeit zu gelangen – zur Heiligkeit einer innerlich freien und gelockerten Frauenpersönlichkeit. Aus den Tälern ihrer Minderwertigkeitsgefühle, Ängste und Nöte ragt dieser Gipfel leuchtend auf. Die gelockerte Atmosphäre der Gemeinschaft, Emilies zielstrebige Selbsterziehung und die Folgsamkeit gegenüber den Weisungen Pater Kentenichs zeigen ihr den Weg.

Schulleiterin

Nach fast zwölfjähriger Tätigkeit hat Emilie ihren heißerkämpften Lehrerinnenberuf aufgegeben. In Schönstatt vertraut der Gründer ihr die Ausbildung der jungen Schwestern in der wachsenden Gemeinschaft an. Schulalltag im ersten Jahr der Schwesterngemeinschaft: 25 Wochenstunden Unterricht.

1926 Chronik 4 Stunden Religion, 2 Stunden Lebenskunde, 4 Stunden Aszetik, 1 Stunde Seelsorgehilfe, 2 Stunden Handarbeit, 2 Stunden Hauswirtschaft, 3 Stunden

Deutsch, 5 Stunden Stenografie, 1 Stunde Gesang, 1 Stunde Anstandsunterricht.

Alles ist eine liebe Erinnerung an die Kinderschulzeit. Mit einer großen Freude nehmen wir alle am Unterricht teil. Seit wir aber unser schönes Schulzimmer besitzen, ist der Eifer noch größer. Manchmal gibt es eine regelrechte Schlacht bei uns. Wir bilden nämlich zwei Parteien. Die eine fragt und die andere antwortet. Da gibt es zuweilen ganz ungläubige Seelen, die sich nicht leicht etwas beweisen lassen. Das macht aber den Unterricht sehr interessant, und alle werden zu eifrigem Denken angeregt.

Die Tagebuchnotizen von Emilie in diesem Jahr sind wieder Impulse aus Gesprächen mit Pater Kentenich. Sie spiegeln, wie sie sich den schulischen Anforderungen gegenüber ohnmächtig erlebt, aber auch alles einsetzt, um an der Aufgabe zu wachsen.

Was ich in der Einführungsgruppe erarbeite, das aufschreiben, damit wir später eine Einführung haben, nach der wir uns in etwa richten können. Auch im Unterricht das so machen. Wir müssen sorgen, dass wir etwas Tüchtiges leisten.

29.10.1926
Tagebuch

Ich muss ein tiefes Verantwortlichkeitsgefühl für die Gemeinschaft pflegen. Ich muss Mutter sein, die mit ihrem Herzblute alles befruchtet. Keiner darf unbefriedigt von meinem Zimmer gehen.

30.10.1926
Tagebuch

4.1.1927 Tagebuch

Fragen für die Gewissenserforschung im Hinblick auf meinen Beruf: Habe ich bewusst danach gestrebt, die in den einzelnen Schwestern steckenden Talente und Fähigkeiten zu entwickeln? Habe ich den Unterricht Anna und dem Bundesleiter gegenüber gehörig vertreten? Was hätte ich heute mehr tun können für die Schule?

5.1.1927 Tagebuch

Ich soll den Heiland bitten, dass er mich meine Aufgabe als Schönstätter Marienschwester, als Vikarin und Schulleiterin ganz klar erkennen lässt und mir hilft, in diesem Pflichtenkreis meine Heiligkeit zu suchen. Mich jeden Abend fragen, ob ich Aktivität entfaltet, Organisationsarbeit geleistet habe ... Morgen früh muss ich mich gleich wieder auf Aktivität einstellen ... Dann komme ich von mir selber los ... Ich darf nicht so viel Vorbereitungen machen, muss mehr überlegen, mehr auf den einen großen Gedanken schauen, dann kommen die Worte von selbst.

27.6.1927 Tagebuch

Ich gehe im Bewusstsein meiner gänzlichen Unfähigkeit und Unwürdigkeit in die Schule, aber ich will trotzdem immer frohen Mutes sein und Vertrauen haben, denn ich verrichte diese Arbeit im Gehorsam gegen Gottes Stellvertreter, und dann bin ich ja nur Werkzeug: Christus lebt und arbeitet in mir. Das tägliche Mysterium der heiligen Messe soll mir jeden Morgen Mut und Kraft geben. Fort darum mit aller Unsicherheit und Befangenheit.

10 Gebote für meine Tätigkeit in der Schule, jeden Samstag durchzulesen. 27.6.1927 Tagebuch

1. Die gemeinsame Mentalität, das göttliche Leben, in keiner Stunde vergessen.
2. Ein Ton Marienverehrung jede Stunde.
3. Mit grenzenlosem Vertrauen in den Unterricht gehen („Die Gottesmutter wird ein Wunder wirken").
4. Zu Anfang jeder Stunde Wiederholung der vorhergehenden durch Fragen der Schülerinnen, am Samstag Wiederholung über die ganze Woche.
5. Über jede Stunde etwas aufschreiben lassen.
6. Die Schüchternen und Schwerfälligen heranziehen.
7. Mich in jede Schülerin hineindenken, mich jeden Tag mit einer besonders befassen, jede ihrer Eigenart entsprechend zu fördern suchen.
8. Mich jeden Abend fragen: Was hätte ich mehr für die Schule tun können?
9. Viel beten für die Schule, denn die Hauptsache hängt von der Gnade ab.
10. Viel studieren in den Tagungen und Vorträgen für die Schwestern.

10 Gebote für meine Tätigkt. in der Schule, jeden Samstag durchlesen.

1. Die gemeinsame Mentalität, das göttl. Leben, in keiner Stunde vergessen.
2. Für den Marienverehr. jede Stunde.
3. Mit grenzenlosem Vertrauen in den Unterricht gehen („die Gottesmutter wird ein Wunder wirken").
4. Zu Anfang jeder Stunde Wiederholung der vorhergehenden durch Fragen der Schülerinnen, am Samstag Wiederhol. über d. g. Woche.
5. Über jede Stunde etwas aufschreiben lassen.
6. Die Schwächeren u. Schwerfälligen heranziehen.
7. Mich in jede Schülerin hineindenken, mich jeden Tag mit einer besonders befassen, jede ihrer Eigenart entspr. zu fördern suchen.
8. Mich jeden Abend fragen: was hätte ich mehr für die Schule tun können?
9. Viel beten für die Schule, denn die

Die Mutter hilft. Es handelt sich ja um ihr Werk. Morgen frisch und froh wieder anfangen. In jeder (Unterrichts-) Stunde muss wenigstens ein Ton Marienverehrung erklingen. Durch ruhige, sachliche Form muss ich beim Unterricht wirken. Ich muss danken für meine Aufgabe (als Lehrerin), mich freuen über sie.

1927
Tagebuch

Es ist die schlimmste „Sünde", ein ganz großer Undank meinerseits, wenn ich nach all der Schulung, nach all der Führung auf meine Aufgabe hin, die Gott mir zuteil werden ließ, immer noch an meiner (Lehrerinnen-)Aufgabe hier, an meinem Berufe zweifle. Durch das Gelübde des Gehorsams ist mir bis zum 1. Oktober 1927 jeder ernste Versuch untersagt, mich meiner Aufgabe als Schulleiterin zu entziehen.
„Wie erbärmlich ist es doch, dass Sie Ihre Blätter nicht abgeben wollen, weil Anna so viel hat und Sie weniger haben" (Resümee aus der Stunde). Vielleicht handelt es sich jetzt um eine der größten Gnaden des Jahres. Gott und die Mutter waren so gut gegen Anton, Pauline, Klara und mich, und trotzdem ... Den Glauben an meine Berufung als Schulleiterin stärken, viel darum beten. Wenn ich schließlich als ganz untauglich dastehe, dann wird alles das Werk des Heilandes sein.

Ich muss mich üben im Sprechen, im Formen der Gedanken - im kleinen Kreise, dann im Unterricht. Anna für mich Weg der Demütigungen. Aus den

Jahrgängen der MTA Belege suchen für den Unterricht.
Die Liebe zur Verachtung und Verdemütigung *muss* ich üben.
„Es steckt sehr viel Neid und Eifersucht in Ihnen, darin zeigt sich die Verdorbenheit Ihrer Natur. Sie dürfen nur nicht einseitig Ihren Blick darauf richten, sondern müssen aus dem Elend aufschauen zu Gott."

Diese Zeit der Einschätzung des Gründers.

Studie 1955
J. Kentenich

Das Jahr 1927 verlief für Schwester Emilie - rein äußerlich betrachtet - verhältnismäßig ruhig. Sie stand als Vikarin [erste Stellvertreterin der Generaloberin] Schwester Anna zur Seite und beschäftigte sich von Amts wegen mit Erziehung und Unterricht des jungen Nachwuchses. ...

Letzteres (Erziehung und Unterricht) tat sie jedoch lediglich im Gehorsam, nicht aus innerem persönlichem Antrieb. Von sich aus hielt sie sich bei ihrem ausgeprägten Minderwertigkeitsgefühl für diese Aufgabe vollkommen unbrauchbar. Dass sie als Lehrerin, die aus der Praxis kam, reichlich Fähigkeiten mitbrachte, wollte ihr nicht eingehen. (S. 504)

Man vergegenwärtige sich, wie der Führer seine ganze priesterlich-väterliche Autorität aufbieten musste, ... damit sie nicht fahnenflüchtig wurde und ihren Minderwertigkeitskomplexen und Formschwierigkeiten nicht zum Opfer fiel.

Wie viel Kraft hat es endlich gekostet, um sie zu bewegen, als Lehrerin und Erzieherin ihre Aufgabe nicht nur durch ihr Sein und selbstlos mütterliches Dienen, sondern auch durch das Wort oder durch Unterricht und Belehrung möglichst vollkommen zu erfüllen. Ohne ausgeprägten religiösen Gehorsamsgeist hätte sie sich schwerlich bewegen lassen, auszuhalten und ihr Bestes zu leisten. Umso reicher war der Segen, der auf ihrer Lehrer- und Erziehertätigkeit ruhte. (S. 532)

Apostolat im Außendienst

Als Stellvertreterin von Schwester Anna, der Generaloberin, soll Emilie die Lebensverhältnisse der ihr Anvertrauten auf den kleinen Filialen aus eigenem Erleben kennen lernen. „Verbannung" nennt sie selbst das zeitweilige Fernsein von der Schönstatt-Heimat.

Neben ihrer Aufgabe innerhalb der Schwesternfamilie bleibt Emilie weiterhin verantwortlich für die Paderborner Abteilung des Frauenbundes. In den Exerzitien notiert sie ihre Vorsätze. Pater Kentenich gibt Ratschläge und macht Mut.

30.4.1927
Tagebuch

Es ist jetzt Zeit für mich, dass ich herauskomme und ins Leben hineinschaue (auf Reisen). Ich soll jetzt fähig sein, selbstständig gesunde Urteile zu fällen und aus dem Leben zu lernen für meine Tätigkeit. Ich muss lebensvoll und wahr unterrichten (flutendes Leben) nach den jeweiligen Bedürfnissen. Wenn

wir mehr Fühlung mit dem Leben halten würden, dann werden auch mehr Berufe geweckt.
„Was ich jetzt für Sie tue, das müssten Sie dann für Ihren Gau tun. Wir müssen den Geist Schönstatts den anderen vermitteln; es können doch nicht alle diese Schulung genießen, wie Sie dieselbe hier genießen." Wir dürfen aus der Chronik vorlesen. Es ist gut, wenn wir viel in der MTA studieren und viele Notizen dabei machen. Wir Frauen müssen etwas Anschauliches vor uns haben, können nicht nur mit Ideen arbeiten.

26.6.1927
Tagebuch

Der Nachmittag gehörte meiner Abteilung. Ich habe bisher fast *nichts* für dieselbe getan, nur in Eile oberflächliche Briefe geschrieben, wenn die Gruppen ihre Berichte schickten. Meine Vorsätze für die Zukunft: Ich muss für jede Abteilungsschwester Mutter sein, mich vor Gott und der lieben MTA ganz ernst für sie verantwortlich fühlen. Darum muss ich an all ihrem Wohl und Wehe innigen Anteil nehmen und helfen, wo ich kann.
Alle will ich an Schönstatt zu fesseln suchen und ihnen hier eine geistige Heimat bereiten. -
Innerhalb eines Monats will ich mit jeder Abteilungsschwester irgendwie in Fühlung treten. -
Die passiven Naturen will ich anzuregen suchen. -
Für die Abteilung jeden Tag einen Rosenkranz beten, ein Gesätz für jede der fünf Gruppen und während desselben an die Bedürfnisse dieser Gruppen denken.

Alle Post innerhalb vierundzwanzig Stunden erledigen und mit der Mutter die Antwort überlegen.
Die Abteilungs- und Gautage gut vorbereiten und auswerten.
Den Gemeinschaftsgeist in der Abteilung zu stärken suchen.
Die Abteilungsschwestern nach Möglichkeit besuchen.

14.10.1927
Briefwechsel
J. Kentenich

Der Abschied war sehr kurz, es war aber gut so. Ich freue mich und danke Ihnen, dass Sie die Verbannung so tapfer aushalten! Vielleicht ist der liebe Gott aber auch sehr bald mit Ihrem guten Willen zufrieden. Anna wird Ihnen bald schreiben, ich will Ihnen deshalb von unseren Plänen noch nichts mitteilen, mag aber auch nicht bestehen auf meinem Wunsche, dass Sie nach Stuttgart fahren. Andererseits glaube ich aber auch, ist es nicht zweckmäßig, wenn Sie sich mit den Pforzheimern abgeben. Suchen Sie vielmehr unsere Schwestern in Baden-Baden etwas zu betreuen und vielleicht mit den Bundesschwestern etwas Verbindung zu bekommen, so weit das bei Ihren Verhältnissen möglich ist. Nachträglich ist mir auch eingefallen, dass Schwester Magdalena Examen, soviel ich weiß, in der Wohlfahrtspflege hat. Wenn also nochmals eine derartige staatliche Stelle frei ist, können Sie uns ja darauf aufmerksam machen. - Hier geht im Übrigen alles seinen Gang ruhig weiter. Unsere Schwestern freuen sich, wenn Sie bald wieder nach Hause kommen. Ich helfe Ihnen beten, dass die Verbannung zu Ihrem Heile gereicht, damit Ihre Seele stark und schmiegsam bleibt. Auf frohes, baldiges Wiedersehen!"

3.11.1927
Briefwechsel
J. Kentenich

Für Ihren lieben Brief herzlichen Dank. Sie haben mich richtig verstanden. Meine Absicht war es, dass Sie als Ratsschwester aus unmittelbarer Anschauung die Filialen kennen lernen sollten. Da aber die drei Stuttgarter jetzt erst bei Rosamunda gewesen, halte ich es auch für klüger, Sie fahren gleich her, auch schon deswegen, weil am nächsten Sonntag Ratssitzung ist. Ich setze allerdings voraus, dass die Sachen mit Frau Baronin erledigt sind. Auf frohes, baldiges Wiedersehen!

Im Februar 1928 übernimmt die Gemeinschaft ein Fürsorgeheim in Essen. Emilie hat die Leitung des Hauses und der Schwesterngruppe. Die Erfahrungen aus dem Industriegebiet kommen ihr zugute. Pater J. Kentenich hat eine weit reichende Konzeption.

15.2.1928
Briefwechsel
J. Kentenich

Jetzt erst finde ich einen Augenblick Zeit, um Ihnen zu danken für den Mut und das Gottvertrauen, womit Sie an Ihre Arbeit gegangen.

Hoffentlich sehen wir uns bald wieder. Vielleicht haben Sie dann schon einige Erfahrungen gesammelt, die wir dann im Sinne unseres Ideals ausbauen können zu einem festen Erziehungssystem für gefallene Mädchen.

Vergessen Sie bei der äußeren Arbeit nicht die innere Aufgeschlossenheit für die Gnade und die wissenschaftliche Fortbildung.

Emilie schildert in einem Brief an Schwester Anna ihre Situation: Man braucht ein warmes mütterliches Herz, viel Geduld, Liebe und Zeit.

15.5.1928
Briefwechsel
Emilie

Und weil das alles so arme heimatlose unglückliche Wesen sind, möchten wir ihnen auch gern wirklich Mutter sein. Die Zahl derer, die wir dauernd betreuen müssen, ich meine solche, die das Theresienheim als ihre Heimat und uns Schwestern als ihre Mütter betrachten, die immer wieder auf uns zukommen, uns Briefe schreiben etc., nimmt immer mehr zu. Manche sind sehr schwierig zu behandeln. Das heißt aber nicht, man müsste studiert haben, um ihnen helfen zu können. Man braucht nur viel Geduld und Liebe und Zeit und einen gesunden Menschenverstand. Unsere Arbeit geht bis in den Beichtstuhl hinein, denn wenn wir nicht vorarbeiten und nacharbeiten, kommt es vor, wie schon verschiedene Male, dass das geknickte Rohr zerbrochen und der glimmende Docht ausgelöscht wurde. Die Priester können ja so ein Menschenkind in wenigen Augenblicken nicht richtig kennen lernen und beurteilen. Man kann doch nicht genug für die Priester beten um Erleuchtung und Güte, um ein Heilandsherz und einen Heilandsblick. ...

„Trotz und alledem" geht es uns noch recht gut, und wir sind zu der Überzeugung gekommen, dass die Filiale Essen uns am besten gefällt, weil sie so ein dorniges, aber doch sehr fruchtreiches Arbeitsfeld ist, für Ordensschwestern ungeeignet, nicht aber für Marienschwestern.

Pater Kentenich begleitet das Projekt durch gelegentliche Besuche und gibt pädagogische Leitlinien. Er regt an zum Beobachten – Vergleichen – Handeln und betont Prinzipienklarheit, Reflexion, Selbstständigkeit.

4.3.1928
Briefwechsel
J. Kentenich

Wenn möglich, hoffe ich, Dienstagabend bei Ihnen zu sein. Mein Zug läuft 21.30 Uhr in Essen ein. Besorgen Sie mir bitte ein Nachtquartier. Ich hoffe, den ganzen Mittwoch bei Ihnen bleiben zu können, und freue mich auf das Wiedersehen. Sie können Anna Kemper jedenfalls auf Mittwoch Nachmittag bestellen, weil ich dann ganz sicher bei Ihnen bin.

Vielleicht überlegen Sie schon mit Birgitta und Mechthildis die bisher gemachten Erfahrungen und offenen Fragen, damit unser Beisammensein recht fruchtreich wird.

15.5.1928
Briefwechsel
J. Kentenich

Dass es mir bei Ihnen recht gut gefallen, habe ich Ihnen wohl schon gesagt, und habe nun auch die feste Zuversicht, dass wir bald eine feste Form der Fürsorgeerziehung herausfinden, so wie es unserer Eigenart entspricht. Mehrfach habe ich mir seither auch die Lösung der vorgelegten Fragen wegen der Zärtlichkeiten durch den Kopf gehen lassen. Grundsätzlich lässt sich an dem Gesagten wohl nichts drehen und deuteln. Wenn ich mir aber recht die Eigenart der gefallenen Mädchen vor Augen führe, möchte mir doch fast scheinen, dass Sie in der Anwendung des Grundsatzes ungemein zurückhaltend sein müssten. Fragen Sie einmal: Wie würde eine gut katholische, ernst erzogene und ernst erziehende Mutter einem anormalen Kinde gegenüber in solchen Fällen sich verhalten, zumal wenn vermutlich durch Zärtlichkeiten in dem Kinde allerlei Triebe geweckt würden?

Etwas Letztes, Entscheidendes möchte ich Ihnen nach der Richtung nicht sagen, bis wir noch mehr Erfahrung gesammelt. Obwohl es mir scheint, dass ich im Laufe der Zeit meinerseits mich auf den strengeren Standpunkt stellen würde.
Überlegen Sie auch einmal die starke Gegensätzlichkeit, die darin besteht, dass die Fürsorgerinnen die Mädchen so ungemein streng, fast wie Ware behandeln und andererseits Ihre Handlungsweise. Es genügt wohl, auf diese Dinge hingewiesen zu haben.

Dann mag es von großer Bedeutung sein, dass Sie eine gemeinsame Handlungsweise in der Behandlung der Mädchen erstreben, dass nicht die eine Schwester zu gut und die andere zu streng ist. Ich lege Gewicht auf das Wörtchen *zu*. Dass selbstverständlich Verschiedenheiten vorhanden sein werden und müssen, die wurzeln in der Eigenart der einzelnen Erzieherinnen, liegt auf der Hand. Aber dann darf der Ausschlag doch nicht so stark sein. Die Mädchen müssen im Wesentlichen fühlen: Es handelt sich um eine klare, einheitliche Richtlinie, die von allen festgehalten wird. Ich freue mich, bald wieder zu Ihnen kommen zu können, damit wir in gemeinsamer Beratung die bis dahin gesammelten Erfahrungen auf letzte Grundsätze zurückführen und verwerten können.

Besondere Freude macht mir das schöne Einvernehmen, das nunmehr unter Ihnen herrscht, wenn es auch zurückzuführen ist auf die Furcht vor baldiger Trennung. Ich habe überhaupt die Absicht, unsere künftigen Fürsorgerinnen, wenn es möglich ist, alle einmal durch Ihre Filiale gehen zu lassen. Sie hätten demnach eine große Aufgabe, müssten eine Musterfiliale für die Fürsorgeerziehung darstellen. Dass ich in meinem Gebet Ihrer persönlich und Ihrer Gemeinschaft besonders gedenke, brauche ich aus diesen Gründen wohl nicht eigens hervorzuheben. Je mehr wir wachsen, desto mehr müssen wir auch sehen, dass wir aus unseren letzten Prinzipien heraus in allem die Form finden, die Gott von uns verlangt. Gott segne Sie und Ihre Tätigkeit, erhalte Sie frisch, gesund, aufnahmefähig und willig!

Aus einem Brief, den Emilie an Schwester Anna schreibt, sprechen Realitätssinn – aber auch das Heimweh des Herzens.

22.5.1928
Briefwechsel
Emilie

Es tut mir Leid, dass Mechthildis fort soll, dass das kaum geborene Kind „Filiale Essen" schon so ein kräftiges Glied verlieren muss. Ich füge mich aber bereitwillig, wenn es dem Wohle der großen Familie dienlich ist. Könnte Mechthildis vielleicht doch noch bis 1. Juli oder noch ein wenig länger bleiben?

Wenn ich betreffs der Nachfolgerin Wünsche äußern darf, dann möchte ich bitten, uns jemand zu schicken, der etwas vom Nähen versteht, Kleider und Wäsche zuschneidet, aus alten Sachen kleine Knabenanzüge, Kindermäntelchen etc. anfertigt. Es ist eines unserer wichtigsten Probleme, das wir in der nächsten Zeit zu lösen haben: Wie sorgen wir, dass unsere Mädchen den ganzen Tag hindurch beschäftigt sind? Wir könnten den Mädchen wohl genug Arbeit geben, wenn eine Schwester ständig im Nähzimmer dazwischen sitzt, anleitet, aufpasst, antreibt, zuschneidet etc. Die Kochkunst ist nicht das Wichtigste. ...

Dann bin ich in Exerzitien in Schönstatt, nicht wahr? Da ich nun gerade von Exerzitien spreche, möchte ich gleich einen Wunsch Dir anvertrauen, der mir auf der Seele brennt. Du bist sicher so gut und gibst ihn mit einer warmen Befürwortung an Herrn Pater weiter. Wenn die Exerzitien vier Wochen dauern, wäre es dann nicht schön und anregend, wir Exerzitantinnen wohnten im alten Heim und hielten ständig Ehrenwache im Heiligtum während dieser vier Wochen? Es könnte ja jede schon ein wenig daraufhin sparen, damit auch für die leiblichen Bedürfnisse gesorgt werden könnte. Ich würde z. B. gern auf einen neuen Mantel verzichten.
Was soll ich Dir noch erzählen? Wir haben eine Gasrechnung von 110 Mark bekommen, die ich nächste

Woche bekennen muss. Ist das nicht schlimm? Die Gasuhr stimmt leider, ich habe sie extra nachsehen lassen.
Heute waren wir im Geiste den ganzen Tag bei der Feier in Schönstatt. Die Mutter wünschte sicher von uns noch Beiträge dafür, denn gestern Abend und heute Morgen ging's böse her bei uns. Bald mündlich mehr. Bete für uns, wir haben's so nötig. ...
Ich wünsche Dir jetzt schon ein frohes und gnadenreiches Pfingstfest in Schönstatt. Zum ersten Male seit sechs Jahren Pfingsten nicht daheim.

Nach einer zweimaligen Beurlaubung vom Schuldienst für ein Jahr steht für Emilie im Sommer 1928 die Frage der endgültigen Beurlaubung an, ebenso die erneute Eingliederung in die Gemeinschaft. Angesichts der menschlichen Schwächen, die sie bei den ihr anvertrauten jungen Menschen erlebt, erwachen Zweifel an ihrer eigenen Berufung.

19.6.1928
Briefwechsel
J. Kentenich

Ihr lieber Brief macht mir deswegen besonders Freude, weil er gleichzeitig beide Punkte trifft, die mir am Herzen liegen: Das Wachstum Ihrer eigenen Seele und das Aufblühen Ihrer kleinen Familie. Wenn Sie in anderen ähnliche böse Anlagen entdecken wie in sich, so dürfen Sie in diesem Falle doch nicht den wesentlichen Unterschied übersehen, der darin besteht, dass wir alle wohl keimhaft alle Arten Schlechtigkeiten in uns tragen, dass diese Keime aber in den Mädchen, die Sie nennen, extrem stark ausgebildet sind. Das hindert natürlich nicht, dass wir uns recht demütig halten, wenn wir andere fehlen sehen und gleichzeitig uns selber sagen müssen, dass wir auch zu Ähnlichem fähig sind. Es ist gut, dass Sie den Leidenskelch der inneren Wehen immer wieder austrinken müssen. So ziemt es sich für jemand, der die Gottesmutter gern hat und ihr in allem ähnlich werden will. Für den Mangel an Gehorsam und kindlicher Schlichtheit und Offenheit möchten Sie gerne eine Demütigung haben. Trinken Sie dafür den Leidenskelch umso ruhiger und gelassener, der Ihnen so oft angeboten wird durch Ihre inneren Zustände.

Eine große Freude würde es mir machen, wenn Sie mehr noch als bisher darauf achteten, dass alles nach Möglichkeit bis ins Einzelnste geregelt wird, was Ihre kleine Familie angeht, wie wir es hier in Schönstatt haben. Ich bin überzeugt, dass das mit einigem guten Willen, den Sie ja innerlich haben und mit einiger Klugheit, um die Sie sich noch mehr bemühen müssen, recht gut durchzuführen ist. Gerne komme ich wieder zu Ihnen, sobald ich in die dortige Gegend reise. Sie schreiben beide ja von so vielen kleinen Veränderungen, dass schon allein die Neugierde mich lockt, mich daran mit Ihnen zu erfreuen.

Werden Sie selbst nicht irre an all den Menschlichkeiten … So werden wir klein u. gebets- und opferfreudig, *selbstlos*. Gott verlangt von uns den Heroismus der *göttlichen* Tugenden. M.h.c.

o. Datum
Briefwechsel
J. Kentenich

27.6.1928 Briefwechsel J. Kentenich

Um Sie aus Ihrer inneren Not zu befreien, will ich Ihnen schnell einige Zeilen schreiben. Meine Haltung bei dergleichen tiefgreifenden Fragen ist Ihnen ja aus Erfahrung bekannt. Ich möchte davon auch jetzt nicht Abstand nehmen, sage Ihnen deswegen nur: Ihr Verbleiben in unserer Familie ist uns recht herzlich willkommen, und wir freuen uns, wenn der liebe Gott Ihnen die Eingebung zukommen lässt, sich ganz für unsere Familie als Marienschwester zu opfern. Ich glaube nicht, dass die Schwermutsbefürchtungen begründet sind. Mir scheint gerade die Gemeinschaft und Ihre Schulung, die Sie bisher drüben genossen, ein starkes Gegenmittel dafür zu sein. ...

Emilie übernimmt 1929 ein neues Wirkungsfeld, ein Fürsorgeheim in Düsseldorf.

Bericht

Die wichtigste Aufgabe aber war die Betreuung und Erziehung der Mädchen. Wir mussten den Mädchen eine Arbeit außerhalb des Heims beschaffen. Sie arbeiteten in den Betrieben, vor allem in Waschanstalten und Konfektionshäusern als Büglerinnen und Näherinnnen. Sie waren fast alle in geschlossenen Erziehungsanstalten gewesen, hatten dort Bügeln und Wäschenähen gelernt und sollten nun bei uns im halb offenen Heim den Übergang ins Leben finden. Der Aufenthalt im halb offenen Heim gab ihnen Gelegenheit, sich zu bewähren. Morgens gingen sie zur Arbeit und kamen am Spätnachmittag ins Heim zurück. Viele kamen auch in der Mittagszeit zum Mittagessen ins Heim. Die Schwestern sollten das

Mittagessen und Abendessen mit den Mädchen gemeinsam einnehmen, um die Mädchen lebensmäßig zu guten Tischsitten, zu Höflichkeit und Anstand zu erziehen. Wichtig war auch, die Mädchen anzuleiten, ihre Freizeit am Spätnachmittag und Abend richtig auszuwerten. Freizeit und Abendgestaltung waren eine ganz *wichtige* Erziehungsaufgabe bei diesen Mädchen, aber auch eine schwere Aufgabe. ...

So mussten wir vermehrt versuchen, ihnen das Heim wirklich zum Heim zu machen, wo sie gern waren und edle Freuden fanden. Ab und zu durften sie gemeinsam ins Kino oder ins Theater gehen, aber dann sollte eine Schwester sie begleiten, so wünschten es die verantwortlichen Träger dieser Erziehungseinrichtung.

Emilie suchte mich mit Liebe und Geduld in die Aufgabe einzuführen. Sie war streng gegenüber den Mädchen und hielt auf Zucht und Ordnung. Die Mädchen hatten ihre festgelegte Ordnung bezüglich des Aufstehens, der Arbeitszeit, der Mahlzeiten, der Freizeiten und des Schlafengehens. Doch empfanden sie das Einhalten der Ordnung oft als Zwang. Sie kamen ja aus geschlossenen Anstalten und wollten nun frei sein und die Freiheit genießen. So revolutionierten sie oft gegen die festgelegte Ordnung, gaben ihrer Unzufriedenheit manchmal in hässlicher Weise Ausdruck und ließen ihrer Triebhaftigkeit freien Lauf ...
Emilie begegnete ihnen mit Güte und Ruhe, aber auch mit weiser Strenge ... Sie sorgte für schöne

Heimabende mit Musik, Tanz, Gesang und frohen Spielen.

P.J. Kentenich und Schwester Anna wissen, wie schwer Emilie das Fernsein von Schönstatt fällt.

8.2.1929
Brief an
Emilie

Ich bete und opfere für Dich, dass es Dir nicht gar zu schwer fällt, dass Du noch einige Zeit in Düsseldorf bleiben musst. Mir scheint, als sei es Dir das letzte Mal arg schwer geworden. Wie gern würde ich Dich einmal ablösen, aber ich will still sein, sonst sage ich etwas, was ich nicht sagen darf. Restlose Erfüllung des göttlichen Willens soll ja unsere Parole sein.

9.2.1929
Briefwechsel
J. Kentenich

Nehmen Sie in aller Form den Posten als Oberin an und ein. Sagen Sie aber den Damen, das sei einstweilen, bis wir drüben alles in Ordnung haben. Und sie bekämen eine brauchbare Nachfolgerin - Hoffentlich kommt bald der Augenblick, wo Sie wieder ganz herziehen - Im übrigen bleiben Sie offen und lassen Sie sich durch den Gehorsam leiten - Ich bete für Sie, damit Sie heilig werden - Gottes Segen!

März 1929
Briefwechsel
J. Kentenich

Herzlichen Dank für Ihren lieben Brief und das schöne Geschenk: für das erneute Bekenntnis der Treue zu unserer Familie.
Ihre Verbannungszeit ist nun zu Ende. Perpetua wird Sie voraussichtlich ganz vertreten, und Sie

kommen ganz nach Schönstatt - zuerst als Novizenmeisterin, um auch nach der Richtung sich gründlich zu schulen und dann *ausschließlich* als Vikarin. Warten Sie aber mit der Veröffentlichung, bis alles spruchreif ist. Ihre geplante Reise können Sie aber machen, nachdem Sie Perpetua *gründlich* eingeführt haben.
Auf frohes baldiges Wiedersehen nach langer Verbannung. Gottes Segen für Ihre Person und Tätigkeit.

Pater Kentenich begleitet das Wirken von Emilie sehr wachsam. Selbst scheinbare Kleinigkeiten rufen ihn auf den Plan, er lässt Emilie nichts durchgehen.

23.4.1929
Briefwechsel
J. Kentenich

Gewiss dürfen Sie nicht eher fortgehen, als bis Perpetua einigermaßen die Zügel in der Hand hat. Darin lag ja wohl der Fehler, dass Sie sich innerlich einstellten, als ob Gretchen die Leitung bekäme und Ihr ganzes Handeln ist unbewusst davon beeinflusst worden, so dass Perpetua nun isoliert dasteht. Es war doch sicherlich nicht recht, dass Sie in Ihrer Abwesenheit nicht Perpetua als Ihre Stellvertreterin hinstellten. Ihre Aufgabe besteht nun darin, dafür zu sorgen, dass Perpetua mehr geachtet und Gretchen in den Hintergrund gesetzt wird; dieses natürlich nicht auf Kosten der Wahrheit, sondern im Rahmen der gottgewollten Ordnung. Gewiss hat Perpetua eine ganz andere Art als Sie, ich bin aber davon überzeugt, dass sie damit durchkommt, wenn ihr nicht unnötigerweise von vornherein Schwierigkeiten in den Weg gelegt werden. Denken Sie einmal an die vornehme und selbstlose Art, mit der Fräulein Wohrmann Ihnen den Weg geebnet. Ich weiß das zwar nicht im Einzelnen, habe aber reichlich genug Fingerspitzengefühl, um zu ermessen und zu wissen, wie Sie beide, Sie und Gretchen ohne es zu wollen und zu wissen, gegen Perpetua Gegenströmung geschaffen haben. Sie dürfen sich deswegen keine Sorgen machen; es ist Grund zu persönlicher Verdemütigung und zum Vertrauen, und ein erneuter Hinweis auf Sinn und Bedeutung des Gehorsams. - Sie wussten von vornherein, in welcher Eigenschaft Perpetua hingekommen war.

Im Übrigen machen Sie sich keine Sorgen: Mater habebit curam! Beten und opfern Sie, damit Ihre Tätigkeit mit Erfolg gesegnet ist. Zum Schluss noch einmal, wenn Sie alle fest auf dem Boden der Ordnung und der Pflicht stehen, kann es keine Revolution der Mädchen geben. Vielleicht darf ich auch darauf hinweisen, dass Sie nunmehr nicht ins andere Extrem fallen dürfen, sondern mit Takt Perpetua die Stelle einräumen, die ihr gebührt.

Novizenmeisterin

Am 1. Mai 1929 kommt Emilie nach Schönstatt zurück, sie wird Novizenmeisterin. Pater Kentenich schätzt Emilies Fähigkeiten. Er legt Wert auf ihr Urteil und ihren Rat bei Entscheidungen.

Als ich mich im Januar 1928 entschloss, auch zu den Marienschwestern zu gehen, und Herr Pater mir die Zulassung schickte, schrieb er mir, ich möchte zu Emilie gehen, die damals Oberin im Fürsorgeheim in Essen war, und mich von ihr beraten lassen, was ich nun zur Vorbereitung für meinen Eintritt zu tun hätte. Herr Pater hatte mir geraten, möglichst bald zu kommen. So ging ich denn zu Emilie. Sie riet mir, möglichst bald den Urlaub einzureichen, gab mir auch Ratschläge, wie ich das Gesuch um den Urlaub schreiben musste, und meinte, ich solle nicht viel Zeit und Geld für Besorgung der Aussteuer verschwenden, sondern mitbringen, was ich hätte. Sie hätte es auch so gemacht. ... Auch sonst hat mir Emilie in Anfangsschwierigkeiten oft Mut gemacht. Das, was Emilie sagte, war immer so echt und kam aus lauterer Gesinnung und gütigem Herzen. Bericht

Ich darf Sie gleichzeitig auch einmal vertraulich fragen, was Sie dazu sagen werden, wenn P. zu uns käme. Sie legt mir erneut die Berufsfrage zur Entscheidung vor. Wenn ich nun Ja antwortete, wer will dann Antons Haushalt führen? Vielleicht können Sie mir bald in dieser Angelegenheit schreiben.

24.5.1928
Briefwechsel
J. Kentenich

Die Arbeit im Noviziat fordert Emilie ganz. Die meist großen Gruppen verlangen ihr selbstloses Einfühlungsvermögen, ihre Geduld und Konsequenz bei aller mütterlichen Güte.

o. Datum Briefwechsel Emilie

Die Woche wird arg lang werden. Ich konnte aber eben nicht mehr warten, weil ich zu den Novizinnen musste. Ich muss den Unterricht doch einstweilen noch ganz allein geben (außer Singen und 1 Std. Hauswirtschaft), denn Toni sagt, sie könne es unmöglich wegen anderer dringender Arbeiten. Ich bemühe mich also weiter, so gut ich kann, den Novizinnen alles zu sein, was sie brauchen. Die Mutter muss sorgen; sie ist ja die eigentliche Novizenmeisterin; ich würde sonst gar nicht anfangen.

Erinnerung

Bei meiner Ankunft konnte ich gleich Herrn Pater begrüßen, und dann war Zeit zum Abendessen.
Ich bekam als vierundvierzigster Ankömmling, als Letzte und Jüngste meinen Platz links neben Emilie. Zu meiner Verwunderung gab es als Abendessen einen Teller warme süße Grützensuppe mit dicken ungeschälten Graupen und eine Schnitte trockenes Brot. Für Süddeutsche fast ungenießbar! Es war ja die ganz arme Anfangszeit.

Meine norddeutsche Nachbarin, ein richtiger Sanguiniker, merkte gleich, dass ich sehr vorsichtig anfing, die süße, warme Grützensuppe zu schlucken, was nicht gelingen wollte. Da sagte sie leise: „Du brauchst das nicht essen, wenn du nicht kannst ..."
Emilie war scheinbar auf diese Situation vorbereitet - schaute mich von der Seite sehr mütterlich, freundlich und wohlwollend an und sagte verständnisvoll: „Gelt, das ist dir wohl etwas ungewohnt. Aber du wirst tapfer sein." Nach dieser verständnis-

vollen und doch zielausgerichteten Aufmunterung rutschte die Suppe, und mein Teller wurde leer. Ich wollte ja tapfer sein, Emilie hat es von mir erwartet.

Emilies aufmunterndes Wort „Aber du wirst tapfer sein“, wurde unter uns bald zum ‘geflügelten Ansporn’, wenn etwas schwer wurde in den Anfangserlebnissen des Alltags und wir sie manchmal nicht mit unseren fliegenden Idealen sofort in Einklang bringen konnten. (I. W.)

Obwohl Emilie sehr sachlich und objektiv war, war sie anfangs auch unsicher und etwas unbeholfen. Im Noviziatsunterricht war sie immer sehr gewissenhaft und sehr gründlich. Sie war natürlich bestrebt, uns im Aszetik-Unterricht ins religiöse Leben einzuführen. Sie war sehr erfüllt davon, das hat man gespürt. Aber wir waren ja so müde nach der ersten Arbeit morgens und nass geschwitzt, und da ging manches bei uns einfach über die Köpfe hinweg. Und diejenigen von uns, die schon aus dem Beruf kamen, waren ja gar nicht auf den Unterricht eingestellt. Die meisten hatten Schönstatt vorher überhaupt nicht gekannt. So sind manche auch im Unterricht eingeschlafen, oder haben nichts gelernt und konnten sich noch nicht recht zu allem äußern. Erinnerung

Eines Tages hatte Emilie den Eindruck, dass wir nicht gut gelernt hatten oder dass sie den Stoff nicht genügend erklärt hatte. Keine konnte die richtigen Antworten geben, wir konnten halt nicht genügend. Sie kam einfach bei uns nicht weiter, und dann ist sie einfach vom Pult heruntergestiegen und zum Saal herausgegangen. Sie hat uns, ohne ein Wort zu sagen, einfach sitzen gelassen und war weg. Wir saßen da wie begossene Pudel. Keiner von uns hat ein Wort gesagt, wir hatten nichts getan, hatten nichts gekonnt und gewusst. Sie war einfach weg.

Und dann dauerte es nicht lange, dann trat, wie vom heiteren Himmel, Herr Pater ganz freudig in den Saal rein, und dann sagte er: „So, was haben Sie denn heute schon gelernt?" Ich meldete mich und erklärte: „Der Schnittpunkt zwischen Natur und Gnade, davon haben wir gesprochen." Das hat Herr Pater gleich aufgegriffen und hat uns wieder gelockert. Es war dann wunderbar. Er hat Emilie nicht erwähnt und den Unterricht weitergehalten, als wenn gar nichts wäre. Er hat Emilie nicht bloßgestellt. (I. W.)

Erinnerung

Sie hatte Freude an uns, auch in der Rekreation. Sie beobachtete uns beim Völkerballspiel, blieb aber ganz unparteiisch. Beim Völkerballspiel waren wir genau 22 Norddeutsche und 22 Süddeutsche. Zwischen diesen beiden Gruppen gab es schon große Unterschiede in der Sprache, im Denken, im Benehmen. Die Norddeutschen meinten immer, sie seien ein bisschen mehr als die Süddeutschen. Aber Emilie, eine Norddeutsche, machte keine Unterschiede.

Sie musste Schiedsrichter sein und auf der Linie stehen. Sie war sehr geschickt dabei und wurde kaum getroffen, obwohl sie die Zielscheibe beider Parteien war. Wir hatten unseren Spaß, sie zu beobachten.

Bei unseren häufigen Spaziergängen war Emilie immer dabei. Ich suchte sie bewusst auf, um mit ihr ins Gespräch zu kommen. Sie merkte, dass ich aufgeschlossen war. Wir hatten viele religiöse Gespräche. In meiner Jugend hatte ich vom Religionslehrer etwas über das Persönliche Ideal und Partikularexamen gehört und die tägliche Tagesordnung. Von Emilie wollte ich aber noch mehr darüber wissen. So versuchte ich, mit ihr in ein religiöses Gespräch zu kommen und fragte sie über das Persönliche Ideal und Partikularexamen. An Einzelheiten kann ich mich nicht mehr erinnern nur noch, dass Emilie sehr gern auf meine Fragen eingegangen ist. (I. W.)

Bevor ich in Schönstatt eintrat, war ich selbstständig, war als Krankenschwester für die Ambulanz zuständig und kam aus vollem Leben in die Atmosphäre einer geschlossenen Gemeinschaft. Anfangs tat ich mich im Postulat sehr schwer, fühlte mich nicht so wohl, war sehr gehemmt und schweigsam. Meine Mitschwestern kamen mir alle so schrecklich laut vor. Wir waren eine laute Gesellschaft und waren auch in Schönstatt ein bisschen verschrien als lauter Kurs. Wir waren 53 junge Leute, das ist klar, das man sie hört. Wenn jeder nur ein bisschen Erinnerung spricht, ist es schon laut. Die meisten waren ungemein lebendig. Emilie kam nicht gegen uns an. Das konnte sie gar nicht.

Eines Tages suchte ich sie auf und klagte bei ihr: „So etwas Lautes! Ich wollte doch eigentlich ins Kloster gehen, in die Stille!" Sie nahm mich dann - und das ist das erste und eigentliche Erlebnis - mit in ihr Zimmer. Das hat sie sonst wohl nicht so oft getan, glaube ich. Dann sagte sie so ganz ruhig: „Du musst ein wenig Geduld haben mit dem ganzen Kurs. Der Kurs muss sich selbst erstmals finden. Aber wenn es dir zu schwer wird, kannst du immer bei mir hereinkommen. Dieses Zimmer gehört auch dir." Das ist mir sehr tief eingegangen. „Es ist also auch dein Zimmer!", sagte sie. Das war etwas sehr Schönes, etwas, das mir ein bisschen Heimat geschenkt hat. Ich war anfangs so heimatlos mitten unter so vielen Menschen auf so engem Raum zusammen. (M. R.)

Erinnerung

Eine meiner Kursschwestern war tief beeindruckt von Emilies mütterlichem Verstehen. Als ihre Mitschwester in der Zelle neben ihr bitterlich weinte über die Nachricht vom plötzlichen Tod ihrer Mutter, hörte sie Emilie zu ihr in ihre Zelle kommen. Sie sprachen ein wenig miteinander, Emilie tröstete sie und weinte mit ihr.
„Von da ab", so erzählte mir meine Kursschwester, „konnte ich mein eigenes Heimweh überwinden. Ich erlebte Emilie als eine echt mütterliche Mitschwester". (I. W.)

Eines Tages erriet Emilie, als ich ihr begegnete, dass ich geweint hatte. Ich kam nicht zurecht mit den vielen Novizinnen, zählten wir doch tatsächlich über 50 Schwestern. Der Blick von Emilie vor mir war fragend, nicht vorwurfsvoll. Sie sagte: „Kommen Sie mit in mein Zimmer!" Dort ließ sie sich meinen Kummer erzählen. So konnte ich ihr den Grund für mein Weinen erklären. Emilie nahm mein Weinen gar nicht so tragisch. Sie meinte aber, die Tränen hätten sichtbare Spuren hinterlassen und ich solle deshalb nicht zum gemeinsamen Tisch gehen. „Ich hole Ihnen das Essen in mein Zimmer, und Sie speisen dann hier", sagte sie und verschwand. ... Meine Tränen verloren sich bei all der Güte und Selbstlosigkeit. Emilie war eine weise, unkonventionelle Erzieherin. Ihre Herzensgüte und Lauterkeit im selbstlosen Helferwillen waren eine herrliche Leuchtkraft ihres Wesens. Sie strahlte Gottverbundenheit und Tiefe aus. Ich hatte sie verehren können. (B. S.) Erinnerung

Wir kamen 1933 ins Noviziat und hatten Emilie als Novizenmeisterin. Das war ein ganz schweres Jahr, auch für Emilie. Erinnerung

Wir waren fünfzig Novizinnen. Und wir waren alle sehr hungrige Leute, hauptsächlich körperlich, geistig wohl auch. Und Emilie war es sehr schwer, uns zu sättigen, denn sie bekam vom Bäcker kaum noch Brot, weil sie es nicht bezahlen konnte. Emilie ging damals, ohne dass wir es wissen sollten, zu Herrn Pater. Er hat ihr dann Geld gegeben, und dann ha-

ben wir wieder unser Brot gehabt. Emilie hat dann wohl gemerkt, dass wir doch dahinter gekommen sind, aber sie hat nichts dazu gesagt. Dafür war sie viel zu vornehm. Und sie konnte es uns auch nicht sagen, dass wir ein wenig sparsamer mit dem Brot umgehen sollten. Wir haben wohl einmal gehört, entweder von ihr oder von der Küchenschwester, dass der Bäcker uns nichts mehr geben wollte. Dann haben wir halt ein bisschen sparsamer gegessen.
(A. S.)

Die Rippenfellentzündung, an der Emilie erkrankte, war, wie man heute weiß, der Anfang ihrer ernsten Tuberkulose-Erkrankung.

Erinnerung

Emilie hat in unserem Noviziat, das 1933 stattfand, mit uns gehungert. Für uns junge Schwestern war die karge Kost eigentlich kein Problem. Aber Emilie lebte eine Aszese vor, auch wenn sie bei uns am Tisch war, die mir immer bedenklich erschien.

Und als ihr Leben zu verlöschen begann ... sagte ich eines Tages: „Emilie, warum hast du auch in unserem Noviziat so gehungert? Wenn du das nicht getan hättest, wäre die Tuberkulose bestimmt nicht ausgebrochen." Emilie hörte sich meinen Einwand, der aber nur aus einer Sorge für sie und nicht aus Korrekturwillen geschehen war, an und sagte ganz gelassen nach einer Weile: „Weißt du, das stimmt, ich habe das falsch gemacht, das hätte ich nicht tun sollen; aber weißt du, der liebe Gott hat auch das zugelassen, auch dass ich jetzt nicht mehr so kann,

und wenn er das zugelassen hat, dann ist es gut so!"
(B. S.)

Wir waren der letzte Kurs, den Emilie als Novizenmeisterin geführt hat. Am Tag vor unserer Weihe, am 24. Dezember 1933, hat sie eine Rippenfellentzündung bekommen und musste nach Vallendar ins Krankenhaus. Erinnerung
Und da sind A. und ich aus dem Noviziat ausgekniffen, ganz heimlich, und sind auf Umwegen, wir haben immer Sorge gehabt, es entdeckt uns jemand, nach Vallendar gegangen, um Emilie im Krankenhaus zu besuchen. Das war vor unserer Weihe.
Und als wir dort ankamen, mussten wir uns melden auf der Station. Dann hat uns die Schwester zu Emilie hingebracht, und Emilie hat so nett zu der Schwester gesagt: „Das sind zwei Novizinnen, die aus dem Noviziat ausgekniffen sind. Aber sie sind nur zu ihrer Novizenmeisterin gekommen." (C. M.)

Verborgenes Lebensleid

Emilie hatte sich für die Gründung der Gemeinschaft der „berufsmäßigen Bundesschwestern" – der Schönstätter Marienschwestern – zusammen mit Anna Pries zur Verfügung gestellt. Sehr bald gestaltete sich für Emilie das Verhältnis zu ihr zu einem Kreuz, das seinen Schatten bis in die letzten Tage ihres Lebens warf.

4.–10.11.1926
Exerzitien

Anna Pries gegenüber habe ich eine dienende Rolle, an erster Stelle aber dienend der Idee; darum muss ich nötigenfalls auch meinen Standpunkt vertreten. Ich darf nach Verdemütigung und Leiden verlangen, aber an erster Stelle muss ich mich im Gehorsam üben. Das Bewusstsein meiner Ohnmacht und Unwürdigkeit muss ich stets in mir pflegen.

17.10.1926
Tagebuch

Ich muss mich meiner Eigenart entsprechend verhalten - nicht auf Anna Pries sehen; wir müssen uns ja ergänzen, Gott will es so. Ich muss oft darüber nachdenken, wie gut Gott alles in meinem Leben geführt hat und wie er für unsere Familie gesorgt hat.

4.1.1927
Tagebuch

Am Anfang einer Bewegung müssen Menschen stehen, die dem demütigen, verachteten Heiland nachfolgen. Im Verhältnis zu Anna kann ich mich in der Liebe zur Verachtung und Verdemütigung üben. Ich muss mich freuen, wenn ich übersehen, nicht geachtet, hintenangesetzt werde, wenn man mir widerspricht, meine Meinung nicht gelten lässt.
Wenn ich anderer Ansicht bin als andere, dann muss ich zuerst prüfen, was davon aus meinem naturhaften Gegenwillen herausfließt. Wenn ich das abgestreift, muss ich erst das Gute an der gegenteiligen Ansicht anerkennen, darauf äußere ich ruhig meine Ansicht.

In ihren Exerzitien im Juni 1927 setzt sich Emilie intensiv mit diesem Problem auseinander.

Der heutige Tag soll in besonderer Weise dem Seelenführer und Schwester Anna gehören. Ich will dem lieben Gott ganz innig danken, dass er mich zwei Heiligen unterstellt hat, obschon ich dieser Gnade gänzlich unwürdig war und mich durch meine sehr unedle Gesinnung und mein Benehmen noch täglich unwürdiger gemacht habe. Heute muss ich dafür sühnen - bei der heiligen Messe habe ich es schon getan - und mein Verhältnis zu den beiden ordnen. In diesem Sinne muss ich heute viel beten für mich, dass meine Gesinnung eine ganz edle, selbstlose, bereitwillige, heilige werde für die beiden, damit sie ihre Aufgabe an mir und den andern lösen.

23.6.1927
Tagebuch

Gott hat mich von Ewigkeit her mit Namen gerufen und für seinen besonderen Dienst bestimmt. Nicht viele, die die gleiche Veranlagung haben wie ich, bekommen so viele Gnaden.
Die liebe Gottesmutter hat mich berufen zur Mitbegründerin ihrer geliebten Familie. Ich muss mein Standesbewusstsein stärken. Gottes Ehre muss maßgebend sein, muss das alleinige Ziel sein. Auf mich kommt es nicht an.
Wenn es sich um Beschlüsse handelt, dann habe ich ein Recht, die Sache mit zu überlegen. Anderes, was mir nicht gesagt wird, freudig ertragen aus Liebe

24.6.1927
Tagebuch

zur Verachtung und Verdemütigung - gern übersehen werden. ...

A. hat intuitiv ein klares Urteil. Ich lasse mich noch zu sehr vom Gefühl leiten, obschon ich sonst metaphysisch eingestellt bin. Wenn mein Urteil nicht angenommen wird, werde ich innerlich verwirrt und verkrampfe mich. ...

Je mehr die Natur widerstrebt, umso mehr agere contra ... Ich weiß, dass ich in diesem Punkte noch viel kämpfen und ringen muss, aber ich will viel beten, dass Gott und die Gottesmutter doch endlich das rechte Verhältnis schaffen.

28.6.1927 Tagebuch

Der heutige Tag soll der Gemeinschaft gehören, der Vormittag vor allem den 3 Gruppen, denen ich angehöre: der Führerinnengruppe (Rat), der Sühnegruppe und der Einführungsgruppe, nachmittags will ich mehr an die Organisation denken und abends an die Vorbereitung auf das morgige Fest Peter und Paul.

1. *Führerinnengruppe* (Rat). Ich will in jeder Sitzung vom ersten bis zum letzten Augenblicke *ganz frisch* mitarbeiten, auch dann, wenn meine Meinung falsch ist oder nicht anerkannt wird oder wenn Abwehrgefühle und Gegenwille gegen Personen oder Bestimmungen in mir aufsteigen. Ich will mich tief verantwortlich fühlen für das, was beraten und beschlossen wird, darum drauf drängen, dass die Fragen mindestens einen Tag vorher bekannt gegeben

werden. Dann will ich diese Punkte vorher ernstlich mit der Mutter im Kapellchen überlegen.

Ich will meine Ansicht immer in eine bescheidene, milde Form kleiden, nie herb werden. - Ich will sorgen, dass die Beschlüsse auch durchgeführt werden. - Bis zur nächsten Konferenz muss das Protokoll fertig sein. Mit den auswärtigen Ratsschwestern - Philomena und Agnes - will ich monatlich einmal in Fühlung treten, mit allen, auch den hiesigen, ein ideales schwesterliches Verhältnis pflegen.

Einen Brief, ursprünglich an Schwester Anna gerichtet, schickt Emilie nur an Pater Kentenich. Hier wird auch deutlich, was ihr das Unterrichten so schwer macht.

1.11.1927
Briefwechsel
Emilie

Aus allem, was ich in diesen Wochen aus Schönstatt gehört habe, sehe ich, dass die Entwicklung unserer Gemeinschaft rasche und noch schnellere Fortschritte macht und alles seinen gewohnten Gang weitergeht, ohne dass ich dabei bin. Auch Du musst Dich freier bewegen können ohne mich. Weißt Du, liebe Anna, mein Gesicht, das Dir so oft wehgetan hat, werde ich wohl noch haben. Bitte, holt mich nicht meiner Schwachheit, meines anfänglichen Heimwehs wegen nach Schönstatt. Du schriebst neulich, vielleicht ließen sich doch noch Wege *finden*, damit ich eher zurückkäme. Nicht die Rücksicht auf mich darf ausschlaggebend sein, sondern nur der Wille Gottes. Dass ich hier bei meiner Arbeit kein Minderwertigkeitsbewusstsein habe, wohl aber, wenn ich an den Unterricht in Schönstatt denke, legt diese

Tatsache nicht auch den Gedanken nahe, Gott habe mich nicht für die Tätigkeit in Schönstatt berufen? Bete für mich, und dann sprich mit Hochwürden Herrn Pater Kentenich noch einmal darüber, oder besser noch: Zeige ihm diesen Brief. Ich werde gern in Baden-Baden bleiben, wenn der liebe Gott es will.

Pater Kentenich, der die Schicksale von Schwester Anna und Emilie kennt, sieht die schroffe Gegensätzlichkeit und spricht von den Geheimnissen der göttlichen Auserwählung.

Studie 1955
J. Kentenich

Schwester Anna - die erste Generaloberin der Schwestern - verließ mit Schwester Emilie Oktober 1926 die Heimat, um sich mit der Verstorbenen in die Arbeit für Schönstatt zu teilen. Bis zum Eintritt waren beide als Lehrerinnen Kolleginnen. Da sie - getrennt voneinander - wohnten, schätzten sie sich; sobald sie aber im Alltagskleid und im Gemeinschaftsleben ständig einander begegneten, änderte sich das Verhältnis mit der Zeit von Grund auf. Am 23. Juni 1927 nannte Schwester Emilie ihre Generaloberin zwar noch eine Heilige und am 24. Juni erkannte sie deren Denkweise an. Sie schreibt ja: „Anna hat intuitiv ein klares Urteil. Ich lasse mich noch zu sehr vom Gefühl leiten, obschon ich sonst metaphysisch eingestellt bin. Wenn mein Urteil nicht angenommen wird, werde ich innerlich verwirrt und verkrampfe mich."

Aus dem Geiste des Glaubens heraus bemühte sie sich ferner getreulich, die neue objektive Seinsordnung von ganzem Herzen zu bejahen und ein entsprechend kindliches Verhältnis zur Familienmutter innerlich zu gewinnen und in ihrem Handeln und Wandeln zum Ausdruck zu bringen. Das alles führte jedoch nicht zum Ziele. Das menschliche Grundverhältnis zerbrach sehr bald und kam nicht mehr zu Stande. ... Dafür feierte der Glaubensgeist die herrlichsten Triumphe. Niemand merkte nach außen ihre innere Not und Abwehr. Grund für das innere Missverhältnis war nicht etwa - wie das oft im Gemeinschaftsleben zumal von Frauen vorkommt - der Unterschied zwischen Art und Art und die Gegensätzlichkeit zwischen Unart und Unart. Solch normale Lebensvorgänge wären im Lichte des Glaubens und mit einer stärkeren Dosis von Opferkraft leicht zu ertragen und zu meistern gewesen. Hier lagen die Gründe bedeutend tiefer. (S. 520 f.)

Kursführerin

Emilie wird zur Führerin ihres Schwesternkurses gewählt. Sie bleibt „Kursmutter" bis zum Ende ihres Lebens. Unermüdlich fördert sie das Miteinander und die Mitverantwortung im MTA-Kurs.

Im Jahre 1930 traten einige wichtige Ereignisse ein, die ich nicht unerwähnt lassen möchte. Es war am Fastnachtstag 1930. Wir gingen am Rosenmontag mit unseren Mädchen zum Fastnachtsball der Kolpingfamilie, die uns eingeladen hatte. Kurz nach Mitternacht kamen wir heim. Da empfing uns Angelika Bericht mit der Nachricht: Herr Pater ist heute Abend gekommen, er übernachtet im Theresienkrankenhaus und kommt früh nach der heiligen Messe wieder zu uns. Unsere Freude war groß, aber auch unser Bedauern, dass wir gerade an diesem Abend zur Fastnachtsfeier mussten.

Am anderen Morgen sagte mir Herr Pater, er wäre hauptsächlich meinetwegen gekommen. Es handelte sich um Zusammenfassung und Eingliederung der ältesten und ersten Schwestern in einen neu zu bildenden Kurs, den späteren MTA-Kurs. Herr Pater fragte, ob es nicht besser wäre, wenn ich dem MTA-Kurs eingegliedert würde. Es hätte sich in der Familie gezeigt, dass die Schwestern, die zu den ersten Bundesschwestern gehört hätten, in den anderen Kursen nicht recht heimisch würden, weil sie die Bundesgemeinschaft so stark erlebt und infolgedessen eine feine Gemeinschaft mit den älteren Schwestern hätten.

Rückschauend auf das Werden des Kurses muss ich Emilie recht geben, die den Kurs einmal mit einem Strom verglich, dessen Quelle die erste feierliche Weihe der Bundesschwestern am 16. April 1925 war, der dann unterirdisch weiterfloss, bis er mit der offiziellen Gründung des MTA-Kurses wieder ans Licht trat. Es war ein Kurs von Schwestern, die sich von Anfang an mitverantwortlich gefühlt hatten für die Gründung der Schwesternfamilie und für das Werden und Wachsen der Schönstattfamilie.

Wir wählten darum auch den Wortlaut der ersten Bundesweihe als Kursweihe und fügten diesem Wortlaut nur einige Gedanken über das MTA-Ideal und über unsere spezielle Aufgabe als MTA-Kurs hinzu.

Herzlichen Dank für Deinen lieben Brief! Ich hatte am Sonntagmorgen, als ich von den Auswärtigen Briefchen bekam - nur nicht von Dir -, bei Toni schon ein wenig geschimpft über „a nette“ Gemeinschaft zwischen uns, dem „Klub der Harmlosen“. Jetzt möchte ich zerknirscht Abbitte leisten. Bist Du gnädig?

25.9.1930
Brief von
Emilie

Am 4. Februar ist die Einkleidung. Hilfst Du mir ein wenig beten und opfern, dass nur die Berufenen zur Einkleidung kommen; es ist doch schwer, später jemand wieder fortzuschicken. Als MTA-Kinder müssen wir uns doch für unseren Nachwuchs recht verantwortlich fühlen.

20.1.1933
Brief von
Emilie

Zum ersten Mal in der Schwesterngemeinschaft hat 1931 der MTA-Kurs das erste Terziat, eine zusammenhängende Schulungszeit.

Bericht

Das war nun gar keine so einfache Sache, denn fast alle standen an wichtigen leitenden Posten. Ein entsprechender Ersatz konnte für die fünf Monate nicht überall eingestellt werden. So mussten die Aufgaben für diese Zeit zum größten Teil ruhen. Auch die Aufgabe der Gauführerin wurde in dieser Zeit nicht fortgeführt. Für mich war diese Zeit die schönste, weil sorgloseste Zeit meines Schwesternlebens. Ich hatte keine Verantwortung und konnte mich so ganz der Atmosphäre des Terziates überlassen, tiefer eintauchen in das religiöse Leben, in den Geist der Familie und des Kurses. Da ich kein eigentliches Noviziat gehabt hatte, war das Terziat für mich Ersatz für die Noviziatszeit. Dasselbe galt auch für Mirjam, die jetzt als Postulantin gekommen war und als Weihekandidatin des Bundes gleich in den MTA-Kurs kam.

Am 3. September 1931 zogen dreiundzwanzig MTA-Kinder zum Terziat ins Alte Haus beim Kapellchen ein. In dieser Zeit waren keine anderen Veranstaltungen im Haus. Es war nicht mehr Exerzitien- und Tagungsheim, sondern Terziatshaus. Das Terziat war auch eine finanzielle Belastung für die Familie. Darum war unsere ganze Lebenshaltung recht schlicht und einfach, ja ich könnte sagen: arm. Die ganze Familie steckte ja noch im Anfangsstadium und hatte wenig Einnahmen. Wir waren nur reich an Schulden, weil wir Raum schaffen mussten für den immer zahlreicher werdenden Nachwuchs.

Weil wir nun in die Stille und Abgeschiedenheit gehen sollten, weil neben Gebet und Unterricht auch Studium gepflegt werden sollte, bekam jede von uns eine Wohn- und Schlafzelle. Einzelzimmer gab es ja im Alten Haus nicht, es standen nur Schlafsäle für den Kurs zur Verfügung. Die Zellen waren von allergrößter Einfachheit. In der Wohnzelle standen nur ein Tisch und ein Stuhl, vielleicht noch ein kleines Bücherregal; auch die Schlafzelle enthielt nur das allernötigste Mobilar. Aber wir fühlten uns wohl in dieser Einfachheit, ich kam mir vor, als wenn ich in den Karmel versetzt wäre.

Die Leitung des Terziates hatte Emilie als Kursmutter. Den Unterricht gaben wir uns selbst, eine gab Aszetik und Religion, eine andere Pädagogik, ich übernahm Kirchengeschichte. Der eigentliche Terziatsmeister war Herr Pater. Er hielt uns aszetische Vorträge und führte uns tiefer ein in den Geist und die Struktur der Familie. Aber alles geschah nicht in fertigen Vorträgen, sondern in Form von Besprechungen und Arbeitsunterricht. Wir mussten intensiv mitdenken und mitreden. Außerordentlich schön waren die Dogmatikstunden, in denen Herr Pater klar und verständlich über das göttliche Leben und die Gliedschafts- und Brautschaftswirklichkeit sprach. Eine ganz neue Welt ging damit auf, die Wirklichkeit und Schönheit der jenseitigen Welt.

Gleich im Einleitungsvortrag gab Herr Pater das Ziel des Terziates an: Wir möchten als reife, wenigstens reifende Mütter das Terziat verlassen, als verkörpertes MTA-Bild ins praktische Leben hinausgehen.

Mütterlichkeit in höchster Potenz ist Ziel des MTA-Kurses. Herr Pater sagte: Diese Mütterlichkeit muss herauswachsen aus dem Mutterboden der Kindlichkeit und Unberührtheit. Wir müssen den Akzent legen auf starkes Magdtum, es darf uns aber nicht abgehen Schlichtheit und Kindlichkeit.

1931 Chronik Herr Pater schenkte diesem Terziat viel Liebe, Kraft und Zeit. An manchen Tagen arbeitete er mit den Terziatsschwestern morgens und nachmittags je drei bis vier Stunden. Es galt ja, ein so großes und wichtiges Arbeitspensum zu bewältigen.

Zunächst sollten die bisherige Organisation unserer Familie sowie die im Leben erprobten Statuten neu überprüft und evtl. ergänzt werden. Herr Pater bat die Terziatsschwestern, auch grundsätzlich Stellung zu nehmen zu der Frage: Sollen wir das Elternprinzip nun endgültig in die Regierung unserer Familie einbauen, oder entscheiden wir uns künftig für das Mutterprinzip?

Am 27. Dezember fand dann das Terziat mit der heiligen Messe und einem Vortrag von Herrn Pater im Kapellchen einen feierlichen Abschluss.

Ein zweites Terziat für den MTA-Kurs findet im Jahr 1935 statt als Vorbereitung auf die ewige Eingliederung.

Bericht Herr Pater hatte gleich zu Beginn des Terziates uns fühlen lassen, dass er dem zweiten Terziat der MTA-Kinder eine besondere Bedeutung zumaß. Bei dem Einstimmungsvortrag sagte er:

Jetzt legt die Familie die letzte Hand an die Formung des Charakters. Will man die Brauchbarkeit unserer Ideen überprüfen, dann muss man hinweisen können auf die MTA-Kinder, nicht auf die anderen. ...

Wir müssen uns bemühen, dass unsere Ideen Leben werden, dass unser Ideal eine Inkarnation erfährt. Bin ich wirklich so ausgestattet mit dieser reifen, kindlichen und unberührten Mütterlichkeit? Was uns noch mangelt, die letzte Hand müsste noch angelegt werden im Terziat.
Als klar geschautes Ziel unserer Terziatserziehung und unseres Terziatsstrebens zeigte uns Herr Pater erstens, das vollendete MTA-Kind, zweitens, das Bemühen, als Terziatsgemeinschaft das Idealbild des Schönstätter marianischen Idealstaates möglichst vollkommen darzustellen.

Das vollendete MTA-Kind ist als Abbild der Gottesmutter das Ideal echter Mütterlichkeit. ...

Wir hatten damals noch kein äußeres Zeichen für die ewigen Schwestern. Wir ließen uns als Zeichen für unser Ewig-Versprechen von Herrn Pater ein Sterbekreuz überreichen.

Für mich persönlich war das Terziat eine schwere Zeit. Ich musste neben dem Terziat noch meine Berufsarbeit als Gauführerin der Schwestern und der Bundesschwestern von Paderborn und als Generalratsschwester weiterführen. Wenn ich auch nur das Notwendigste tat, ich musste die Monatsberichte entgegennehmen, selber einen zusammenfassenden

Bericht an die Generaloberin machen und die nötigsten amtlichen Anfragen von den Filialen beantworten. ...

Eine andere Schwierigkeit in unserem Terziat war die Tatsache, dass Emilie sich in der Leitung des Kurses stark abhängig machte von Annette und Mirjam, mit denen sie gut zusammen arbeitete. Viele von uns haben darunter gelitten und fühlten sich durch dieses Trio bevormundet. Wir haben das Emilie auch in einer offenen Aussprache gesagt, und Emilie gab sich dann sehr viel Mühe, allen alles zu werden. Aber es war auch ein Meisterstück, einen solchen Kurs von vielen gleichaltrigen Schwestern, von denen die meisten doch ausgeprägte Persönlichkeiten, Originale waren und viele zum Leitungskreis der Familie gehörten, zusammen zu halten.

Emilie hält ebenfalls Rückblick auf ihr Terziat und fasst ihre Ergebnisse zusammen. Die Kommentare von Pater J. Kentenich schimmern immer wieder durch.

1935 Tagebuch

Im *Gebetsleben* sowie in *Bereicherung meines Wissens* habe ich leider *keine Fortschritte* gemacht. Von der Sorge und Arbeit für den Kurs und das Haus wurden alle meine Kräfte von morgens bis abends absorbiert. Ich habe die andern oft beneidet, die so ganz ihren Gebetsübungen und Terziatsarbeiten obliegen durften. Wenn ich's jetzt noch einmal zu tun hätte, würde ich es etwas anders machen; ich würde gerade durch mein Gebet und Opfer dem Kurs

Rückblick

II. auf das Soziale

1.) Im Gebetsleben sowie in Bereicherung meines Wissens habe ich leider keine Fortschritte gemacht. Nur die Sorge und Arbeit für den Kurs und das Haus wurden alle meine Kräfte von morgens bis abends absorbiert. Ich habe die anderen oft beneidet, die so ganz ihren Gebetsübungen und Sozialarbeiten obliegen durften. Wenn ich's jetzt noch einmal zu tun hätte, würde ich es etwas anders machen; ich würde gerade durch mein Gebet u. Opfer dem Kurs zu dienen, ihn erziehlich zu beeinflussen suchen. – Daß die Selbsterkenntnis immer kommen muß, wenn es zu spät ist!

zu dienen, ihn erziehlich zu beeinflussen suchen. - Dass die Erkenntnis immer kommen muss, wenn es zu spät ist!

In der Formung meines Charakters glaube ich doch etwas profitiert zu haben. Weil ich nicht nur Terziatsmeisterin und Oberin, sondern auch Kursschwester war, hat man mir meine Fehler ziemlich unverhohlen gesagt und sehr viel herumkritisiert an dem, was ich sagte oder tat, oder wie ich mich gab. Ich fühlte mich ständig unter der Kritik all der großen und ausgeprägten Persönlichkeiten im Kurs. Ich sehe aber ein, dass die Kritik begründet war, dass ich bei weitem keine ideale Oberin und Mutter war, dass ich zu schwarz sehe, zu herb und zu streng war, zu hohe Maßstäbe anlegte, weil ich die MTA-Kinder am Schluss des Terziates als vollendete Marienschwestern ganz vorbildlich sehen wollte. Ich bin öfters ganz erregt, fast zornig gewesen bei der Zurechtweisung. - Aus all den Erfahrungen möchte ich mir folgende Punkte besonders merken:

1. Wir sind alle keine Engel, sondern schwache, kranke, sehr erlösungsbedürftige Menschen. Ich will nicht *unter* den Fehlern meiner Mitschwestern und der mir Anvertrauten leiden, sondern *mitleiden* und zu helfen suchen (dem auf dem Kreuzweg gefallenen Heiland aufhelfen mit zarter, ehrfürchtiger Liebe). Die Ärmsten am wärmsten.

2. Ich will in mir immer das Bewusstsein lebendig zu erhalten suchen, *dass Gott uns viele unserer Fehler und Begrenztheiten lassen muss* bis zum Ende,

damit wir als kleine, hilflose Kinder an ihn gebunden bleiben.

3. Aus dieser Überzeugung heraus will ich immer *milde* sein *in der Zurechtweisung*, will ganz schweigen, wenn ich merke, dass ich erregt werde. Nie etwas zwingen wollen; das ist auch nicht die Methode Gottes.

4. Das Große und Gute in den Schwestern sehen, das Gotteskind. Die AVE ist größer als die Eva.

5. Ich will überhaupt alles nicht mehr so tragisch nehmen, dann bin ich auch mütterlicher.

6. *Alle Erlösung durch Christus und die Mutter, nicht durch meine Tätigkeit.* Also viel vertrauen, viel beten und in Christus und Maria leben, das sind die wirksamsten Erziehungsfaktoren.

Klein in mir - groß in Gott. - Die Erlösung will uns hier auf Erden noch nicht ganz befreien von den Wirkungen der Erbsünde (sonst würden wir Nietzsche-Menschen). - Das Selbstertragen ist für uns MTA-Kinder wichtiger als das ständige Ringen nach mehr Selbsterkenntnis. - Gott will uns am Faden seiner unendlichen Vaterliebe über dem Abgrunde des Nichts halten.

In der Beurteilung von Pater Kentenich bekommen diese Notizen von Emilie ihre Würdigung. Er stellt die Terziatsgegebenheiten in den großen Zusammenhang ihrer inneren Entwicklung.

Studie 1955
J. Kentenich

Wir pflegen von der Kunst zu sprechen, aus unseren Fehlern im Interesse heroischer Kindlichkeit Nutzen zu ziehen. Ein echtes Ita-Pater-Kind bringt es mit der Zeit in dieser Kunst zu vollendeter Meisterschaft.

Schwester Emilie kann uns dabei Lehrmeisterin sein. Am Schlusse ihres Terziates gibt sie sich über den Ertrag Rechenschaft. Sie machte selbst das Terziat mit; sie war gleichzeitig Terziatsmeisterin, Kursmutter und Oberin. Dieser Ämterhäufung - durch die Anfangsschwierigkeiten der jungen Gemeinschaft bedingt - war sie nicht gewachsen. ...

Der kurze Rückblick zeugt offenbar bereits von einer großen Ausgeglichenheit und Reife. Die Schreiberin zeichnet sich selber - ohne es recht zu wollen und zu wissen - als Schwimm-Meister in der Kunst echter Kindlichkeit. Wer jedoch das Menschenherz - wer zumal Schwester Emilies seelische Verkrampfung und Zwangsnot kennt, ahnt, dass sie es nicht von heute auf morgen zu dieser Meisterschaft gebracht hat. (S. 463)

Leiterin der Satzungs-Kommission

Nach dem zweiten Terziat 1935 hatten einige Schwestern aus dem MTA-Kurs die Aufgabe, die mit Herrn Pater während des Terziates erarbeiteten Satzungen fertig zu stellen.

Jetzt sollte die Abfassung des vorläufigen Entwurfes der Satzungen ihre Vollendung finden. In den Besprechungen über die Satzungen arbeiteten wir alle mit. Es wurde aber noch eine Kommission gebildet, welche die Aufgabe hatte, das Erarbeitete in eine kurze treffende Form zu bringen. Die Leitung der Kommission hatte Emilie. Sie hatte ein klares Denken und die Gabe, dem Gedankeninhalt die prägnante Form zu geben. Die innere Verbundenheit mit dem Vater und Gründer und das starke Vertrauensverhältnis zu ihm halfen ihr, ganz aus dem Geist des Gründers und in der Sprache des Gründers die einzelnen Satzungsparagrafen zu formulieren. Bericht

P. Kentenich überprüfte die Formulierung aller Paragrafen noch einmal, ehe sie druckfertig wurden. Die Fertigstellung des ersten Entwurfes unserer Satzungen war eine überaus bedeutsame Frucht unseres Terziates. Das erste Satzungsbüchlein war das Geschenk, das Herr Pater gelegentlich seines 25-jährigen Priesterjubiläums der Familie machte.

Es war für uns MTA-Kinder eine große Freude und eine Ehre, dass wir so wirksam bei der Fertigstellung der ersten Satzungen mitarbeiten durften. Gut war es aber auch, dass wir eine Emilie im Kurs hatten, die mit großer Gewissenhaftigkeit und Treue sich für die Erarbeitung der Satzungen so ganz aus dem Geist des Gründers heraus verantwortlich fühlte. ...

Wir waren mit Emilie fünf und arbeiteten meistens nachmittags einige Stunden miteinander. Dann sandten wir unsere Blätter an Herrn Pater ins Exerzitienhaus, wo er damals wohnte. So hatte er es gewünscht. Meist kam er erst spät abends oder nachts dazu, unsere Arbeit zu lesen. Immer, wenn die Blätter zurückkamen, waren wir gespannt, ob Herr Pater damit zufrieden war oder Verbesserungen eingefügt hatte. Manchmal wirkten die Blätter wie ein vom Lehrer korrigierter Schulaufsatz. ...

Leben entzündet sich am Leben. Emilies Engagement bei der Entstehung der ersten Satzungen überträgt sich auf die Novizinnen.

Erinnerung

Emilie kam immer wieder mit den neu erarbeiteten Texten unserer ersten Satzungsbücher in unsere Unterrichtsstunde, um uns in die Inhalte einzuführen. Dabei durften wir auch unsere eigenen Vorstellungen anbringen. So erreichten wir, dass in zwei oder drei Formulierungen unserem Hochgemutheits-Ideal entsprechend das „müssen und sollen" eine andere Formulierung bekam.

Die Wichtigkeit und Werthaftigkeit unserer ersten Satzungen wollten wir besonders betonen und baten Emilie, dass die Überreichung für unseren Kurs an dem dafür bestimmten Datum die Mitternachtsstunde sein möge.
So versammelten wir uns um Mitternacht mit Emilie im Heiligtum. Die Satzungsbücher lagen auf der Kommunionbank. Emilie überreichte jeder einzelnen Kursschwester an der Kommunionbank ein Satzungsbuch und sagte jedes Mal dabei:

„Werde eine lebendige Verkörperung unserer heiligen Satzungen!" ...
Am Schluss unseres Terziates baten wir Emilie, dass sie zur Kurs-Fotografie die beiden großen Hefte des Satzungsentwurfes in die Hand nehmen möge, was sie auch gerne tat. (I. W.)

1935 – 1946 Hochschule der Heiligkeit

Hauptberuf: Kranksein

Neun Jahre hat Emilie am Aufbau der Schwesternfamilie aktiv mitwirken dürfen. Eine offene Lungentuberkulose durchkreuzt alle Pläne. Sie schwankt zwischen hochfliegenden Hoffnungen und tiefem Elend; das ist charakteristisch für dieses Krankheitsbild.

In den folgenden zehn Jahren wird Kranksein ihr Hauptberuf. Die Qualifikation für diesen Beruf muss sie sich in der Hochschule des Leidens mühsam erwerben. Professoren an dieser Universität sind Gott, die Gottesmutter, der Gründer Pater J. Kentenich und viele andere. Sie schafft das doppelte Examen: das Freiwerden von Zwang und das Hineinwachsen in das Ideal der Gotteskindschaft. Pater J. Kentenich vertraut ihr die Sorge für die Kranken in der Schwesterngemeinschaft an.

Stationen ihres Leidensweges

1918	Pflege einer Tbc-Kranken
1933	Dezember, Rippenfellentzündung
4.10.1935	bis 8.10.1935 zur Untersuchung in Bonn
14.10.1935	bis 25.1.1936 Lungenheilstätte in Rosbach/Sieg
1936	zeitweilig in Schönstatt und zur Erholung in Dietershausen, Wallmerod und Freudenburg

12.10.1936	Krankenhaus in Bonn, erste Lungenoperation
29.12.1936	bis 28.6.1937 Lungenheilstätte Rosbach/Sieg
8.7.1937	bis 5.9.1938 Franziskus-Heilstätte in Windberg/Mönchengladbach
21.7.1937	zweite schwere Lungenoperation in Windberg, „eine vordere obere Plastik von 1. - 3. Rippe“
29.11.1937	dritte Lungenoperation in Windberg, eine „hintere Korrekturplastik von 4. - 12. Rippe“, d.h. es wurden insgesamt 135 cm Knochen entfernt
5.9.1938	bis 15.9.1938 Aufenthalt in Schönstatt nach der Entlassung aus Windberg
15.9.1938	bis August 1939 Liegekur in Friedrichroda
August 1939	Rückkehr nach Schönstatt in das Mutterhaus.

Emilies Krankheit aus ärztlicher Sicht

Als junge Lehrerin übernahm Emilie die Pflege einer Mutter; die Mutter starb an Lungentuberkulose. Das jüngste Kind wurde nach dem Tod der Mutter im Hause Engel betreut und ebenfalls bis zum Ende dieser tödlichen Krankheit versorgt. In dieser Zeit hat Emilie wohl schon ein Infiltrat im Oberfeld der linken Lungenseite bekommen. Eine Pleuritis zeichnete den Weg des Leidens endgültig vor, wenngleich die Zusammenhänge zwischen Rippenfellentzündung und Lungenerkrankung noch nicht klar erkannt wurden.

Bei der Tuberkulose spielen Konstitution, vegetatives Nervensystem, Verstand, Gemüt und Wille eine wesentliche Rolle. Die Krankheit selbst erfordert Geduld, Hoffnung auf Heilung bzw. Besserung, Überwindung von Mutlosigkeit und Suchen nach dem Sinngehalt. Durch lange und wiederholte Liegekuren, durch operative Eingriffe mit ihren Folgeerscheinungen ist der Kranke immer wieder gezwungen, sich mit seinem Leiden und Leid auseinander zu setzen und es in dieser Form zu bejahen. Dies betrifft vor allem die wesentlichen körperlichen Entstellungen durch Thoraxdeformität und die damit verbundenen Beschwerden mannigfacher Art.

Ein Kurzaufenthalt in der Universitätsklinik Bonn im Oktober 1935 leitete die erste große Heilstättenbehandlung in der Lungenheilanstalt Rosbach/Sieg mit Liegekuren unter freiem Himmel ein. Emilie war in dieser Zeit innerlich so gereift, dass sie Schmerzen und Freiluftkuren vorsehungsgläubig und liebend ertrug, wenngleich die äußeren Verhältnisse widrig wirkten. Sie berichtete von diesen Sanatoriumsaufenthalten und schilderte die äußere Atmosphäre: Liegen im Freien Tag für Tag, Woche für Woche bei jeder Wetterlage, Eintönigkeit, nicht ansprechendes Milieu, Abgesondertheit, äußere Ungeborgenheit, weithin Verzicht auf äußere geistig-religiöse Gespräche. In heutiger Zeit ist diese Not der Isolierung kaum mehr verständlich und mit Herz und Sinn fast nicht mehr nachvollziehbar.

Die revolutionäre Epoche in der Behandlung und Heilung der Lungentuberkulose setzte durch die Entdeckung der Pilzart Streptomyces, durch Gewinnung der Sulfonamide und mit der Entdeckung der Para-Aminosalicylsäure (PAS) 1946 ein.[1]

Die erste Heilstätte für Emilie ist die Stadtkölnische Auguste-Viktoria-Stiftung in Rosbach/Sieg, die aus ärztlicher Sicht so aussieht:

Heilstätte Rosbach

Die Schönheiten der Lage unserer Heilstätte. Sie liegt 280 m über dem Meere und rund 150 m über dem Talgrund. Sie hat große, luftige Krankensäle, alle nach Süden zu gelegen, daneben kleinere Krankenzimmer, verteilt auf 5 Stockwerke, außerdem Tagesräume, Zimmer für das Personal, Behandlungszimmer, Laboratorium, Wartezimmer und zahlreiche Nebenräume. ... Südwärts gelegen, mit dem Hauptgebäude verbunden, befindet sich die große, feste, zweigeschossige Liegehalle, die dem ansteigenden Gelände entsprechend in vier Höhenstufen ansteigt und nach Süden offen ist. Von hier aus schweift der Blick über schöne Parkanlagen und Baumgruppen,

---

1 Dr. med. Lydia Kuhn, Ulrike Gerhard: Schwester Emilie Engel, Das Krankheitsbild der Lungentuberkulose und die Auswirkung auf ihr Leben, 1998, S. 10 ff.

durchzogen von gepflegten Wegen mit zahlreichen Ruheplätzen.

Die Therapie in den deutschen Heilstätten, auch in unserer, war bis über den ersten Weltkrieg hinaus eine rein konservative: Die klassische Freiluftliegekur, hygienisch diätetische Maßnahmen und symptomatische Behandlung beherrschten das Feld. Die Freiluftliegekur ist auch heute noch die Grundlage der Behandlung in der Heilstätte.

Liegehallen und Liegebalkone gehören zum äußeren Bild derselben wie vor 50 und mehr Jahren, und die Kurordnung der Heilstätte unterscheidet sich nicht allzu wesentlich von der zu Beginn der Heilstättenbewegung. Die Herausnahme des Kranken aus seinem Berufe, aus seiner Familie, der bis ins Kleinste geregelte Tagesablauf, den der Kranke in der Heilstätte mitmacht, die körperliche und vor allem auch die seelische Ruhe sind wichtige Faktoren zur Stabilisierung des Krankheitsprozesses und zur Ausheilung der tuberkulösen Krankheitsherde.

Die harmonische Steuerung der komplexen leibseelischen Vorgänge wirkt außerordentlich günstig, und nach den ersten Wochen der Einordnung und Eingewöhnung in diesen neuartigen Lebensablauf merkt der Kranke am eigenen Körper, wie wohltätig die Kur wirkt: Der Appetit wird besser, das Körpergewicht nimmt zu, die körperlichen Kräfte, das Leistungsgefühl wachsen, die Symptome der Krankheit wie Husten, Auswurf und andere unangenehme Sensationen schwinden. ...

Bei kaum einer anderen Krankheit ist die psychische harmonische Ausgeglichenheit von so großer Bedeutung wie bei der Tuberkulose.[1]

Eine Hausordnung, die in allen Heilstätten fast gleich ist, regelt den Tagesablauf für 150 Patienten nach der Uhr und in allen Einzelheiten:

Tageseinteilung im Sommer:

Heilstätte Rosbach

6.30 Uhr Aufstehen, 7.00 Uhr Frühstück, spätestens 9.15 Uhr Liegekur, 10.15 Uhr zweites Frühstück, spätestens 12.00 Uhr Liegekur, 13.15 Uhr Mittagessen, 14.00 - 16.00 Uhr Liegekur, 19.00 Uhr Abendessen, spätestens 20.00 Uhr Liegekur, 21.00 Uhr Zubettgehen. Spätestens 21.30 Uhr abends müssen sämtliche Lichter auf den Schlafzimmern gelöscht sein. Nach 21.30 Uhr abends sowie während der Liegekur nachmittags von 2 - 4 Uhr und während der Visite muss völlige Ruhe herrschen.

Für die Zwischenzeiten werden jedem Einzelnen besondere Vorschriften über Spazierengehen, Wasserbehandlung etc. gegeben.

Die Kranken sollen sich möglichst den ganzen Tag im Freien, in frischer Luft, aufhalten. Die Stockwer-

---

[1] Obermedizinalrat Dr. Kieffer, 50 Jahre Heilstätte der Stadt Köln in Rosbach/Sieg, Festschrift o. J., S. 11 ff.

ke und Schlafzimmer dürfen tagsüber nicht betreten werden.[1]

Die Sensibilität des Dichters bringt die menschliche Dimension in einer privaten Heilstätte in Worte.

Max Frisch
Stiller

Sommer in Davos ... Es ging Julika wie scheinbar den meisten Neulingen dort oben: nach dem allgemeinen Entsetzen, nach zwei oder drei Nächten, wo sie sofort auszubrechen beschlossen hatte, und nach dem grauslichen Gefühl, als wäre es jedes Mal eine Vorbereitung zum Sterben, wenn man sie in ihre Wolldecken wickelte und auf die immergleiche Veranda rollte, gewöhnte sich Julika unversehens an diesen anderen Alltag, ja sie genoss es sogar, einmal nichts mehr tun zu müssen, überhaupt nichts. Ruhe war das einzige, was von ihr verlangt wurde. ... Ein Nachbar, der sich täglich eine Viertelstunde auf das Fußende ihres Bettes setzte, ein Geretteter, der spazieren gehen durfte und Wiesenblumen brachte, übrigens ein ziemlich junger Mensch, jünger als Julika, aber Sanatoriums-Veteran, der sich der Neulinge auf die netteste Weise etwas annahm, scheint Julika viel erleichtert zu haben. ...

„- tagsüber spielt man Schach und liest, in der Nacht wird geweint; Sie sind nicht die Einzige im

---

[1] Dr. Th. Weischer, Zur ärztlichen Behandlung in der Heilstätte, in: Die Auguste-Viktoria-Stiftung bei Rosbach a. d. Sieg, Erste Lungenheilstätte des Cölner Heilstätten-Vereins, eröffnet am 13. September 1902, S. 25 f.

Haus, Julika, das müssen Sie nie glauben. Es geht hier allen so. Am Anfang, so die ersten Wochen und Monate, ist man baff, wie hübsch es hier ist, ... und dann kommt das Grauen halt doch. Man heult in seine Kissen und weiß nicht recht, warum, es schadet ja nur, man weiß bloß, dass unser fiebriger Körper wie Zunder verfallen wird. Und dann, früher oder später, denken hier alle an Ausbruch. Vor allem in der Nacht, wenn man allein ist; da wuchern die verrücktesten Pläne, jeder wird sein eigener Napoleon, sein eigener Hitler, keiner kommt nach Russland, und unsereiner kommt nicht einmal bis ins Tiefland hinunter, Julika, vier Stunden mit dem Bähnchen, umsteigen in Landquart, eine Bagatelle. Einige versuchen es auch jedes Jahr, packen insgeheim ihre Zahnbürste ein, sagen der Schwester, sie müssten auf die Toilette, und fahren mit dem Bähnchen ins Tal, kommen so oder so weit, je nach Glück, je nach Wetter, haben ihren Zusammenbruch, dass sie zu ersticken glauben, und kehren wortlos mit dem Krankenwagen wieder hierher.

So what?" lächelte er. „Wir haben nicht einmal Mitleid mit ihnen, wissen Sie, es ist zu dumm. Erprobtermaßen. Unsere Kameradschaft beschränkt sich darauf, zu tun, als hätten wir nichts davon gemerkt. Schwören Sie es mir, Julika, dass Sie diesen Unsinn nie machen werden?"[1]

---

[1] Max Frisch, Stiller, Suhrkamp Taschenbuch 105, Frankfurt[13] 1980, S. 113 ff.

Gottgefälliges Kranksein

Herausgerissen aus ihrer Aufgabe und ihrem Lebenskreis drückt Emilie die Verantwortungsnot. Aus Schönstatt erhält sie Antwort. Pater J. Kentenich schreibt, wie „gottgefälliges Kranksein" für sie aussieht?

o. Datum
Briefwechsel
J. Kentenich

Machen Sie sich keine Sorgen. Es ist alles gut. Um das Noviziat sollten Sie sich keine Sorgen machen - sondern nur um Ihr *gottgefälliges* Kranksein.

o. Datum
Briefwechsel
J. Kentenich

Wenn der Himmelsvater Sie so stark als Augapfel behandelt, dann ... Lernen Sie also wieder ganz neu unsere wahre und tiefe Kindlichkeit. Bleiben Sie einfältig, offen und folgsam. Im Zweifelsfall dürfen Sie immer annehmen, dass das, was größerer Schlichtheit entspricht, Gott am meisten Freude macht. Fühlen Sie sich angeregt, alle Regungen des Herzens zu schreiben, so tun Sie es. Dann bleibt Ihre Seele vor Gott schmiegsam und biegsam und gleichzeitig kraftvoll und groß.

Ich würde an Ihrer Stelle auch nicht um Gesundheit beten, sondern danken für das, was Vater und Mutter mit Ihnen vorhaben und stets ein fröhliches Fiat sagen und leben. ...
Ein Kind ist ein lebendiges, frohes Deo gratias. Darum dankbar sein für jede Wohltat.

Was der liebe Gott mit Ihrer Krankheit will? Sie gereicht sicher Ihnen und der Familie zum Besten: Wenn *Sie* jetzt nur die Leidgebundenheit im Sinn der Werktagsheiligkeit üben. *Sie* werden abgeklärter, übernatürlicher, gütiger und ziehen Gottes Liebe und Sorge auf uns herab. Die *Familie* muss lernen, den verderblichen Krämergeist zu überwinden, die subjektivistische, um sich selbst kreisende und sich an sich selbst normierende Haltung zu mildern und in weitsichtiger Weise für die einzelnen Häuser, besonders für die Kranken zu sorgen.

o. Datum
Briefwechsel
J. Kentenich

Leider Gottes brauchen wir solch ernste Denkzettel, sonst würde der liebe Gott sie uns nicht geben. Sobald er seinen Zweck erreicht hat, werden Sie wohl auch wieder arbeiten können. Also: Seien Sie guten Mutes! Und halten Sie fest: Was dem Vater Freude macht, tue und *leide* ich allezeit. Und: Vater reinigt die Rebe, damit sie *mehr Frucht bringt*.

In der Anfangszeit der Schwesternfamilie, die in die Weltwirtschaftskrise fiel, waren die Schwestern nicht versichert. Die Gemeinschaft musste selbst für die Kosten der Heilstätte aufkommen. Deshalb wollte Familie Engel für Emilie mitsorgen. Pater J. Kentenich zieht klare Linien.

Zum Schluss eine Bitte: Vater und Geschwister dürfen wirtschaftlich nicht für Sie sorgen. Machen Sie mir die Freude und helfen Sie mit, dass nach der Richtung mehr Verantwortung und tätige, sorgende Liebe in die Familie kommt. Also niemand anders

19.9.1935
Briefwechsel
J. Kentenich

darf für Sie aufkommen. Die Familie hat die schwer bindende Pflicht, das zu tun.

Novembernebel legt sich bei Lungenkranken auf die Atemwege – und auf die Seele.

4.11.1935 Brief von Emilie

Du hast mir den Stift so spitz gemacht, dass ich bald nicht damit schreiben kann. - Jetzt bist Du gerade in der Wildburg angekommen und erzählst Toni. Kannst Du Dich noch zurechtfinden in deinem Hause? Und wie schmeckt Dir das Essen heute Abend? Und wie bekommt Dir die Luft?

Änne, wenn Du wieder mal ein Buch schreibst und ich bin krank und wir arbeiten es zusammen noch mal durch, dann geht es besser als dieses Mal, auch wenn Novembernebel jeden Sonnenstrahl fern halten. Ich wusste gar nicht, dass Du meine inneren Depressionszustände merktest. Ich glaube, wenn Du es mir gesagt hättest, wäre es eher zu einer Entspannung gekommen, nicht erst heute in der Abschiedsstunde. Die Gottesmutter macht es wie eine gute Mutter. Wenn das Kind weint, trocknet sie ihm die Tränen und sagt ihm etwas Schönes. So schickte sie mir vor sechs Uhr Frau Doktor mit der frohen Nachricht, dass sie in meinem Sputum wieder nichts Böses entdeckt habe. Kannst Du Dir meine Freude vorstellen? Wenn Du ins Kapellchen kommst, sag der MTA ein Vergelt's Gott dafür. Vielleicht kannst Du es Arnolda durchs Telefon sagen, ich hatte ihr davon geschrieben. Auch Anna kannst Du es erzählen. Du gehst ja oft in Gauangelegenheiten zu ihr. Ich nächstens auch. - ...

Und nun vergiss und vergib alles Unedle, was Du bei mir empfunden hast. Nächstens weine ich mich lieber doch mal aus - wenn ich mir nicht anders helfen kann - statt durch unterdrücktes Weinen andern die Stimmung zu verderben.

Die Gemeinschaft hatte in verschiedenen Ländern mit Missionsarbeit begonnen. Emilie stellt sich die Frage, ob Gott sie als Lehrerin in die Mission ruft. Aus Schönstatt erhält sie von Pater J. Kentenich Antwort auf ihre Pläne.

Was ich im letzten Brief schon geschrieben, muss ich jetzt nochmals sagen: „Brasilien" ist jetzt für Sie - solange Sie als Kranke Gottes besondere Liebeserweise erfahren dürfen - vorbei. Wenn der Himmelsvater Sie so stark als Augapfel behandelt, dann ...

1935
Briefwechsel
J. Kentenich

Sie sind ein Held! Nun sorge ich mich um Ihre Gesundheit, weil ich aus Erfahrung weiß, wie einem nach einer solchen Krankheit ist - und Sie ... haben allerlei schwarze und böse Gedanken! Ich weiß schon, wie und woher das kommt. Am besten lassen wir vom Arzt über Ihre nächste Zukunft bestimmen.

1935
Briefwechsel
J. Kentenich

Erholen Sie sich gut und werden Sie ein lebendiges Gnadenkapital. Sobald ich kann, besuche ich Sie.

Auf Anregung von Pater J. Kentenich will Schwester Annette in Rosbach nunmehr einige Tage lang mit Emilie zusammen an ihrem Buch Werktagsheiligkeit arbeiten. Emilie freut sich unbändig darauf. Die Realität der „kalten, ungastlichen" Heilstätte verbirgt sich zwischen den Zeilen.

20.11.1935 Brief von Emilie

Dann kam aber vormittags noch der Herr Rektor zu mir. Er hatte gestern schon ganz ernst überlegt, wo Du wohl unterkommen könntest. Nun meinte er heute, ich solle lieber *hier* nicht fragen, sagte mir auch die Gründe, die ich Dir aber lieber mündlich erzähle. Aus all den Umständen, wie sie heute Morgen zusammentrafen, habe ich den Schluss gezogen: Hier im Hause sollst Du nicht wohnen.

Wie denkst Du nun zu der anderen Möglichkeit, von der ich schrieb? Es ist ein einstöckiges Häuschen, zwölf Minuten von hier - mein täglicher Spaziergang. Die Familie ist evangelisch, besteht aus Vater, Mutter, Kind, Großmutter, vielleicht auch Großvater. Die Leute nehmen öfter Besuch auf hier von der Heilstätte, auch Angehörige von Schwestern. Die Großmutter, eine noch rüstige Frau, zeigte mir zwei Zimmer, in denen Du Dich aufhalten könntest, ein Wohnzimmer, (Sofa, Ofen) und anschließend das Schlafzimmer (das also auch Wärme mitbekommt, wenn Du die Tür aufmachst) Preis drei Mark pro Tag. Ich fragte, ob die Verpflegung auch gut sei. Da sagte die Frau, es hätte sich noch nie jemand darüber beklagt.

Jetzt weiß ich gar nicht, was ich Dir raten soll. Du bist aus der Stadt und hast *immer* in städtischen Verhältnissen gelebt. Deshalb weiß ich nicht, ob Du Dich in so einfachen ländlichen Verhältnissen wohl fühlen kannst. Oder kannst Du schon alles durchsichtig machen? Zum Buch schreiben brauchst Du sicher eine andere Atmosphäre. Wenn wenigstens Toni noch dabei wäre! Ein Zimmer wäre schon noch da.

Eine Schwierigkeit fällt mir noch ein. Du könntest nur hier im Hause der heiligen Messe beiwohnen, wochentags 6.30 Uhr, am Sonntag um 8.00 Uhr. Du müsstest also kurz nach 6.00 Uhr schon aus dem Hause gehen. Der Weg ist schön, geht aber durch den Wald. Nun könnte allerdings unser kleiner Ministrant, der auch denselben Weg jeden Morgen macht, Dich mitbringen.

Änne, ich fürchte doch ein wenig, dass der ungünstigen Momente zu viele sind, um ein Buch schreiben zu können. Willst Du es mal probieren? Dann kommst Du am besten an einem Samstag, sorgst, dass Du schon gegen Mittag hier bist. Dann könnten wir den ganzen Nachmittag und den ganzen Sonntag beieinander sein und über das Buch sprechen. Mit dem Essen und Schlafen könntest Du es dann ja wenigstens einen Tag und eine Nacht mal bei den Leuten versuchen. Am Sonntag hättest Du auch keine Schwierigkeit wegen der heiligen Messe (8.00 Uhr). Abends 18.30 Uhr könntest Du von Rosbach noch nach Vallendar zurückfahren, wenn's Dir leid hier wäre.

Gut wäre es, wenn Du mir eventuell bis dahin schon einen Teil der „Werktagsheiligkeit" schicktest, damit ich Dir dann meine Kritik sagen könnte.

Änne, was wäre das fein gewesen, wenn wir eine ganze Woche hier hätten beieinander sein können. Herrn Pater kommen doch immer allerlei schöne Einfälle - trotz seiner vielen Sorgen und Arbeiten. Das kannst Du ihm sagen mit einem herzlichen Gruß von mir.

Nun bin ich gespannt, wie die Sache wird. Gutes Wetter musst Du mitbringen. Dann ist es sehr schön hier auf der Höhe. Deine Emilie.

Verzeih die Schrift! Im Liegen geschrieben.

Emilie lebt in innerer Verbindung mit Josef Engling, der als einer der Ersten das Liebesbündnis mit der MTA von Schönstatt vorbildlich gelebt hat und im Ersten Weltkrieg gefallen ist.

9.1.1936 Tagebuch

Josefs Tauftag in Betrachtung und innigem Dank gegen Gott mit Josef gefeiert. Mein Taufgeschenk hat ihm und der Mutter sicher Freude gemacht: Meine letzte Flasche Rotwein - vom Christkind - die mir das Essen erleichtern sollte. Aber die blinde Patientin hat sie nötiger.

Sobald Emilie die erste Liegekur einigermaßen überstanden hat, macht sie Pläne für die Zukunft. Sogar alte Missionswünsche leben wieder auf. Sie will zu ihrer Kursschwester nach Brasilien gehen.

Ich wollte, ich könnte nächstens alle Kranken und Schwachen in der Familie gesund pflegen.

10.1.1936
Brief von
Emilie

Wie geht es Dir gesundheitlich? Nun ist das erste Jahr in Brasilien bald herum. Ich wollte neulich den Herrn Professor aus Bonn bei der ärztlichen Untersuchung fragen, ob ich wohl nächstens nach Brasilien oder Afrika könnte. Als er aber kurzerhand meine Kur noch um zwei Monate verlängerte, habe ich nicht mehr den Mut gehabt zum Fragen. Vielleicht das nächste Mal, wenn ich wieder ganz auf der Höhe bin.

22.3.1936
Brief von
Emilie

Pater J. Kentenich leitet Emilie an, ihre Situation mit allen Begleiterscheinungen erzieherisch für sich und für ihre Führungsaufgaben auszuwerten.

Es war gut, dass Sie hier so vieles am eigenen Leibe erlebt haben, was unsere schlichten Schwestern immer wieder und wieder durchkosten müssen. Es liegt mir überhaupt ungemein viel daran, dass unsere Führerinnen wieder und wieder ihr soziales Empfinden durch soziale Erlebnisse vertiefen.

16.4.1936
Briefwechsel
J. Kentenich

Ich will nicht fragen, wie du führst

Nach dem ersten Heilstättenaufenthalt und verschiedenen Erholungszeiten, auch in Schönstatt, macht Emilie Exerzitien. Sie sammelt neue seelische Kraft. Bald wird sie herausgefordert. Eine Untersuchung im Oktober 1936

ergibt, die Krankheit ist nicht zum Stillstand gekommen. Eine Operation wird umgehend notwendig. Sie wird in Bonn gemacht, eine Kur in Rosbach schließt sich an.
Auch eine weitere Operation ist nicht zu umgehen. Emilie kommt in die Spezialklinik nach Windberg. Dort werden im Juli und November 1937 zwei Lungenplastiken gemacht.
Alles, vor allem der Verlauf der Krankheit, wird für Emilie zur Schule der Heiligkeit. Den Lehrplan entwirft Gott selbst. Von ihm lässt sie sich führen.

Mai 1936
Tagebuch

Welches sind kleine fruchtbare Erkenntnisse bei mir? Das „*Urnest*" - Vater- und Mutterliebe - worin ich als *Kind* jeden Augenblick aufs Beste geborgen bin, dass keine irdische Elternliebe an dieses „Urnest" heranreicht. In schweren Stunden während der Krankheit fand dieses Wissen immer wieder folgende Form:

Ich weiß, dass Du mein Vater bist,
in dessen Arm ich bin geborgen.
Ich will nicht fragen, wie Du führst,
ich will Dir folgen ohne Sorgen.
Und gäbest Du in meine Hand
mein Leben, dass ich selbst es wende,
ich legt mit kindlichem Vertrauen
es still zurück in Deine Hände.

Dabei kam *immer* eine große Ruhe über mich.

Mai 1936
Tagebuch

Wie reinigt der Vater mich? Gehen auch meine Leiden immer nach derselben Richtung?

Heilung von Unkindlichkeit,
Heilung von Ichsucht,

Heilung von der tiefgewurzelten Meinung, ich selbst müsste alle meine Sünden und Dummheiten der Vergangenheit durch das Bußsakrament wieder gutmachen. Jedes Mal, wenn ich den Versuch machte, fiel mir nachträglich dieses und jenes ein, was ich nicht richtig gemacht oder nicht richtig und vollständig genug gesagt hatte. - Ob dieses ständige Leid, diese ständige Angst vor dem Sterben und dem Gericht, dieses Nie-zur-Ruhe-Kommen begründet ist? Oder wartet der liebe Gott auf den Augenblick, wo ich mich als *„Opfer der Barmherzigkeit“* ihm rückhaltlos ausliefere? *Wenn ich das endlich einmal wüsste!!!* - Leid ist Liebeswerben Gottes.

Der Krankheitsverlauf der Tuberkulose mit dem wechselhaften Befinden und aller Unsicherheit begünstigt das Aufbrechen seelischer Komplikationen. Pater J. Kentenich stellt im Rückblick auf diese Lebensphase von Emilie fest:

Studie 1955
J. Kentenich

Bis zum Ende des Lebens brach periodenweise eine Art Verantwortungszwang immer wieder durch. Bald glaubte die Seele durch erhöhte Forderungen an sich selbst - ohne entsprechende Pflege des Vertrauens auf die göttliche Barmherzigkeit - das Himmelreich an sich reißen zu müssen, bald erwartete sie alles Heil von ständig sich wiederholenden und ängstlichst bis ins Einzelnste gehenden Beichten. Der günstigste Nährboden für derartiges zeitweiliges Aufbrechen alter Seelenwunden war jahrelanges Gefesseltsein an das Krankenbett. (S. 391)

Als ihr Gesundheitszustand Anlass zu neuer Besorgnis gibt und sich herausstellt, dass eine Operation erforderlich ist, erlebt Emilie leidvolle Tage in Schönstatt. Aber ihr Vertrauen ist groß, sie glaubt an das Wunder.

Okt. 1936 Tagebuch

Am Rosenkranzfeste hörte ich aus dem Munde zweier Ärzte in Bonn: „Was am meisten ...", nämlich Verschlimmerung der Lunge. Operativer Eingriff (Plastik), möglichst bald, Kehlkopf nicht geheuer. Sputum wieder positiv.

Okt. 1936 Tagebuch

Es wäre doch gewiss ein großer Ruhm für unsere Schönstattmutter, wenn ich am 18.10. - vor oder nach der Operation - mich den Ärzten als völlig gesund vorstellen könnte. Aber vielleicht ist das stille, verborgene Weiterleiden aus Liebe - als altera Maria - ein noch größerer Ruhm für die Mutter. Wie die Mutter will, so halte ich still.

11.10.1936 Tagebuch

Fest der Mutterschaft Mariä. Heute vor zehn Jahren legte ich meine Tracht, mein Marienkleid an. - Hatte heute keine heilige Messe (Sonntag), keine heilige Kommunion, schon mehrere Tage nicht. In dieser Hinsicht ist man in Schönstatt ärmer dran als draußen in Klinik und Krankenhaus. Aber ich verstehe die Gründe. Hoffentlich gibt es hier mal ein Krankenhaus oder doch eine größere Krankenstation, dass man auch in Schönstatt alles haben kann, was man braucht in kranken Tagen.

Trotz des Verzichtenmüssens war Festtag bei mir. Der letzte Tag in Schönstatt auf längere Zeit, denn morgen geht's nach Bonn. In der Frühe gebeichtet und mich erneuert in meinem Ideal und allen meinen Vorsätzen. Dann beim Schein des Ämpelchens vor dem MTA-Bilde den Kontrakt auf ewig erneuert, wie es die anderen in ihren Hauskapellen taten. Im Geiste wohnte ich auch dem Amt im Kapellchen bei. Am Nachmittag bei Kerzenschein Weiheerneuerung - wieder für mich allein. Ich fühlte mich der Mutter wieder ein Stück näher als ihr Kind.

Vor der ersten Operation bereitet sich Emilie vor und erneuert ihre Weihe.

Vorsätze und Anregungen von heute Morgen: 11.10.1936 Tagebuch

1. Krank sein wie eine heilige Marienschwester.
2. Leiden, damit (Herr Pater) und die Familie nicht zu leiden brauchen; auch zur Sühne für die Familie.
3. Täglich beten: Mutter, mach mich zu deinem „dummen Kinde".
4. Tagebuch führen, damit die Verbindung mit Herrn Pater lebendig bleibt.
5. Natürlich und vernünftig sein in gewissen Dingen ... die Beichten der Vergangenheit als erledigt betrachten, über Skrupeln mich hinwegsetzen. „Sie können nicht schwer sündigen."
6. An das Betrachtungsbuch denken.

14.10.1936 Tagebuch

Abend vor der Operation. Ich fühlte in diesen Tagen überall her, dass ich ziemlich viel werde aushalten müssen. Und mir selbst gruselt es, wenn ich daran denke, dass man ohne Narkose an mir und in mir herumschneidet, während ich festgeschnallt da liege. Doch ich will mich bemühen, mich dabei mit dem leidenden Heiland zu vereinigen, will an die heiligen Martyrer denken und an meine große Aufgabe. Vorhin sollte ich noch schnell ein „Vorsehungskind" werden. Ein *fremder* Arzt kam herein und sagte, er solle morgen die Operation vornehmen. Herr Professor von Redwitz sei erkrankt. Ich war geschlagen, habe mir dann aber gesagt: Ich tue nichts dagegen. Wenn ich keine menschliche Stütze mehr habe, auf jede verzichte, dann bin ich ganz Kind der Vorsehung. Ich dachte einmal, Herrn Professor Martini anzurufen, weil er mich schon so lange kennt und mich an Herrn Professor von Redwitz verwiesen hat, habe aber auch davon Abstand genommen. Auch Josefine habe ich nicht telefoniert. Der Himmelsvater operiert sein Kind und die Mutter ist dabei und mein heiliger Schutzengel. Josef Engling, wenn du mich bis zum 18.10. gesund machst, dann verspreche ich dir, mich einzusetzen für die Verehrung unserer lieben Dreimal Wunderbaren Mutter von Schönstatt, [und] so weit es mir erlaubt wird, wenn möglich, dies als meine ausschließliche Aufgabe anzusehen.

Auch will ich meine Leiden aufopfern im Sinne meiner privaten Weihe vom 29. Juni 1927: Bereitschaft zu allen erdenklichen Leiden, damit wir eine Familie von Heiligen werden.

Einige Tage nach ihrer Operation bekommt Emilie einen Brief von Pater J. Kentenich. Er enthält ein Intensiv-Programm zur Ausübung ihres Hauptberufes.

20.10.1936 Briefwechsel J. Kentenich

Für Ihren lieben Brief herzlichen Dank! Nun hat der liebe Gott Sie wirklich ganz klein gemacht. Oder ob Sie noch kleiner werden können? Ich freue mich aufrichtig, dass Sie die beiden Worte so gut verstanden: „Der Vater reinigt die Rebe, damit sie Frucht bringt", und das andere Wort, das das Kind gesprochen, das vom Vater-Arzt operiert worden ist: „Vater, was hast du mich doch lieb!" Ich meine, diese beiden Worte müssten auch die Angelpunkte Ihres ganzen Lebens sein.

Offenbar müssen sie recht viele Schmerzen haben. Gottes Vaterabsichten sind halt unerforschlich. Und er weiß sicher, was er mit seinem Kinde vorhat.

Gefasst müssen Sie sich nun machen auf eine längere Zeit vollständiger Ruhe und Erholung. Was schadet es! Wenn wir dadurch nur dem Himmelsvater die meiste Freude machen. Und ich bin überzeugt, dass Ihr Leidensleben in doppelter Hinsicht für die Familie von großem Segen ist: erst als wertvoller Beitrag zum Gnadenkapital, und sodann, weil Sie durch das Fernsein von der Familie und durch die besinnliche Ruhe, in der Sie aufwachsen können, tiefer Zusammenhänge sehen und erleben und deswegen durch

Rat und Tat der Familie mehr dienen können. Ich will dafür sorgen, dass alle wichtigen Fragen jeweils Ihnen vorgelegt werden. Sie haben ja ein Recht darauf als Ratsschwester. Nur müssen Sie dann später, wenn Sie etwas lebendiger und arbeitsfähiger geworden, auch jeweils darauf antworten.

Nachdem der liebe Gott Ihnen nun als Beruf das Kranksein gegeben, müssen Sie nun auch sehen, dass Sie wirklich eine kleine Schönstatt-Heilige, und zwar eine Schönstatt-Kranke werden. Das Wort schönstattkrank werden Sie wahrscheinlich sofort doppelt deuten: krank vor Heimweh nach Schönstatt und krank im Sinne von Schönstatt. Die Familie braucht ungemein viel Gebet und Opfer. Und mir scheint, es wird in den letzten Jahren doch nicht so viel und so tief nach der Richtung gearbeitet, wie es eigentlich sein sollte. Hier setzt Ihre Aufgabe ein. Sie dürfen und müssen ersetzen, was der Familie mangelt, um so das gesunde Gleichgewicht schaffen zu helfen zwischen Arbeit, Gebet und Opfer. Es scheint ja fast, als wenn im Reiche Gottes das Gesetz der Proportionalität zwischen Gebet, Opfer und Arbeit bestände. Die menschliche Gesellschaft, aber auch religiöse Gemeinschaften, die das Arbeiten überbetonen und nicht Gegengewichte schaffen durch entsprechenden Grad von Gebet und Opfer müssen unbrauchbar werden und reif zum Untergang. Vergelt's Gott deswegen für Ihren guten Willen und für das ernste Streben, Ihren neuen Beruf zu lieben, ihn als selbstverständlich zu nehmen und Held im Alltagsleid zu werden.

Das Krankenbett gibt Ihnen gewiss auch Zeit und Freude am Ausarbeiten unseres Betrachtungsbüchleins und an der Zensorenarbeit.

Mit herzlichem Gruß und priesterlichem Segen!

Nach der Operation macht Emilie eine weitere Liegekur in Rosbach. Es ist Februar, Kölner Fastnachts-Zeit, Emilie trägt Briefschulden ab. Ihr schwacher Gesundheitszustand und die Ungewissheit machen ihr das Heilstättenleben schwer, manchmal fühlt sie sich aber auch als der „glücklichste Mensch" dort. Sie schwankt zwischen Hoffnung und Enttäuschung, in ihren Briefen und Tagebuchnotizen steht manches zwischen den Zeilen.

7.2.1937
Brief von
Emilie

Ob ich wieder gesund werde oder krank bleibe bis zum „Heimgang ins Vaterhaus", das weiß ich noch nicht. Gestern war ich zum ersten Male seit Weihnachten wieder in der heilige Messe. Einen Spaziergang habe ich hier noch nicht gemacht. Ich scheue das Treppensteigen, und einen Aufzug haben wir hier nicht. Die heilige Kommunion empfange ich hier jeden Morgen im Bett. Ich liege fast den ganzen Tag. Gegenwärtig herrscht Fastnachtstrubel unter den Patienten (Kölner Leute). Vor meiner Tür spielt sich allerlei ab. Dass ich im Geiste in Schönstatt bin, kannst Du Dir wohl denken. Doch Gottes Wille über alles!

9.2.1937
Brief von
Emilie

Wir dürfen nur darüber trauern, weil wir noch keine Heiligen sind; alles andere darf uns nicht betrüben.

Den Satz wollen wir uns gut merken für die kommende Fastenzeit, gelt, liebe L. Also denk daran, wenn etwas Schweres kommt. Es braucht nicht mal gerade ein Zentner zu sein. Auch die Kilo und Pfunde und Gramme drücken oft schmerzlich. Aber sie sind der Prüfstein unserer Kindesliebe.

Hier wurde in den letzten Tagen Fastnacht gefeiert. Auch heute ist man noch fest dran. Herr Direktor hat mir auch mit ernstem Gesicht erlaubt, den Fastnachtszug mitzumachen. Es war natürlich Scherz. Wenn die Frauen sich nur etwas fraulicher, das heißt, etwas marianischer benehmen würden! Das gilt aber auch für die Zeit außer Fastnacht. Du müsstest mal die Kleidung und die Frisuren sehen und den Gang und das Aneinanderhängen usw. Wie gut hat doch die Gottesmutter es mit uns gemeint, dass sie uns in ihre Nähe und in ihre Schule nahm.

Nun muss ich wieder auf meine „liegenden Güter". Ich habe deren zwei, ein Bett und einen schönen Liegestuhl, den man aber nur zum Liegen, nicht zum Sitzen gebrauchen kann, wie den in Villa Regina.
Denk bitte weiter an mich im Gebete!

14.3.1937
Tagebuch

Heiliger Geist, gib mir auf die Fürbitte der Mutter ein weites, tiefes, liebeglühendes Herz, damit Christi Leiden mein Leiden und mein Leiden Christi Leiden sei! Veni Sancte Spiritus! Veni! Veni!

14.3. Hl. Geist, gib mir auf die Fürbitte der Mutter ein weites, starkes, liebeglühendes Herz, damit Christi Leiden mein Leiden u. mein Leiden Christi Leiden sei! Veni S. Sp.! Veni! Veni!

15.3. Mutter, meine Rückenschmerzen u. meinen Husten schenke ich dir mit freudigem Herzen im Sinne der Novene (10.3.)

16.3. Heiland, Mutter, ich freue mich, daß ich jetzt in der Passionszeit auch ein wenig mit Euch leiden darf. Alles trag' ich gern aus Liebe zu Euch und für N.N. im Sinne der Novene, alles im Sinne des Filia-Mater Bundes.

17.3. Heiland, Mutter, ich freue mich, daß Ihr Euer Kind würdigt, ein wenig zu leiden. Heiland, mein Leiden dein Leiden, dein Leiden mein Leiden!

15.3.1937 Tagebuch

Mutter, meine Rückenschmerzen und meinen Husten schenke ich dir mit freudigem Herzen im Sinne der Novene (10.3.).

16.3.1937 Tagebuch

Heiland, Mutter, ich freue mich, dass ich jetzt in der Passionszeit auch ein wenig mit euch leiden darf. Alles trag ich gern aus Liebe zu euch und für N. N. im Sinne der Novene, alles im Sinne des Filia-Mater-Ideals.

17.3.1937 Tagebuch

Heiland, Mutter, ich freue mich, dass ihr euer Kind würdigt, ein wenig zu leiden. Heiland, mein Leiden dein Leiden, dein Leiden mein Leiden!

29.3.1937 Brief von Emilie

Nun wollt Ihr gewiss gern auch wissen, wie es mir eigentlich geht. Ich schreibe nicht gern darüber, weil man sich bei dieser Krankheit so leicht täuscht und weil auch das Befinden so schnell wechselt. Ich meine, es ging mir bedeutend besser. Vor Ostern ging eine Patientin hier fort, die sich im März vorigen Jahres Plastik machen ließ. Sie bedauerte immer, dass sie sich der Operation unterzogen hatte, denn sie hatte seitdem ständig arge Nervenschmerzen im Arm. Mein Arm machte mir anfangs auch *viel* zu schaffen. Arnolda hat Euch ja schon erzählt, dass diese Schmerzen seit Eurem Weihetag verschwunden sind. Und ich glaube, dass ich Eurem letzten „Sturmangriff" auch wieder einen großen Fortschritt zu verdanken habe. Eine andere „Sorte“ Schmerzen - auch Folge der Operation - hat sich seitdem verloren, sodass ich mir sehr erleichtert vorkomme. Aber die Rippen! Die sind noch nicht normal, sonst wäre das Wunder ja schon da. Ich spüre noch immer das Loch, und meine Stationsschwester meinte gestern, ich müsse in die linke Schulter meines neuen Mantels noch ein wenig hinein wachsen. Das war auch ein schwieriges Nähen und Anprobieren. Marilinde und Engelbertis, Ihr hättet mal einen Tag hierher kommen sollen. Das Reisegeld hätte ich Euch geschenkt.

9.6.1937
Tagebuch

Besuch von Josefine. Das hat mich etwas befreit von Kleinkram, von melancholischen Gedanken Schönstatt gegenüber. Ja, groß denken in dieser großen Zeit.

13.6.1937
Brief von Emilie

In der Mittagsruhe will ich Deinen lieben Brief beantworten und Dir herzlich danken dafür. So eine Mittagsruhe! Ich muss mir Arbeit suchen, sonst werde ich am Ende noch nervös von dem furchtbaren Radiogetön. Wie die Leute auf den Liegehallen das nur aushalten können - so mehrere Stunden aneinander? Und erst abends, wenn sie im Bett liegen! Da scheint mir doch unser großes Stillschweigen eine viel gesündere Einrichtung zu sein! Aber die Menschen müssen ja einen Ersatz haben für unseren Herrgott und müssen sich Betäubungsmittel suchen, um ihr Leid und Unglück tragen, d. h. für kurze Zeit vergessen zu können. Ich glaube, ich bin trotz meiner Elendigkeit doch noch der reichste Mensch in der ganzen Heilstätte. - Jetzt schweigt die Musik, aber dafür kommt's wie Hundegebell von den Lautsprechern herüber. Vielleicht ist's ein Sportbericht von irgendeinem Sportplatz; es klingt so erregt, aber verstehen tue ich kein einziges Wort. Doch davon genug.

23.6.1937
Brief von
Emilie

Du wirst jetzt im Umzugsrummel stecken. Ich kann mir das noch so gut vorstellen. Ein wenig von diesem Rummel bekomme auch ich jetzt wieder zu spüren, denn in den nächsten Tagen gehe ich ja fort von hier, zunächst nach Bonn, und dann voraussichtlich einige Tage nach Schönstatt, und dann??? - vielleicht nach Windberg, und dann - ich weiß dann nur noch die letzte Station. Aber der liebe Gott weiß auch all die vorhergehenden und hat sie mit Vaterliebe für mich ausgesucht.

Wirst Du jetzt erst Ferien machen? Schade, dass wir nicht zusammen irgendwo sein könnten. Ich habe doch die Gemeinschaft wieder nötig. „Es ist nicht gut, dass der Mensch allein sei." Mit den armen Leuten hier hatte ich ja auch ganz nette Fühlung, ganz anders wie bei der ersten Kur, aber ich musste mich doch für gewöhnlich nur in deren Interessenkreisen bewegen.

Nun will ich hoffen, bald mündlich mehr mit Dir plaudern zu können. Der Herr Professor M. in Bonn wird es wohl nicht wieder machen wie vor zwei Jahren und mich gleich dort behalten.

Emilies Zustand hat sich noch immer nicht stabilisiert. Erneut steht eine Operation an, sie muss in die für sie fremde Spezialklinik nach Windberg.

15.7.1937
Tagebuch

Heute zur zweiten Plastik verurteilt.
Vater, Mutter, helft, dass ich euch dieses Mal mehr Freude mache als vor einem drei viertel Jahr!

3.9.1937
Brief von Emilie

Doch nun zu Deinem lieben Besuch. Ich hatte nachher so etwas wie Gewissensbisse, weil ich nicht energisch für Kaffee gesorgt hatte. Das ist mir auch jetzt noch arg unangenehm. Ich weiß ja, dass Du keine Ansprüche stellst und dass Du auch jetzt abwehren wirst, aber mir tut jeder Fehler gegen Gastfreundschaft weh, und seit ich krank bin, musste ich schon oft solche Fehler begehen. Ich hätte doch mit Dir zur Pforte gehen und sorgen sollen. Stattdessen ließ ich Dich an dem trockenen Butterbrote herumkauen. Aber nächstens mache ich es besser.

Die Zeit war auch zu kurz bemessen. Wir haben ja kaum was miteinander besprochen. Ein ganzer Tag wäre nicht zu lang gewesen. Wann ich wohl von hier fort darf? Sagte ich Dir schon, dass wir hier meinten, ich sei negativ, und dass man zum guten Schluss doch noch Bazillen entdeckt hat? Also will mich der

Himmelsvater doch noch in Windberg behalten. Gestern wurde eine Aachener Karmeliterin entlassen. Sie hat hier vierzehn Monate ihr Karmelleben, so gut es ging, weiter gelebt und es wurde - ungehörigerweise - viel über sie gespöttelt (von den kranken Schwestern). Mich hat ihr Beispiel stark angeregt.

15.9.1937
Brief von
Emilie

Ich habe Eure Hilfe recht nötig. Denkt Euch, der Arzt hat mir heute Morgen gesagt, ich würde noch einmal operiert, und zwar diese Woche noch. Bestimmt kann ich es Euch noch nicht sagen. Ich habe noch nicht mit dem Chefarzt gesprochen, der die Sache macht. Aber Andeutungen hat er mir schon vor einiger Zeit gemacht, und zwar solche, aus denen ich schließen musste, dass eine dritte Operation recht schwierig würde.

Nun muss ich aufhören. Hab noch so viel zu tun für den Fall, dass ich einige Wochen hilflos im Bett liegen muss.

22.9.1937
Brief von
Emilie

Ich bin seit voriger Woche im „Schwebezustand". Ein Arzt sagte mir eines Tages, ich würde, und zwar sehr bald, noch einmal, also zum 3. Male operiert. Wenn es so wird, gibt es wahrscheinlich eine ziemlich radikale Operation, aber wie ich nachträglich hörte (vom Chefarzt), ist es noch nicht ganz bestimmt, ob ich wieder unters Messer komme. Ich hoffe mal, dass „der Vater den Kelch vorübergehen lässt; doch nicht mein Wille, sondern sein Wille soll geschehen."

Den größten Teil des Tages liege ich mit den anderen Schwestern auf der Liegehalle. Da ist es jetzt schon so kalt, dass man sich gehörig einwickeln muss, um nicht steif zu frieren.

Was man Emilie schon angedeutet hat, tritt ein: Eine dritte Operation erweist sich als notwendig. Drei Tage vorher erkundigt sich Emilie noch in einem Brief, ob die Weihnachtsplätzchen in Brasilien gut gelungen sind. Dann ist sie wieder lange Zeit zum Schweigen verurteilt. Ihre innere ausgeglichene Gelassenheit wächst. Das zeigen die Briefe nach der Operation.

26.11.1937
Brief von
Emilie

Wie mag es bei mir aussehen? Ich freue mich, dass Du Windberg schon mal gesehen hast und Dir somit ein Bild von meinem Aufenthaltsort machen kannst. Es sind über 200 Patienten hier. Also Großbetrieb. Die kommende Woche wird wohl eine recht schwere für mich werden, überhaupt die Zeit bis Weihnachten. Heute sagte mir der Arzt, dass ich nächste Woche operiert würde. Ich erhielt schon einige Spritzen, damit das Herz vorbereitet ist und keine Streiche macht. - Und wie geht es Dir? Gut, dass Schwester Anna bald mal nachschaut, wie gut oder wie schlimm Du aussiehst. Sag T. herzlichen Gruß und Dank für ihren Gruß. Ob sie auch brav gewesen wäre fürs Christkind. Und hat Aloysia auch schön gebacken? Ich möchte mal probieren. Ist Lucia noch dort oder Burga zurück? Beiden herzliche Grüße. Ob Caecilie die Uhr von Burga geschickt hat? Ich gab sie ihr. Nun alles, alles Gute. Es denkt in Liebe an Dich

Deine Emilie

16.2.1938
Brief von
Emilie

Hast gewiss schon lange auf Post von mir gewartet. Die letzten Zeilen schickte ich Dir gerade vor der Operation. Und dann war ich lange nicht fähig zum Schreiben. Meine Geschwister mussten sogar Weihnachten auf einen Gruß verzichten. Die Weihnachtszeit war diesmal eine schmerzensreiche Zeit, aber nur für den Bruder Esel. Innerlich habe ich doch viel Freude gehabt. Jetzt geht es mir aber wieder gut, und ich hoffe, dass ich bald keine Heilstätte mehr brauche, dass ich mich auch ohne ärztliche Aufsicht erholen kann. Irgendwo.

Und wie geht es Dir? Hat der Typhus keine Folgen hinterlassen? Hast Du noch dieselben Schwestern auf der Filiale? Hattet Ihr Exerzitien, und hast Du schon Dein „Ewig" gesprochen? Du siehst, ich bin dumm. An Deinem Namensfeste hast Du aus oben genanntem Grunde kein Brieflein von mir bekommen, aber vergessen habe ich Dich an diesem Tage nicht. Du darfst mir glauben, dass ich oft unglücklich über mich selber gewesen bin, weil ich so vielen Pflichten der Liebe nicht nachkommen konnte. Aber ich hoffe, die Mutter schenkt Dir für meine Versäumnisse einen besonderen Anteil von meinen Beiträgen zum Gnadenkapital. Du hast sicher viel nötig zum Alleinstehen und Durchhalten in der fremden Welt. Ich bin ja so froh, dass Schwester Anna in diesem Jahre mal zu Euch kommt. Wie oft habe ich Euch diesen Besuch schon gewünscht! Nun sorgt, dass ihr Aufenthalt bei Euch recht fruchtbar wird. Schreib Dir jetzt schon auf, was alles zu überlegen und zu besprechen ist. Wann mögen wir uns mal wieder sehen? Weißt Du, ich bin jetzt ein Treibhausgewächs, um das es schnell geschehen sein kann.

Was soll ich Dir nun noch erzählen? Das Heilstättenleben bietet wenig Interessantes. Auf der Liegehalle ist es augenblicklich sehr rau und kalt. Da könnte ich von Eurer Hitze gut etwas gebrauchen. Seit Deinem Besuche hier wird sich vieles verändert haben. Mit dem Wachstum der Patientenzahl ist auch die Disziplin immer strenger geworden. Manchmal kommt sie mir fast militärisch vor. Aber die Hauptsache ist ja, dass man sich gut erholt; da steckt man den Verzicht auf Freiheit schon gerne ein. Ich muss auch fest turnen, um wieder gerade zu werden.

Über jede Kleinigkeit kann Emilie sich von Herzen freuen – auch über eine kleine Tulpe –, und mit Kleinigkeiten bereitet sie anderen Freude.
Das Heimweh nach Schönstatt bleibt unvermindert, ebenso die verantwortliche Sorge für die Schwesternfamilie.

Die Neuigkeiten, die Ihr mir schriebt, habe ich mit großem Interesse gelesen. Wenn man so allein tagelang liegen muss, bekommt man für alles Interesse, für jede Fliege an der Wand, für jedes Vöglein, das an meinem Fenster erscheint, für jedes Wölkchen am blauen Himmel - aber auch für jede Kleinigkeit aus Schönstatt.

26.2.1938
Brief von
Emilie

1.3.1938 Brief von Emilie

Ein stilles Abendstündchen will ich zu einem Brief an Dich ausnützen. Die anderen Patienten sind im großen Saal zur Fastnachtsfeier versammelt. Da bin ich doch gut zu entbehren, nicht wahr? Doch darfst Du nicht denken, ich würde mich grundsätzlich bei solchen Dingen ausschließen, ich mache sonst schon mit, um anderen Freude zu machen und Interesse zu zeigen. Und Lachen ist ja auch für mich gesund. ...

Es ist schon wieder Zeit aufzuhören. Ich wurde unterbrochen. Eine Schwester des Hauses setzte sich ein Weilchen zu mir und erzählte von daheim. Will Dir nur schnell noch sagen, wie es mir geht. Ich fühle mich recht gut, abgesehen von großer Kurzatmigkeit und schneller Ermüdung bei der geringsten Anstrengung. Bazillen fand man seit der großen Operation noch keine wieder. Aber weil das Röntgenbild noch nicht nach Wunsch ausfiel, traut man mir noch nicht ganz und lässt mich einstweilen noch nicht los. So verlebe ich denn noch einmal die große stille Zeit auf dem Liegestuhl und hoffe auf Ostern.

... Jetzt hätte ich bald vergessen, Dir für Deinen lieben Weihnachtsgruß ganz herzlich zu danken. Ich habe das Päckchen sofort aufgemacht und eine ganz große Freude daran gehabt, als das schöne frische Tülpchen aus sorgfältiger Umhüllung sichtbar wurde. Auch die anderen Schwestern, die gerade zum Essen im Refektor erschienen, als ich es ausgepackt hatte, haben es bewundert. Später habe ich es einer schwer kranken Schwester des Hauses in die Klausur geschickt, wo es noch länger geblüht und Freude bereitet hat. Die Mutter lohne Dir alle Deine Liebe.

Erinnerung

Emilie war zur Erholung ... Dann dachte ich: Ach, die arme Emilie, die ist immer so lieb und schickt mir einen Gruß oder was. Ich hatte damals auch mein Staatsexamen gemacht, und Emilie hatte dafür gebetet und mir gratuliert. Dafür wollte ich mich bedanken. Da habe ich gedacht, es geht nicht anders, ich muss Emilie etwas schenken. So bin ich in eine Gärtnerei gegangen und habe so eine kleine Tulpenblüte gekauft, habe dann den Kasten genommen und sie schön eingepackt, dass sie wohl heil ankommen konnte, und als Päckchen zu Emilie geschickt. Ich musste ihr unbedingt in ihr Krankenstübchen eine kleine Freude bringen. Und dann hat sie mir einen Brief zurück geschrieben ... Die „Bedankung" ist so nett. Ich war erstaunt, dass sie dann auch noch in ihrer schweren Zeit sich in einem Brief noch nach allem erkundigte, wie es mir ginge und mir dann sagte, das hätte ihr eine besondere Freude gemacht, dass ich geschrieben hätte. Und weiter: Sie hätte die kleine Tulpe aber nicht für sich behalten. Sie hätte damit einer anderen auch noch eine Freude gemacht. Das würde ich doch sicher verstehen. Dann habe ich Emilie noch einen zweite Tulpe geschickt mit der Bemerkung, die könnte sie aber für sich behalten. (B. S.)

5.3.1938 Brief von Emilie

Ich habe ganz große Sehnsucht, bald der Familie keine Unkosten mehr verursachen zu brauchen. Darum möchte ich meine Kur am liebsten bald auf einer unserer Filialen fortsetzen.

Für ihre Mitpatienten in der Heilstätte war Emilie ein „Engel" der Hilfsbereitschaft, Güte und Freundlichkeit. Eine Heiligenstädter Schulschwester erzählt.

Erinnerung

In der Heilstätte war ich lange mit ihr zusammen. Als ich schwer krank lag, besuchte sie mich täglich. Sie hatte immer für andere ein gutes Wort, einen freundlichen Blick oder eine hilfreiche Hand. ...

Sie konnte nicht anders als gut sein, darum war sie bei all den verschiedenen Ordensschwestern so beliebt. ... Sie hat viel Leid und schwere und schwerste Krankheit durchgemacht, deshalb kann ich sie immer als Vorbild nehmen. ...

Sie hatten mittags auf der Terrasse oder im Zimmer Liegekur und sollten dann auch nichts machen, sondern ruhen. Und dann haben sie aber doch Handarbeit gemacht, gestrickt und gehäkelt. Und Emilie auch. Und auf einmal kam der Chefarzt. Alles wurde unter der Bettdecke verstaut, und als der Chefarzt herein kam, rollte Emilie das Knäuel unter der Decke weg und dem Chefarzt gerade vor die Füße. Und dann hat sie nur gelacht und so gelacht, dass sie sich fast nicht mehr fangen konnte. Und da blieb dem Chefarzt nichts anderes übrig als auch zu lachen. (M. G.)

Eine Franziskanerin schreibt über die Zeit in Windberg.

In der langen Krankheit durfte ich sie pflegen; es war mir eine große Gnade. Gerne würde ich Ihnen davon erzählen. Schwester Emilie hat sehr viel, aber tapfer gelitten. Erinnerung

In der Zeit lag ein junges Mädchen von 17 Jahren bei uns, die Eltern waren glaubenslos. Schwester Emilie bereitete sie zur heiligen Kommunion vor, dass sie Weihnachten die heilige Kommunion empfangen konnte. (R. E.)

Ja, Amen, Vater

Emilie kennt ihre schwachen Stellen, auch, wenn sie nach außen immer weniger wahrnehmbar sind. Sie nimmt sich Vorsätze, muss ihr Versagen erleben, gesteht es ein, beginnt von vorn. Einerseits muss sie die Herausforderungen ihrer schweren Krankheit mit den schweren Operationen meistern, gleichzeitig führt die Gnade Gottes sie auf ihrem inneren Lebensweg einem neuen Höhepunkt entgegen. Auch Pater J. Kentenich greift ein als Werkzeug der Gnade, die Emilie zur Heiligkeit, zur Freiheit der Kinder Gottes führen will. Ihre Tagebuchnotizen von 1937 bis 1938 spiegeln die Dramatik dieses Wachstumsprozesses.

11.1.1937 Tagebuch

Weite in mir das Gefäß der Liebe, dass es mehr von dieser Glut zu tragen und - dann auch mehr für Dich und andere zu leiden vermag. Du siehst, wie schwach und klein meine Liebe ist. O gib mir doch, was Du von mir zu fordern gedenkst, und dann fordere von mir, was Du willst. Siehe, hier bin ich.

9.2.1937
Tagebuch

Mich nicht beklagen, weder über Gegenwärtiges noch über Vergangenes, vor allem nicht in den einsamen Stunden des Denkens und Grübelns. Die Gedanken des Leids in Gedanken der Liebe und Freude verwandeln.

7.4.1937
Tagebuch

Ich will mein PE „in der Liebe des Vaters leben" täglich besser halten. Etwas besser als gestern war es schon. Deo gratias!

22.4.1937
Tagebuch

Ich will mir von jetzt an viel Mühe geben, alles, was gegen die Liebe ist, aus meinem Wesen und Benehmen zu entfernen, um mich so auf das Wunder vorzubereiten. Auch alles, was gegen das Vertrauen ist, will ich sorgfältig meiden. Mutter, du musst mir dabei helfen. Josef Engling, wann?

6.5.1937
Tagebuch

Josef Engling, ich bin wieder etwas erkältet, aber mein Vertrauen ist nicht erkältet. Ich erwarte bestimmt, dass ich Ende Mai entweder ganz gesund oder doch wenigstens negativ bin - zur Ehre unserer lieben Schönstattmutter.

Mutter, ich will keinen anderen Willen mehr haben als den deinen. Verfüge über mich, wie du willst. Du wirst auch dafür sorgen, dass ich ganz erfüllt werde vom Heiligen Geist - jetzt besonders, in der Pfingstzeit. Veni Sancte Spiritus! Veni! Veni! 9.5.1937 Tagebuch

Josef Engling, bist du meiner noch nicht müde. Bitte, sorge bald für das Wunder - und dafür, dass ich bis Ende Mai negativ bin. Ich vertraue fest, wenn ich auch wieder mehr Hustenreiz und Rückenschmerzen habe.

Emilie versteht ihre Situation als ein erneutes Noviziat, in dem die Gottesmutter selber sie mit Meisterhand erzieht. Schmerzlich erlebt sie: Das Leben in Schönstatt geht ohne sie weiter.

Jetzt bin ich auch wieder Novizlein. Der Himmelsvater und die Gottesmutter teilen sich in meine Erziehung. Ist das nicht eine große Ehre? Und sie stehen mir *immer* zur Verfügung. Könnt Ihr Euch ein solches Glück vorstellen? Und sie verstehen mich in *allem*, ohne dass ich viel sage. Ist das nicht eine Erleichterung für jemand, der nicht gut reden kann? Und sie tun keinen Missgriff und haben immer Erfolg in ihrer Erzieherarbeit an mir, wenn - ja wenn ich immer „Ja“ sage und „Ja“ tue zu allen ihren Wünschen. „Du Ja seiner Frage“, das ist ein tiefes Wort. 10.5.1937 Brief von Emilie

12.5.1937 Tagebuch

Mutter, wenn du es willst, dass andere aufschreiben, was *ich* am stärksten miterlebt, woran ich am meisten beteiligt war, das Werden des Gebräuchebüchleins und unserer heiligen Satzungen - dann bin ich gern einverstanden! Dein Wille ist mein Wille!

22.5.1937 Tagebuch

Mein Wille soll ganz verschenkt sein an dich und die Mutter. Aber du musst diesen meinen Willen festhalten; zu oft hat er versagt.

1.6.1937 Tagebuch

Auf das „frohe Kreuztragen" besonders Gewicht legen ... Keine bitteren Gedanken und Gefühle aufkommen lassen! Immer die Haltung der Willigkeit und Geduld sowie der alles verzeihenden Liebe pflegen, wie ich sie im Herzen Jesu sehe.

10.6.1937 Tagebuch

Von heute ab bis zur nächsten Besprechung mit Herrn Pater will ich täglich in die Hände unserer lieben Mutter das Versprechen legen, ein ganz willenloses gehorsames Kind zu sein. Und als Gegengeschenk erbitte ich mir vertrauensvoll einen negativen Befund bei Untersuchung des Sputums, damit ich doch der Familie nicht mehr so viele Unkosten zu machen brauche.

Lichtpunkte in ihrem Ringen sind Briefe von Pater J. Kentenich

Da ich gerade wieder vor einer Reise stehe und Sie vermutlich demnächst hier nicht treffe, will ich schnell auf Ihren letzten Brief antworten.

Es ist schade, dass Sie die Probe nicht ganz bestanden und Ihre innere Schlichtheit durch das lange Warten wieder einen Bruch bekommen hat. Vielleicht war es aber auch zu viel, was ich Ihnen nach der Richtung aufgeladen habe.

Wie können Sie nur denken, ich wäre unzufrieden, weil Sie seinerzeit B. eine abschlägige Antwort gegeben. Es ist doch selbstverständlich, dass Sie ohne kritische Unterlagen deren Wunsch nicht erfüllen konnten. Nun achten Sie bitte einmal darauf, wie Sie aus dieser irrigen Haltung heraus nun Gedanken und Worte aus meinen Vorträgen so ganz falsch auf sich selber gedeutet. Ich habe doch nicht im Traume an Sie gedacht, als ich von Passivität sprach. Im Gegenteil, ich weiß ja doch, dass der liebe Gott zunächst von Ihnen ein Höchstmaß des Leids verlangt. Dadurch sollen Sie in hervorragender Weise der Familie dienen und selber geläutert werden. Sie bekommen sicher bald das Buch über die Werktagsheiligkeit. Dann dürfen Sie zur Sühne für all die inneren Sprünge, die Sie gemacht haben, das Kapitel über das Leid ausführlich lesen.

Es freut mich, dass Sie dem Armutsproblem sowie allen Fragen, die die Familie berühren, noch so viel warmes und wirksames Interesse entgegenbringen. Vergelt's Gott dafür.

Es ist ein Irrtum, wenn Sie meinen, ich persönlich wollte den Ring als Zeichen für die ewig Einverleibten durchbringen. Wäre ein anderes Zeichen von den Ewig Einverleibten gewählt worden, hätte ich in der gleichen Weise dieses Symbol anerkannt. Es ist mir darum recht und lieb, wenn Sie Ihrerseits Ihre Vorschläge in die Familie hineinbringen. Habe bereits, was Sie geschrieben, an V. weitergegeben, damit sie es durch „Die Marienschwester"[1] der Gesamtheit zur Verfügung stellt.

Und wie es mit Ihrer Zukunft ist? V. wird Ihnen schon dieserhalb geschrieben haben oder noch schreiben. A. wehrt sich gegen ein längeres Hierbleiben Ihrerseits, weil das erfahrungsgemäß immer wieder einen starken Rückschlag bedeutet. Es ist mir aber recht, wenn Sie meinetwegen acht Tage bleiben. Und dann? V. wird Ihnen das andere schreiben. Wählen Sie ruhig, aus dem Bewusstsein, dass Sie auch eine Verantwortung für Ihre Zukunft haben.

Gelt, wenn man so ganz stark vom Leid und von der Einsamkeit heimgesucht ist, bekommt das Leben einen ganz anderen Sinn. Fast möchte ich Sie deswegen um Ihren Zustand beneiden. Was der liebe Gott mir nicht schickt, müssen Sie dann wohl an meiner Stelle und in meinem Namen mittragen, damit meine Lebensaufgabe eine möglichst vollkommen gelöste wird. - Es tut mir nun Leid, Sie wahrscheinlich

---

[1] Internes Mitteilungsblatt der Gemeinschaft.

nicht zu treffen, aber im Geiste helfe ich Ihnen, Ihr Leben gottgefällig zu leben.

Sie sind sicher körperlich zu müde, um an dem Betrachtungsbuch zu arbeiten. Vielleicht finden Sie später etwas mehr Zeit und Kraft dazu. Jedenfalls sollten Sie die Aufgabe nicht aus dem Auge verlieren.

Selbstverständlich haben Sie alle Erlaubnisse, um die Sie jeweils in den Briefen bitten. Das dürfen Sie immer annehmen, wenn keine Antwort kommt, dass damit ein Ja gegeben ist.
Nun leben Sie wohl, werden Sie wieder schlicht und einfältig, sonst hat der liebe Gott keine Freude an Ihnen.
Mit herzlichem Gruß und priesterlichem Segen.

Das Kreuz möchte ich von heute an bewusst als meinen Anteil und mein Erbe betrachten und lieben. 13.6.1937 Tagebuch

Ich darf mich nicht in einer rein natürlichen Weise in das Leid vertiefen, sonst falle ich wieder in die Gefahr der Ersatzbefriedigung und zerstöre die Frucht des Leids. Ich muss und will auf der Hut sein, dass kein bitterer Gedanke sich festsetzt, dass ich als Immakulata im Kleinen das Kreuz in jungfräulicher Einsamkeit trage, zu immer größerer Läuterung meiner Natur, zu immer tieferer Vereinigung mit dem Heiland. … 26.6.1937 Tagebuch

Ich will meine seelische Verlassenheit lieben, weil sie Jesus anzieht und das Herz der Mutter rührt. Je großmütiger ich mich zeige, umso mehr würdigt mich Jesus der Teilnahme an seinem Kreuze und an den Schmerzen seiner Mutter.

18.7.1937
Tagebuch

Mutter, die große Aufgabe, die du mir anvertraut hast, ist viele Schmerzen wert. Gern will ich darum alles tragen, nur musst du mir helfen, dass ich ganz aus Liebe leide.

Am Vorabend der zweiten Operation notiert sie:

20.7.1937
Tagebuch

Nicht Emilie, sondern Gott!
Nicht das Kind, sondern der Vater!
Heute, morgen, immer und ewig!

Wenn Pater J. Kentenich auf Reisen ist, muss Emilie manchmal lange auf eine Antwort warten.

8.11.1937
Briefwechsel
J. Kentenich

Sie haben schon recht, gar zu lange habe ich Sie warten lassen, obwohl eine innere Stimme in der Schweiz mich schon mahnte zu schreiben. Damals konnte ich es nicht, weil ich Ihre Adresse nicht zur Hand hatte. Auch in diesen Tagen habe ich immer wieder erneut mir vorgenommen, sobald es ginge, Ihnen zu schreiben. Da kommt nun Ihr lieber Brief.

Vergelt's Gott, dass Sie den Verzicht immer als Beitrag zum Gnadenkapital aufgefasst. Mehr noch, dass

Sie so echt menschlich dabei geblieben sind. Der liebe Gott weiß offenbar den Willen noch mehr zu lösen von sich selber und benutzt alle Gelegenheiten dazu. ...

Wie wäre es, wenn Sie bei Gelegenheit einmal alle Erfahrungen, die Sie drüben gesammelt, zusammenfassten und daraus Konsequenzen zögen für unsere hiesige Erziehung? Sie blieben dadurch ständig mit uns in Fühlung und würden mir und der Familie einen großen Dienst erweisen.

Schade, dass ich in absehbarer Zeit nicht in die Nähe komme. So muss der Besuch halt ein geistiger bleiben.

Ihren Wunsch will ich erfüllen und J. nicht sagen, wie fehlerhaft das Zitat aus Ihrem Briefe wiedergegeben ist.

Auch Weihnachten kann Emilie nicht nach Hause kommen. Aber sie erhält einen Brief von Pater J. Kentenich.

Es tut mir aufrichtig Leid, dass Sie Weihnachten wieder in der Fremde feiern müssen. Ein Trost ist es für mich, dass Sie innerlich so einfältig geworden und trotz aller körperlichen Ferne immer geistig dort sind, wo der liebe Gott Sie haben will. In neuester Zeit schreibe ich gern auf Bildchen das Wort: „Wer mich liebt, ist nie vereinsamt." Das gilt gewiss auch von Ihnen. Wir lassen also an Weihnachten überall einen Platz, damit Sie dazwischen huschen

22.12.1937
Briefwechsel
J. Kentenich

können. Geben Sie gut auf alles Acht und vergessen Sie nicht, sich mit uns und der lieben Gottesmutter zu unterhalten.

Das Jahresprogramm kennen Sie ja schon. Sie wissen, wie viel Sie dazu beitragen können.

Um Ihnen noch eine kleines Weihnachtsgeschenk zu machen, lese ich eine heilige Messe für Sie.

Selbstverständlich brauchen sie das nicht so genau zu nehmen mit der vierzehntägigen Beichte. Wenn es sich gerade gibt, wie z B. jetzt vor Weihnachten, würde ich ruhig die Gelegenheit benutzen, ob nun vierzehn Tage oder weniger vorbei sind.

Alles, was ich Ihnen geraten, gilt bis zu Ihrem Tode. Es war vernünftig, dass Sie sich selber von der GTO einen Monat lang nach Operation dispensiert haben. Tun Sie das immer, wenn Sie es für notwendig oder nützlich halten. Sie können ja im Geiste erst fragen.

Ich hatte so still die Hoffnung, vor Weihnachten Sie besuchen zu können. Aber es geht nun nicht. Darum müssen Sie schon zufrieden sein mit diesem geistigen Besuch. Ich danke Ihnen für alles, was Sie im letzten Jahre für die Familie gewesen sind. Sie wissen ja, wie stark ich damit rechne, dass andere das ersetzen, was ich nicht tun kann. Und gewiss verdanke ich Ihnen ein großes Stück meiner Arbeitskraft. Je mehr Sie leiden, desto mehr werde ich vermutlich davon verschont und desto mehr kann ich meine ganze Kraft den Arbeiten der Familie widmen.

Nun bleiben Sie wiederum einfältig und schlicht. Sie wissen, wie dünn und doch wie stark der Faden ist, an dem Ihr Heiligkeitsleben und -streben hängt: „Wenn Ihr nicht werdet wie die Kinder ..."
Mit herzlichem Weihnachts- und Neujahrsgruß!

Als Emilie nach der dritten Operation wieder schreiben kann, notiert sie in ihrem Tagebuch:

Heiland, sei du das große Du in meiner Einsamkeit. Dann wird es wieder einen Aufstieg geben nach all dem Elend der letzten Zeit, in welchem ich mich so allein und ungeborgen fühlte. 2.3.1938 Tagebuch

Heute habe ich erfahren, dass man gestern, am Herz-Jesu-Freitag, wieder Bazillen im Sputum gefunden - nachdem es drei Monate negativ war. 5.3.1938 Tagebuch

Was hatte ich alles schon geträumt und geplant, wie mich gefreut, dass ich bald der Familie keine Unkosten mehr verursachen würde. Und nun? -

Tue mit mir, wie du willst,
nichts soll mich betrüben,
kannst für Zeit und Ewigkeit
über mich verfügen!

Die wahre Kindlichkeit überwindet alle Angst. Wie weit bin ich noch entfernt von der wahren Kindlichkeit. Mutter, hilf mir! 11.3.1938 Tagebuch

12.3.1938 Tagebuch

Wir sind für das Heiligwerden gewissermaßen freigestellt. - Heiligkeit erwächst uns aus dem großen Fasten unseres Lebens, aus Kreuz und Leid.

Zum Festtag der Gottesmutter erneuert Emilie ihre Weihe: Dir bringe ich mich ganz dar.

25.3.1938 Tagebuch

Liebe Mutter,
zum großen Tag, an dem du Fiat sprachst und unsere Dreimal Wunderbare Mutter wurdest, sende ich dir einen Gruß kindlicher Liebe und tiefer Sehnsucht in dein kleines Heiligtum. Ich danke dir ganz innig für dein Fiat zu unserer Erlösung, danke dir für alle deine Mutterliebe seit jenem Augenblicke. Danken möchte ich dir auch im Namen aller, die dich nicht lieben und möchte sühnen ihren Undank.
Mutter, lass mich heute meine Weihe, meine volle Hingabe an dich erneuern in Vereinigung mit der kindlichen Hingabe des menschgewordenen ewigen Wortes an dich.

Sieh mich an und behandle mich als dein Kind und Werkzeug. Ich vertraue mich ganz rückhaltlos dir an für jetzt und immer, besonders auch für mein letztes Stündlein.
In festem Glauben an die ewige Liebe und an deine mütterliche Sorge sage ich Fiat zu allen Fügungen und Zulassungen der Vergangenheit, indem ich zugleich all meine Untreue tief bereue, - sage Fiat zu allen Wünschen Gottes, zu allen Schickungen und Führungen in der Zukunft.

gung mit der kindl. Hingabe des menschge-
wordenen ewigen Wortes an dich.
Sieh mich an und behandle mich als dein
Kind u. Werkzeug. Ich vertraue mich ganz
rückhaltlos dir an für jetzt und immer, be-
sonders auch für mein letztes Stündlein.
In festem Glauben an die ewige Liebe u. an deine
mütterl. Sorge sage ich Fiat zu allen Fügun-
gen u. Zulassungen der Vergangenheit, indem
ich zugleich all meine Untreue tief bereue, -
sage Fiat zu allen Wünschen Gottes, zu allen
Schickungen u. Fügungen in der Zukunft.
Nimm all mein Leid u. Mühen hin als Opferga-
be für die Heiligung unserer Gemeinschaft
und für die Erhaltung des wahren Glaubens
in meiner leibl. Familie u. Verwandtschaft.
Laß mich als dein Abbild, o dr. w. Mutter, vielen
Menschen geistigerweise Mutter sein u.
mich in stiller selbstloser Weise ganz für
sie verzehren. Laß mich teilhaben an
deiner wunderbaren Fruchtbarkeit jetzt hier
auf Erden und einst in der Ewigkeit.
Amen.

Nimm all mein Leid und Mühen hin als Opfergabe für die Heiligung unserer Gemeinschaft und für die Erhaltung des wahren Glaubens in meiner leiblichen Familie und Verwandtschaft.

Lass mich als dein Abbild, o Dreimal Wunderbare Mutter, vielen Menschen geistigerweise Mutter sein und mich in stiller selbstloser Weise ganz für sie verzehren. Lass mich teilhaben an deiner wunderbaren Fruchtbarkeit jetzt hier auf Erden und einst in der Ewigkeit. Amen.

25.3.1938
Briefwechsel
J. Kentenich

Gott sei Dank, dass Heiligkeit in kindlicher Hingabe an den Vaterwillen Gottes besteht, sonst wäre Ihr Zustand unerträglich. Was Sie mit E. machen sollen? Ich glaube, da bleibt wohl kaum etwas anderes übrig, als sie in Ruhe zu lassen und für sie zu beten. Ob Sie wohl bald wieder herkommen können?

26.3.1938
Tagebuch

Ich will keine Regung in mir dulden, die sich mit schlichter, reifer Kindlichkeit nicht vereinbaren lässt.

Ihr Weihe-Angebot vom Juni 1927, vor elf Jahren, ist für Emilie zur Grundhaltung geworden. Es ist der Schlüssel für ihr unerschütterliches Ja.

29.6.1938
Tagebuch

Ich will es mir zur Gewohnheit machen, für jedes Leid dem lieben Gott oder der Mutter zu danken. Es soll mir immer eine Gelegenheit sein, mein Angebot vor elf Jahren wahr zu machen, zu zeigen, dass es mir ernst damit war und auch jetzt noch ernst damit ist.

Vertrauen und Opferliebe, das soll meine Nervenstärkung werden. Ich soll ja etwas für die Nerven tuen, hat der Arzt gesagt. 5.7.1938 Tagebuch

Dem dreifaltigen Gott *Kind*, den Menschen Mutter sein! Wie Maria! 19.7.1938 Tagebuch

Pater J. Kentenich zeigt höchste Ideale. Heiligkeit fordert letzten Einsatz.

Ob Heiligwerden leicht ist? Dem, der kindlich glaubt, vertraut und liebt, wird alles möglich. Die Gottesmutter wird sich früher oder später an ihm dreimal wunderbar erweisen. o. Datum Briefwechsel J. Kentenich
All unsere Fehler und all unser Versagen wollen uns von uns selber lösen und unsere unbegrenzten Liebesansprüche im Geiste der Inscriptio wecken und wirksam machen.
Was wäre das für mich eine Freude, wenn ich hier oder in der Ewigkeit erleben dürfte, dass die Familie eine kanonisierte Heilige hervorgebracht.
Warum wollen Sie das nicht sein können?

Über Allerheiligen und Allerseelen macht Emilie bis zum 5.11.1938 in Friedrichroda privat Exerzitien. Sie wählt als Thema die Werktagsheiligkeit in Anwendung auf ihre Situation und hält Betrachtungen über die Geheime Offenbarung.

31.10.1938 Tagebuch

Die Definition der Werktagsheiligkeit will ich auf meine Verhältnisse anwenden, und zwar zunächst jenen Punkt herausgreifen, der mir am meisten zu schaffen macht: die Werkgebundenheit, d. h. das Problem meiner Untätigkeit und Unfruchtbarkeit, der Arbeitslosigkeit und Arbeitsunfähigkeit.

Alle haben (von Gott) ihre Aufgabe zugewiesen bekommen. Wir alle sind Werkleute Gottes, in denen und durch die er unaufhörlich wirkt. Sollten da die Kranken, die jahrelang Arbeitsunfähigen ausgenommen sein? Das ist undenkbar, weil es der von ewiger unendlicher Vaterliebe inspirierten Weltordnung widerspräche. Mag die Krankheit Strafe oder Erwählung sein oder sonst einen Zweck haben: Gott will etwas Gutes dadurch wirken, eine Absicht seiner Liebe verwirklichen. Ich soll sein Werkzeug - vielleicht gerade in dieser langen Zeit äußerer Untätigkeit ein besonders fruchtbares Werkzeug - sein. Daran will ich fest glauben, wie ich an Gottes Liebe und an das unaufhörliche Wirken dieser Liebe glaube. Und ich will mich bemühen, ein ganz williges wirksames Werkzeug in seiner Hand zu sein.

Darüber will ich öfter betrachten, wenn das Gefühl unfruchtbarer Leere meines Daseins mich überkommt. Vater, du lässt mich, dein Ebenbild und

Kind, teilnehmen an deinem Wirken - jeden Augenblick. Ich will dankbar und froh sein.

Emilie hat Pater J. Kentenich aus den Exerzitien geschrieben. Zunächst bleibt die erwartete und von Emilie erbetene Post aus, doch dann erhält sie Antwort. Es ist die Antwort eines wachsamen Erziehers zur Heiligkeit.

Vergelt's Gott für Ihre beiden Briefe. Inzwischen haben Sie Ihre Exerzitien gemacht. Ob Gottes Segen dabei war? Sie wissen, es kommt für Sie immer nur auf den einen Punkt an. 7.11.1938 Briefwechsel J. Kentenich

Und warum erwarten Sie einen langen Brief? Das tun die anderen ja auch nicht und ertragen ihr Leid auch still und gottergeben. Ich fürchte, dass Sie noch zu viele Wünsche und Bedürfnisse in sich nähren und in krampfhafter Weise sich nach deren Verwirklichung sehnen. Das ist alles ein Mangel an schlichter Kindlichkeit. Wäre es denn nicht viel einfacher gewesen, Sie hätten es gemacht wie die andern und einfach die Kindlichkeitsexerzitien genommen? Darin wäre ja reichlich Stoff gewesen.

Im Übrigen freut es mich aber, dass Sie so schlicht und ehrlich all Ihre Regungen und Gedanken schreiben. Tun Sie das auch weiter. Kommt Zeit, kommt Rat!
Über alles, was in der Familie vor sich gegangen, wird Ihnen V. bald Nachricht geben. Auch nach der Richtung müssen Sie Acht geben, dass Sie nicht zu viele und zu krampfhafte Wünsche in sich pflegen.

Ihr Leben ist dann vor Gott und für die Familie am kostbarsten, wenn Sie sich ungeteilt und rückhaltlos dem Willen Gottes hingeben. Es ist ja schließlich einerlei, ob wir für den lieben Gott arbeiten oder ob wir für ihn leiden. Der Vater ist ja alles und sein Kind nichts!
Ich helfe Ihnen beten, dass Sie zu dieser selbstlosen Hingabe und Preisgabe sich mehr und mehr vorbereiten.

Emilies Antwort regt Pater J. Kentenich zu einem weiteren Brief nach kurzer Zeit an.

14.11.1938
Briefwechsel
J. Kentenich

Meinen letzten Brief haben Sie nicht ganz richtig verstanden. Es ist selbstverständlich, dass Sie schlicht um alles bitten dürfen, wozu Sie sich innerlich angeregt fühlen. Was Ihrer persönlichen Ausreifung ein Hindernis bedeutet, das ist dieses grundsätzlich starre Wollen. Beten Sie einmal, damit Sie recht verstehen, was ich meine.

Es ist mir durchaus nicht lieb, dass Sie sonntags in die Kirche gehen. Fügen Sie sich doch bitte in all diesen Dingen Rita. Viel besser - wenn es nicht anders geht - mit dem Auto als zu Fuß. Im Übrigen hätte ich gern, dass Sie das Prinzip durchführen, im Zweifelsfalle, ob Sie das Strengere oder Mildere wählen sollten, wählen Sie, was Körperpflege angeht, bis auf weiteres immer das Mildere. Sie wissen ja, alles hängt letztlich ab von der schlichten Hingabe des

Willens durch den Gehorsam. Gehorsam ist ja besser als Opfer.

Was Vikar Z. Ihnen alles erzählt, müssen Sie zum großen Teil als Märchen auffassen. Es gibt eben Männer, die viel mehr Frauen sein können unter Umständen, als Frauen Männer. Anton wird Sie ja wohl eines Besseren belehrt haben.
Nun leben Sie wohl und werden Sie heilig.

In ihrem Tagebuch reflektiert Emilie das leidvolle Erlebnis der letzten Wochen. Sie nimmt die herbe Erziehung an und wertet sie aus.

Helga kam von Schönstatt zurück. Zu meiner großen Enttäuschung brachte sie mir den erbetenen und heiß ersehnten Brief von Herrn Pater nicht mit. Es war ein schwerer Schlag. Ein zweiter folgte einige Tage später, als mir die Post einen sehr ernsten Brief mit Zurechtweisungen von Herrn Pater brachte. Es war wohl der *notwendige* noch fehlende Beitrag von Herrn Pater zu meinen Exerzitien. Brief vom 7.11.1938. Aber durch die Exerzitien war ich gut vorbereitet, das auszuhalten. Nachdem ich schon für die Enttäuschung bei Helgas Ankunft Vergelt's Gott geschrieben hatte, schrieb ich auch hierfür gleich einen Kindesbrief, den ich Anton mitgab. Bald kam dann auch wieder ein Brief von Herrn Pater, der versöhnlich und natürlich klang. Nov. 1938 Tagebuch

Wenn Mitschwestern an Lungentuberkulose sterben, drängen existenzielle Fragen neu nach oben.

o. Datum
Briefwechsel
J. Kentenich

Hadwigs Sterben darf Sie nicht beunruhigen. Wenn Sie sich führen lassen wie bisher, schenkt Gott Ihnen ein ruhiges und gefriedetes Sterben.

22.12.1938
Briefwechsel
J. Kentenich

Ihre beiden Leidensgenossinnen, so schreiben Sie mir, sind nun schon in die Ewigkeit eingegangen. Wann werden Sie folgen! Die Antwort ist leicht. Sie heißt: Wenn der liebe Gott Sie für genügend geläutert ansieht. Benutzen Sie das Jubiläumsjahr, um eine Jubiläumsfrucht zu werden. Sie wissen, womit Sie mir und der Familie den größten Dienst erweisen: wenn Sie erfolgreich streben nach heroischer, schlichter, starker, fraulicher Heiligkeit. Das wünsche ich Ihnen denn auch von ganzem Herzen für das neue Jahr.
Vergessen Sie dabei aber nicht die Sorge für Ihre Gesundheit. Sie wissen ja, wie stark Sie nach der Richtung zu gewissen Extremen neigen. Darum im Zweifelsfalle immer das Mildere wählen.

1938
Briefwechsel
J. Kentenich

Vergelt's Gott für Ihre lieben Briefe. Habe Sie so lange allein gelassen, damit Sie fühlen, wie es anderen Kranken geht, die ständig auf sich angewiesen sind. So verstehen Sie die anderen besser. Hauptsache ist Ihr Wachstum in Gott und Lösung vom eige-

nen Ich. Bleiben Sie schlicht und treu. Ich bete für Sie.
Auf baldiges frohes Wiedersehen. Gute Erholung!

Seit August 1939 weilt Emilie wieder in Schönstatt. Sie ist nicht voll einsatzfähig. Doch auch das entspricht einem weisen göttlichen Plan. Sie wird in den Unruhen des Krieges für viele Schwestern zur Zufluchtsstätte, zu einem ruhenden Pol.

Erinnerung

Im Jahre 1939 bis Oktober 1940 war ich als Novizin im Exerzitienhaus in der Waschküche und im Bügelraum tätig. Beides lag in der Nähe von Pater Kentenichs Sprechzimmer. Viele wartende Schwestern bekam ich täglich zu sehen. Einmal auch Emilie, die lange in Haus Sonneck wohnte. Was aber Emilie in der Familie bedeutete, wusste ich damals noch nicht. Eines Tages spricht sie mich vor dem Sprechzimmer an und fragt: „Wie heißt du denn?" Ich als unerzogene Novizin sagte ohne Hemmung: „Wenn ich dir das jetzt sage, so weißt du es das nächste Mal doch nicht mehr." Emilie schaute mich nur an, und sagte nichts mehr. Hinterher schämte ich mich doch sehr.

Einige Zeit verging, da kam M. Emilie wieder herauf von Haus Sonneck zu Herrn Pater. Als sie mich sah, sagte sie gleich: „Ich weiß noch wie du heißt, G." Und wie groß war die Freude und wie herzlich die Begrüßung mit meinem Namen. Meine erste Liebe zu Emilie war nun in meinem Herzen! Von da an wurden wir Freunde. Ich freute mich immer *sehr*, wenn ich Emilie traf. (G. H.)

16.3.1940 Vortrag J. Kentenich

Und wenn ich nichts könnte - ich kann also keine großen Taten setzen -, steht mir aber eines immer zur Verfügung: wohlwollend, gütig andere in mich aufzunehmen und zu bewerten. Ich liege auf dem Krankenbett, und was hatte ich mir einmal vorgestellt?

Stellen Sie sich Emilie vor. Was hat sie nicht alles für die Familie tun wollen? Sie darf immer auf der Nase liegen bleiben. Sie kann keine großen äußeren Taten für die Familie vollbringen, und doch kann sie zwei Dinge tun: erstens die ganze Familie und die Kinder der Familie wohlwollend im Herzen tragen und zweitens überall einen guten Rat geben. ... Um gut zu sein, braucht man auch ein bisschen Zeit. ... Und Sie können sicher sein, zumal wir, die wir in unserem Wesen so überaus durchsichtig sind, wenn wir wohlwollend fühlen und denken, wird auch irgendein Strahl dieses Wohlwollens durch uns hindurchstrahlen.

Seit ihrer Rückkehr nach Schönstatt hat Emilies innere Entwicklung, ihre Ausreifung einen Höhepunkt erreicht. In einem urpersönlich formulierten Gebet bringt sie ihre vollkommene Hingabe zum Ausdruck.

Oktober 1940

Vater, ich glaube, dass du mich von Ewigkeit und für alle Ewigkeit als deinen Liebling auserkoren. Aber ich kann es nicht sein und vollkommen werden ohne eine schmerzvolle Läuterung meiner kranken Natur. Bitte, lieber Vater, vollziehe doch diesen Läuterungsprozess an mir, deinem Kinde!

Vater, ich glaube, daß du mich
von Ewigkeit u. für alle Ewig-
keit als deinen Liebling auserko-
ren. Aber ich kann es nicht sein
u. vollkommen werden ohne eine
schmerzvolle Läuterung meiner
kranken Natur.
Bitte, lb. Vater, vollziehe doch diesen
Läuterungsprozeß an mir, deinem
Kinde! Schlage, schneide, brenne,
nur laß mich als kleine Marie
ganz eins werden mit dir, ja
mich ganz verlieren in dir.

Vater, ich glaube, daß du
mich von Ewigkeit u. für alle
Ewigkeit als dein Sch'Kind beru-
fen u. mit an den Anfang unse-
rer Familie gestellt hast. Du hast
mir auch gezeigt, daß ich nicht so

sehr durch äußere Talente u. Fähigkei-
ten, sondern durch Lieben u. Leiden
das Ich'werk befruchten soll.
Bitte, lb. Vater, schenke mir doch jenes
Maß an Liebe u. Leid, das Du für Dein
Kind vorgesehen hast.
Gefällt es Dir, mich meiner Kör-
perl. u. geistigen Kräfte beraubt zu
sehen? - Ja, Amen, Vater, ich bitte darum!
Gefällt es Dir, mich in Einsamkeit
u. Vergessenheit zu hüllen? - Ja, ...
Gefällt es Dir, mich verkannt, ver-
achtet u. verspottet zu sehen? - Ja, ...
Gefällt es Dir, mich viel Leid tragen
zu lassen um jene, die mir beson-
ders nahe stehen? - Ja, ... -
Gefällt es Dir, daß ich mit demüti-
genden seelischen Leiden u. Unfrei-
heiten behaftet bleibe? - Ja, ...
Gefällt es Dir, mich auch körperlich

3. Gegenstand der Antipathie u. des Abscheues für andere zu machen? – Ja, ...
Gefällt es dir, mir d. Vater zu nehmen oder alle fühlbare Vaterliebe? Ja, ...
Gefällt es dir, (meinen Leib) mich in äußerster Trostlosigkeit u. Verlassenheit zu erproben, selbst noch in letzter Stunde? Ja, ...
Gefällt es dir, mich auf der Höhe des Lebens sterben zu lassen? – Ja, ...

Vater, nimm mich mir, u. gib mich ganz zu eigen dir
für Vater u. s. Sch'werk, besonders für d. Heiligung uns. Schst.'familie,
u. [illegible] familie, alles, die zu mir gehören u. gehören [illegible]
uns. Vaterlandes u. der ganzen hl. Kirche.

Das ist das Kind, das ich mir auserkoren!
Das lass ich nicht, Maria sei's geschworen ..

J K

Schlage, schneide, brenne, nur lass mich als kleine Maria ganz eins werden mit dir, ja, mich ganz verlieren in dir.

Vater, ich glaube, dass du mich von Ewigkeit und für alle Ewigkeit als dein Schönstattkind berufen und mit an den Anfang unserer Familie gestellt hast. Du hast mir auch gezeigt, dass ich nicht so sehr durch äußere Talente und Fähigkeiten, sondern durch Lieben und Leiden das Schönstattwerk befruchten soll.

Bitte, lieber Vater, schicke mir doch jenes Maß an Liebe und Leid, das du für dein Kind vorgesehen hast.

Gefällt es dir, mich meiner körperlichen und geistigen Kräfte beraubt zu sehen? - Ja, Amen, Vater, ich bitte darum!

Gefällt es dir, mich in Einsamkeit und Vergessenheit zu hüllen? - Ja, Amen, Vater, ich bitte darum!

Gefällt es dir, mich verkannt, verachtet und verspottet zu sehen? - Ja, Amen, Vater, ich bitte darum!

Gefällt es dir, mich viel Leid tragen zu lassen um jene, die mir besonders nahe stehen? - Ja, Amen, Vater, ich bitte darum!

Gefällt es dir, dass ich mit demütigenden seelischen Leiden und Unfreiheiten behaftet bleibe? - Ja, Amen, Vater, ich bitte darum!

Gefällt es dir, mich auch körperlich zum Gegenstand der Antipathie und des Abscheues für andere zu machen? - Ja, Amen, Vater, ich bitte darum!

Gefällt es dir, mir den Vater zu nehmen oder alle fühlbare Vaterliebe? - Ja, Amen, Vater, ich bitte darum!

Gefällt es dir, meine Liebe in äußerster Trostlosigkeit und Seelennot zu erproben, selbst noch in letzter Stunde? Ja, Amen, Vater, ich bitte darum!

Gefällt es dir, mich auf der Höhe des Lebens sterben zu lassen? - Ja, Amen, Vater, ich bitte darum!

Vater, nimm mich mir und gib mich ganz zu Eigen dir
für Vater und sein Schönstattwerk, besonders für die Heiligung unserer Schwesternfamilie, meiner leiblichen Familie, aller, die zu mir gehörten und gehören, unseres Vaterlandes und der ganzen heiligen Kirche.

Diesem Weihegebet fügt P. Kentenich hinzu:

Das ist *das* Kind, das ich mir auserkoren!
Das lass ich nicht, Maria sei's geschworen .. J. K.

Ernst genommen und gebraucht

Der Vater-Gott nimmt Emilies Angebot ernst. Kurze Zeit, nachdem sie endlich nach Schönstatt heimkehren durfte, kommt Pater J. Kentenich ins Gefängnis und dann in das Konzentrationslager Dachau. Emilie ist während der Kriegszeit auf sich gestellt in ihrer Aufgabe als Generalratsschwester und in der Sorge für die kranken Schwestern.
Was sie in ihrer Hingabe gebetet hat, löst sie im praktischen Alltagsleben ein. Gelegentliche Weisungen aus Dachau geben ihr Sicherheit und Ermutigung. Langsam werden in ihrem Leben die Konturen ihres neuen Heiligkeitsideals deutlicher erkennbar.

Emilie nimmt ihre Sorge für die Kranken ernst. Sie hält Kontakt, informiert, gibt Impulse, weckt Initiative. In einem Gebet spiegelt sich ihre eigene Haltung.

22.4.1940
Brief von
Emilie

Nun steht der Mai vor der Tür. Was meint Ihr dazu? Sollen wir die Ehrenwache wieder zu neuem Leben erwecken und der Maienkönigin täglich einen frischen Ehrenkranz winden? Aber Ihr müsst Euch ganz frei fühlen, nur mittun, wenn es Euch wirklich Freude macht. Ihr könntet mir ja die gewählte Stunde mitteilen. Ich würde die Namen hier auf einer Stundenuhr eintragen und in der Nacht zum 1. Mai im Kapellchen auf den Altar legen oder legen lassen.

o. Datum
Tagebuch
Gebet

Liebe Dreimal Wunderbare Mutter von Schönstatt!
Ich grüße dich in deinem kleinen Heiligtum

und weihe dir diese Stunde nach der Meinung der „Kranken-Ehrenwache".
In Vereinigung mit allen kranken Kindern unserer Familie
möchte ich jeden Augenblick dir Lob und Dank sagen;
jeden Augenblick möchte ich dich bitten um deinen Muttersegen
für die ganze Gemeinschaft, besonders aber für ...
Und da du das Maß deiner Hilfe abhängig machen willst
von unseren Beiträgen zum Gnadenkapital,
so schenke ich dir in diesem Sinne all mein Tun und Lassen,
all mein Wünschen und Wollen,
auch alle Körper- und Seelennot, die meine Krankheit mit sich bringt.
Mutter, nimm meine Gabe, so klein sie auch ist!
Ja, nimm mich ganz hin, so arm ich auch bin!
Hilf, dass mein Leid durch eine ständig wachsende Liebe immer fruchtbarer wird
für deine und unsere Schönstattfamilie zur Ehre des Dreieinigen Gottes. Amen.

10.9.1940
Brief von Emilie

... Die erste Nacht nach unserer Reise war es besonders schlimm. Etwa um halb zwölf Uhr wurde ich wach und meinte, ich hätte Bomben gehört. Dann setzte gleich das Donnern der Flak ein. Ich duckte mich in meinem Bett und betete. Mein Zimmer ist recht klein und unter dem Dach. Das Fenster habe ich immer weit offen. Da wagt man bei der Schießerei sich kaum anzuziehen wegen der gefährlichen Splitter. Ich blieb also liegen bis das Schießen aufhörte. Dann zog ich mich an und setzte mich angezogen aufs Bett, denn hier oben war es immer noch angenehmer als bei den andern im Keller. Als draußen alles ruhig war, habe ich mich wieder ausgezogen und ins Bett gelegt, weil ich doch nach der Reise Ruhe brauchte. Doch schon gingen die Scheinwerfer wieder, das Fliegersurren ist vernehmbar, ich wieder in die Kleider gefahren, dann auf einmal eine unheimliche Helligkeit, als wenn eine Leuchtkugel gerade hier über Schönstatt schwebte, die Flak schießt wieder mächtig drauf los, und ich so schnell wie ich kann vier Treppen herunter in den Keller zu den andern. Erst 4.15 Uhr konnten wir wieder nach oben gehen. Die Flieger kommen fast immer schon zwischen 11 und 12, also wenn man gerade im besten Schlaf ist. Ich war bald ganz erledigt, aber die letzten zwei ruhigen Nächte haben mir wieder gut getan.

o. Datum
Tagebuch

Und wenn irgendjemand, dann muss ein MTA-Kind ein wundersamer Spiegel selbstloser Güte und emporbildenden Verstehens seiner wunderbaren Mutter sein.

9.10.1941
Brief von
Emilie

Und damit ich auch bewusst mich zur Höhe dieses Ideals erziehe, habe ich mir so etwas wie einen Spiegel zusammengestellt, bestehend aus einigen Kernsätzen über Mütterlichkeit und einigen Normen für mein Handeln. Ich schreibe Dir mal einiges davon, weil ich weiß, dass Du auch nach dieser Richtung strebst. Vielleicht wird mein „Spiegel" mit der Zeit noch ein wenig schöner. Ich schrieb nur auf, was mir so gerade in den Sinn kam.

Wenn ich die Schönheitsfehler in meinem Herzen kennen lernen will, brauche ich einen Spiegel. Ich muss mein Sein, mein wirkliches Sein spiegeln in einem Idealsein. - Ich bin ein Marienkind, das heißt, ich soll eine Maria im Kleinen darstellen. Mein Spiegel, an dem ich mein Herz und mein ganzes äußeres Tun und Leben immer wieder messe, ist also die liebe Gottesmutter, wie ich sie kennen gelernt habe.

Mein Muttersein und Muttersinn soll ein Abglanz ihres Wesens sein. Ihr Muttersein fließt heraus aus tiefster Jungfräulichkeit, aus ihrem Verhältnis zum Heiland, dem sie als bräutlich-mütterliche Dauergehilfin im ganzen Erlösungswerke zur Seite stehen sollte. Sie erschöpft ihr ganzes Sein, ihr ganzes Denken und Wollen in dem einen großen Gedanken: Wenn ich nur ihm, dem Heiland, und den Gotteskindern dienen kann!

Die Gottesmutter hat sich die Läuterung ihres rein natürlichen Muttertriebes widerstandslos gefallen lassen. - Auch meine Mütterlichkeit besteht nicht nur in der natürlichen Entfaltung meines Tätigkeitstriebes, meines Mitleids, meines Helferwillens, meiner Sympathie, sondern in der übernatürlichen Opfergesinnung für andere. Will Gott mich zur Höhe meines Ideals führen, so wird er schneiden und brennen, bis die allzu natürliche Mütterlichkeit von ihren ichhaften und ichsüchtigen Schlacken, von allem Selbstgenuss gereinigt und lauterste Hingabe geworden ist.

Die Gottesmutter hat auch für ihre Kinder die schwersten Opfer gebracht. - Das tiefste Muttersein geht nur über den Kreuzweg und über Golgotha. Auch ich will mir mein Muttersein etwas kosten lassen. Es bedeutet: ganz gelöst sein von mir und mich vollständig verzehren für das Wohl der anderen.

Unser großes Vorbild hat nicht viel geredet, sich nicht auffällig gemacht, sich nicht in den Mittelpunkt gestellt; sie hatte nicht viele Bedürfnisse, und doch entfaltete sie die denkbar fruchtbarste Mütterlichkeit. - So wirke auch ich viel mehr durch mein Sein und Tun als durch mein Reden. Meine Haltung müsste darin bestehen, gewöhnlich für mich das Mindeste zu wählen und alles Gute und Vorteilhafte anderen zuzuwenden.

Eine mütterliche Frau strahlt Wärme aus. Man fühlt sich wohl und unbeengt in ihrer Nähe; doch hütet sie sich, den Grad der Mütterlichkeit nur zu messen an der Sympathie junger oder sonst leicht begeisterungsfähiger Menschen. Der beste Gradmesser meiner mütterlichen Seelenhaltung ist mein Benehmen denen gegenüber, die mir unsympathisch sind oder unter irgendwelchen äußeren oder inneren Nöten zu leiden haben. „Die Ärmsten am wärmsten."

Das sei für heute genug von meinem Spiegel. Ich schreibe Dir nun noch den inhaltsreichen Satz, der auf dem Grabstein meiner Mutter steht, Mutter von zwölf Kindern: „Wenn das Saatkorn in die Erde fällt und stirbt, bringt es viele Frucht."

5.11.1943
Brief von Emilie

Uns geht es noch gut. An den häufigen Alarm tagsüber ist man schon bald gewöhnt. Schwester Anna hat mich für drei Wochen zum Liegestuhl verurteilt, weil ich nach den Anstrengungen der letzten Zeit aussähe wie eine „Großmutter von 80, 90 Jahren". Es sieht aber nur so aus, ich fühle mich nicht krank und kann auch gut essen.

Emilies Tagebuch hält die Wegweisungen fest, die Pater J. Kentenich ihr in diesen Jahren aus dem Gefängnis und dem Konzentrationslager Dachau zukommen lässt. Zur Tarnung sind die Notizen teilweise in Versform gefasst und benutzen die Du-Anrede.

1941–1945
J. Kentenich

Lassen Sie deswegen niemals rütteln an den Richtlinien, die Ihnen für Beichte und Gewissenserforschung, für aufquellende Gedanken und Regungen, für innere und äußere kindliche Haltungen gegeben worden sind. Sie gelten für alle Zeiten und in allen Situationen. Es gibt keinen, aber auch gar keinen Grund, der sie aufheben oder mildern könnte. Das gilt auch in Todesgefahr und auf dem Sterbebette.

Jeder, auch der kleinste Fehler in diesem Punkte, sollte und möchte ein tiefes Schuldgefühl und Strafbedürfnis in Ihnen wecken ...
Wegen Ihrer Seele bleiben alle Anordnungen bis zu Ihrem Lebensende. Sagen Sie das auch all Ihren Schwestern, Toni, Klara etc. Setzen Sie die so frei gewordenen Kräfte ganz und ungeteilt für die Familie ein. Sie kennen Familiengeist und Brauch. Und sind ja auch mit der Familie verwoben.
Stehen Sie den Schwestern zur Verfügung in allen persönlichen Anliegen und schenken Sie allen recht viel Verständnis und Liebe. Vertreten Sie ein wenig meine Stelle nach der Richtung. So machen Sie mir die meiste Freude.
Und vergessen Sie nicht die Fruchtbarkeit von Kreuz und Leid. Ich sorge weiter für Sie!

1941–1945
J. Kentenich

Sie kennt keine Vereinsamung, keinen Krampf und keine Drehkrankheit. Sie ist immer froh, immer stark, immer gütig, immer Stab und Stütze für viele. In Verlassenheit bleibt sie gelassen, beim Zerbrechen irdischer Hoffnungen ruhig und geborgen, bei Nichtbeachtung und Zurücksetzung besinnlich, tief und fruchtbar. Sie kennt nur ein Ideal: Den Inscriptio-Geist.[1]

---

[1] Auf der Vorderseite der Karte steht in Kunstschrift der Satz: „Kindlichkeit ist liebende Entsagung!“

Emilie

Sie kennt keine Vereinsamung, keinen Krampf und keine Seelkrankheit. Sie ist immer froh, immer stark, immer gütig, immer Stab und Stütze für viele. In Verlassenheit bleibt sie gelassen, beim Zerbrechen irdischer Hoffnungen ruhig und geborgen, bei Nichtbeachtung und Zurücksetzung besinnlich, tief und fruchtbar. Sie kennt nur ein Ideal: Den Insassen für

1941–1945 J. Kentenich

Wenn du dich kindlich so lässt immer leiten,
wird sich Verstand und Herz allmählich weiten:
Es öffnet sich der gold'nen Freiheit Tor,
und Liebe strömt aus deiner Seel' empor.

Solange es dich drängt, zu sprengen Ketten,
um dich zur wahren Freiheit durchzuretten,
tu's fest in Vaters geist'ger Gegenwart:
er darf stets seh'n, was in dir wirksam ward.
Das ist die Treue, die du mögest pflegen,
bis du erlangt der Freiheit reichen Segen. ...

1941–1945 J. Kentenich

Willst du nicht selbst die Kranken übernehmen,
die seelische Behandlung müssten nehmen?
Du hast ja selbst so endlos viel gelitten,
dass du so viel verstehst ganz unbestritten
wie eine Ärztin von den kranken Seelen,
die wohl auch gerne dich als Hilfe wählen.
Ich unterstütz dich dann durch stilles Beten,
dass du nicht selber kommst in neue Nöten.

1941–1945 J. Kentenich

Den einen fehlt es an Zeit, den anderen an Mut, und wieder andere genießen nicht in weit gehendem Maße das Vertrauen. Bei Ihnen sind nun Gott sei Dank alle diese Hindernisse überwunden. Von hier aus ist leicht verständlich, weshalb Sie teilweise körperlich behindert sein sollen. Die göttliche Vorsehung hat in ihrer Vatergüte in vaterloser Zeit Sie an den rechten Platz gestellt. Das verpflichtet mich zu großem Dank und gereicht zu meiner Beruhigung.

Ich denke auch daran, dass Sie gegenwärtig für sehr viele der einzig ruhende Pol, eine Art Spiritual geworden sind. Und wie ein Spiritual sollten Sie nach Möglichkeit immer an Ort und Stelle und dort für jedermann zugänglich bleiben. Wenn Sie an diese schöne und auch so notwendige augenblickliche Aufgabe denken, muss große Freude und Dankbarkeit Ihre Seele erfüllen. Vatergüte gibt Ihnen jetzt schon eine unmissverständliche Antwort auf die bisweilen drückende Frage: Weshalb musste ich krank werden?

Bei Ihrem starken Verantwortlichkeitsbewusstsein wären Sie in gesunden Tagen genau so stark in Betriebsamkeit hineingezogen wie die andern. Und unsere armen Schwestern, wenigstens viele von ihnen, hätten nirgendwo den so dringend notwendigen ruhenden Pol, ein warmes, leicht erreichbares und immer zur Verfügung stehendes Nest. Solche Beobachtungen und Erkenntnisse machen es Ihnen leicht, sich als Augapfel Gottes zu empfinden und vorsehungsgläubig, ruhig und mit fester Zuversicht in die Zukunft zu schauen und ihr entgegenzugehen, mag auch überall nur Dunkelheit und Nacht Sie anstieren und Enttäuschung auf Enttäuschung hereinbrechen.

In Haus Sonneck, direkt an der Hauptstraße, erlebt Emilie die Kriegszeit, die Besetzung Schönstatts durch die Amerikaner und die letzten Kriegstage mit.

18.5.1944 Brief von Emilie

Du hast dort sicher in letzter Zeit ruhiger schlafen können als wir hier. Doch es hat uns immer noch gut gegangen. Unsere Schwestern in den Großstädten haben schon viel Schlimmes erlebt, aber wir haben noch kein Menschenleben zu beklagen, wie andere Gemeinschaften, die teilweise schon viele Schwestern durch Luftangriffe verloren haben. Wir sagen oft: Wir haben gute Flak, die Gottesmutter im Kapellchen und noch jemand in der Ferne.

Wir könnten eine ganze Menge Beispiele erzählen, wo wir ganz auffallend den Schutz von oben erlebten. Das letzte Beispiel war vorige Woche. Ein angeschossenes Flugzeug (viermotorig) kreiste über unsern Häusern und ging dann auf unserm Gelände hinter dem Exerzitienhause nieder. Es gab ein mächtiges Feuer. Ein Stück Wald wurde von dem landenden Flugzeug wie wegrasiert. Wenn das Flugzeug auf ein Haus gefallen wäre! Von den zehn Mann Besatzung sprangen acht mit Fallschirmen ab und blieben am Leben. Man konnte sie abspringen sehen. Der Neunte war wohl mit seinem Fallschirm nicht zurechtgekommen und kam tot unten an, der Zehnte, der Chef hielt bis zuletzt am Steuer aus und wurde als Leiche aus dem zertrümmerten Flugzeug geholt.

Vor einigen Tagen habe ich mir das Ding mal aus nächster Nähe angesehen. Es ist ein richtiger Koloss an Größe. Interessant ist die Ausstattung, von der so allerlei herumlag, z. B. ein Radio, Maschinengewehr, viel Munition, so etwas wie ein zusammengeklappter Kahn aus Gummi, vermutlich für Notlandung auf dem Wasser, und dergleichen mehr.

Den Angriff auf Koblenz kürzlich haben wir auch hier miterlebt. Nur wussten wir nicht, ob unser Krankenhaus getroffen war, weil man nicht telefonieren konnte. Auch die Straßenbahn fährt bei Vollalarm nicht.

Die Angehörigen vieler unserer Schwestern sind hart getroffen. Eine junge Schwester, die das einzige Kind daheim ist, verlor bei dem schweren Angriff auf Hamm beide Eltern und das Elternhaus, zwei andere Schwestern aus Hamm auch ihr elterliches Haus. Oft haben unsere Schwestern dann große Sorge und Not um die Unterbringung ihrer alten Eltern, die zum Teil noch dazu krank und gebrechlich sind.

Doch genug von all dem Elend. Was haben wir schöne Jahre erlebt in der ersten Hälfte unseres Lebens! Aber umso tapferer müssen wir jetzt dastehen und unsere Nerven stählen. Wir sind ja gut aufgehoben in den allerbesten Vater- und Mutterhänden, auch dann, wenn die Verhältnisse äußerlich nach Missgeschick aussehen. „Denen, die Gott lieben, gereicht alles zum Besten", auch eine Verbannung nach Pommern. -

Wenn ich jetzt Stickgarn hätte, würde ich Dir Arbeit schicken. Ich habe nämlich noch eine breite Borte (Kongressstoff) bekommen für den Altar in der Hüster Kapelle, damit die alte und einzige Spitze mal gewechselt werden kann. Muss mal sehen, wie ich an Garn komme.

Gegen Kriegsende, als die Situation immer gefährlicher wurde, verfasst Emilie ein geistliches Testament. Es gestattet einen Blick zu den Quellen ihres Lebens.

1945 Tagebuch Testament

Sollte ich die bevorstehenden Schreckenstage nicht lebend überstehen, so seien diese Zeilen +[1] ein letzter Ausdruck schlichter Ehrfurcht und Ergebenheit, ein letzter Gruß kindlicher Liebe und Verbundenheit. Ich bringe mein Lebensopfer mit voller, freudiger Bereitschaft in den Absichten unserer lieben Schönstattmutter und -königin, sei es, dass sie dafür + eine glückliche Heimkehr erwirken möchte, sei es, dass sie sein Werk besonders befruchten will, sei es, dass sie dafür der Schwesternfamilie die rechte Verfassung zu geben gedenkt; oder sei es auch, dass mein Sterben dem MTA-Kurs zu ernsterem Heiligkeitsstreben und meinen leiblichen Angehörigen und meiner Heimatgemeinde zu religiösem Aufstieg gereichen soll. Die Mutter darf frei verfügen, alles gehört ihr und durch sie dem dreifaltigen Gott. Nur möge + und die Familie mir helfen, dass ich bald vom Himmel aus mitschaffen darf am großen Schönstattwerk zur Verherrlichung Gottes und zum Heile der Seelen. -

Ich erneuere und bekräftige noch einmal alle Akte und Weihen meines ganzen Lebens. Mein tiefstes

---

[1] Zeichen für Pater J. Kentenich.

Leid sind die zahllosen Untreuen gegen Gott und die Mutter, und wenn ich könnte und dürfte, würde ich sie alle + noch einmal in Demut und Reue bekennen, auch alles, was ich vielleicht noch zu sagen schuldig wäre. In sühnender Liebe bin ich zu jedweder Buße bereit. Doch nicht eigenes Tun, sondern Jesus ist meine ganze Hoffnung. (Ja, wenn Gott und die Mutter es wünschten, wäre ich auch bereit, zur Buße ein öffentliches Bekenntnis abzulegen und in sühnender Liebe jedwede Buße auf mich zu nehmen.) Ich sterbe ruhig im Geiste kindlichen Gehorsams. (Möge + und die Familie mir verzeihen, dass ich ein so unheiliges Glied der Gemeinschaft war.) Möge die Mutter mir die Gnade erbitten, in alle Ewigkeit die Barmherzigkeit Gottes und ihre Güte preisen zu dürfen.

+ weiß, wie viel Angst und Not in meiner Seele war während des größten Teiles meines Lebens. Mir ist jetzt, als ob ich von Tag zu Tag ruhiger würde. Ob + so viel für uns betet und opfert? Vielleicht im Lichte Gottes auch besonders an mich denkt? Vom Himmel aus will ich mich dankbar zeigen, besonders auch dafür, dass + mich nicht aufgegeben hat, wenn ich mal gar zu schlimm war. (Mein Wunsch für die Ewigkeit ist es, in den Händen der Himmelskönigin ihr kleines Dankopfer zu sein für alles, was Gott Großes an ihr und durch sie an uns getan hat.) Ich würde mich freuen, wenn die Mutter mich als kleines Dankopfer für sich selbst und Schönstatt dem lieben Gott schenken würde - und wenn ich in alle Ewigkeit ein Lob sein dürfte auf die unendliche Barmherzigkeit und Güte Gottes. Mögen + und die Familie mir helfen.

Der Krieg geht zu Ende, der Ort Schönstatt bleibt beim Einmarsch der Amerikaner unversehrt. Emilie darf die Heimkehr des Gründers nach Schönstatt miterleben. Gemeinsam mit ihrer Schwester Klara schreibt Emilie einen Brief nach Hause.

20.5.1945
Brief von
Emilie

Vielen Dank für die befreiende Nachricht, dass Ihr alle lebt und dass unser Haus noch steht. ...
Wir sind hier im Augenblick auch alle in Hochstimmung. Gerade komme ich aus der Feier zurück, die zur Rückkehr von Herrn Pater Kentenich veranstaltet wurde. Heute Morgen um zehn Uhr kam er hier an. Wir können es noch gar nicht fassen, dass er wirklich wieder da ist. Schade, dass Anton und Maria das nicht miterlebt haben. Ganz Schönstatt war auf den Beinen und manche Freunde aus der Stadt dazu. Die Kirchenfahnen wehen überall und alles ist festlich mit Girlanden geschmückt.

Herr Pater Kentenich ist schon seit Anfang April entlassen. Dann sind den Priestern, die mit ihm entlassen wurden, vom Ordinariat in München aus Stellen auf dem Land angeboten worden, wo sie sich erholen konnten. So muss Herr Pater Kentenich in der Nähe von Ulm bei einem Bundespriester gewesen sein. Genaues weiß ich noch nicht. Wir waren in letzter Zeit doch in großer Not und Sorge, er könnte auch noch bei den letzten Todesopfern sein, von denen das Radio meldete. Wir hörten und sahen nichts. Da wurde uns Anfang der Woche von Stuttgart aus mitgeteilt, dass Herr Pater Kentenich in der Nähe von Ulm sei.

Darauf fuhr Herr Pater Menningen am Mittwoch mit seinem Bruder und dessen Auto hin, um ihn zu suchen und heimzubringen. Gestern Abend zehn Uhr kamen sie bis Koblenz, sind dort bei unsern Schwestern geblieben, und so konnten wir bis zehn Uhr heute Vormittag noch die letzte Hand an den Schmuck legen.

Schon vor zehn Uhr kam das Auto langsam angefahren. Wir Schwestern von Sonneck standen an unserer Straße. Das Auto konnte nur langsam voran bis zum Kapellchen, wo sich alles staute. Herrn Paters erster Gang war ins Kapellchen, wo alle vierzehn Strophen des Liedes: „Die Fesseln sind gefallen ..." (Anton kennt es sicher) gesungen wurden. Dann erteilte Herr Pater den priesterlichen Segen, ging dann ins Alte Haus in die Sakristei und zelebrierte bald im Kapellchen die heilige Messe.

Anschließend war oben im Festsaal eine Begrüßungsfeier. Am Schlusse derselben sprach Herr Pater selbst sehr lange, wir kamen erst um ein Uhr nach Hause. Herr Pater ist noch genau wie früher, auch der Bart ist schon wieder ein Stück gewachsen. Wohl ist er viel magerer geworden, und das gebräunte Gesicht trägt einen gewissen Ernst. Letzteres ist kein Wunder, wenn man hört, was er erzählt. Er sagt aber, er fühle sich körperlich so gesund, wie noch nie im Leben, wir sollten das wörtlich nehmen.

Und seelisch ist er ebenfalls ganz ungebrochen, ganz wie früher, voller Idealismus, Unternehmungsgeist und voller Pläne. Er meinte, früher hätte er schon immer große Pläne gehabt, wenn er von seinen Reisen gekommen sei. Jetzt aber hätte er noch größere.

Anton, Du kommst sicher jetzt auch so bald wie möglich mal. Als Vertreter der Bundespriester war nur Herr Kaplan Kl. anwesend bei der Feier. Die Bundesschwestern waren auch mehrfach vertreten. Schade, dass keine Züge fahren, dann kämest Du, liebe Maria, sicher auch bald. Sobald die Züge fahren, fängt hier sicher wieder das alte rege Leben an.

1946 – 1955 # Provinzoberin

So etwas kann nur Herr Pater wollen

1946 wird die Gemeinschaft in Provinzen aufgegliedert. Pater J. Kentenich hat Emilie als Provinzoberin für die Westprovinz vorgesehen. Ungeachtet ihrer gesundheitlichen Grenzen traut er ihr zu, eine Provinzfamilie aufzubauen. Emilie kann aus kraftvollem religiösem Leben andere beschenken.
In Emilie leben Erinnerungen und Ängste wieder auf. Eine ärztliche Untersuchung in Windberg geht der Ernennung voraus. Ihr Ja bleibt.

1946
Tagebuch

Womit ich mich in diesen Tagen innerlich beschäftigt habe. Der Arzt hat mich *nicht* als krank erklärt. Der liebe Gott wollte aber erst nochmals meine Bereitschaft ... Nun bin ich einerseits voll Freude und Dank. Andererseits fühle ich mich seit Dienstagabend (Windberg) vor eine ernste schwerwiegende Entscheidung gestellt.

Erinnerung

Emilie sagte mir bei einem Besuch, dass Herr Pater sie zur Provinzoberin bestimmt habe, und fügte hinzu: „So etwas kann nur Herr Pater wollen!“ Sie war doch kränklich. (A. K.)

Unser *Provinzname* war nicht das Ergebnis langer Überlegungen. Als Herr Pater Emilie sagte, dass er ihr die Leitung der Westprovinz übertragen wolle, antwortete sie spontan im Gefühle ihrer durch jahrelange Krankheit stark begrenzten Kraft: „Dann muss es aber eine *Providentia*-Provinz werden!" 1946 Chronik

Am Festtag der Gottesmutter, Maria Verkündigung 1946, übernimmt Emilie während einer Feierstunde im Urheiligtum ihre neue Aufgabe. Die Beauftragungsworte Pater J. Kentenichs werden ihr Wegweisung und Programm.

Wir spüren wohl alle, dass wir augenblicklich Zeugen eines überaus ereignisreichen Aktes sind. Die Familie geht von heute an in die Geschichte ein unter dem Gesichtspunkte neuer erstmalig eingerichteter Provinzen. Es möchte uns wohl anmuten, als wenn heute in eigenartiger Weise das Fest Maria Verkündigung bei uns Wirklichkeit würde. Ich sage absichtlich: in eigenartiger Weise! Wir haben uns schon lange daran gewöhnt, unser Leben jeweils aufzufassen als einen Spiegel des Marienbildes, als ein Abbild des Marienlebens. ... 25.3.1946 Vortrag J. Kentenich

Wir sind daran gewöhnt, in alleweg immer erst zu fragen, ob der Engel des Herrn uns eine entsprechende Botschaft gebracht hat. Steckt denn in der Konstituierung der Provinzen wirklich ein Wunsch, eine Botschaft Gottes? Gewiss, es wäre an sich schön, wenn ein Engel in Lichtgestalt vor uns hintreten würde und uns in klarer, eindeutiger Weise Gottes Wunsch entschleierte. Das ist nicht die Art, wie der liebe Gott die Familie bisher geführt hat. Wir wissen als Botschaft des Engels jeweils zu ermitteln und zu deuten all das, was der liebe Gott uns durch die Verhältnisse zu sagen weiß. Der Engel des Herrn bringt uns immer die Botschaft durch die Zeitverhältnisse, durch die Geschichte der Familie, durch die Zeit- und Weltgeschichte. ...

Gleich werden die Provinzialoberinnen offiziell in unserem Heiligtum ernannt. Wie stark dann das Werkzeugsbewusstsein die Seelen unserer Schwestern erfüllen muss. Ich darf Ihnen das verraten. Innerlich haben alle die große Not: Wie werde ich dieser schweren, ungewohnten Aufgabe gerecht? Welch eine Unsumme von Verantwortung! Wie werde ich ihr Rechnung tragen können? Was uns Kraft gibt, ist das Bewusstsein, das seinerzeit der Herr Jeremias einprägen wollte: „Fürchte dich nicht, du wirst dorthin gehen, wohin ich dich sende, die Worte sprechen, die ich dir eingebe."

25.3.1946
J. Kentenich

Fürchte dich nicht. Du wirst gehen, wohin ich dich sende ... Ich bin immer bei dir und benutze dich als mein Werkzeug, dass im Schatten des Heiligtums die Geschicke der Kirche durch deine Provinz wesentlich mitbestimmt werden. J. K.

1946
Chronik

Im Namen des dreifaltigen Gottes und der Dreimal Wunderbaren Mutter und Königin von Schönstatt beginne ich die Chronik unserer Westprovinz, die am

Tage der Konstituierung der Provinzen, am 25. März 1946, den bedeutungsvollen Namen

Providentia-Provinz

erhielt. Nomen est omen. Somit fällt der Westprovinz die große Aufgabe zu, einen wesentlichen Bestandteil unseres Schönstattgeistes, unserer Schönstattart und unserer Schönstattaufgabe in hervorragender Weise zu verwirklichen und darzustellen.

So hat Herr Pater uns Emilie 1946 zur Provinzoberin gegeben, als die Provinzen gegründet wurden. Er hat sie wohl vorher zum Arzt geschickt, aber was kann sich ein Arzt unter einer Provinzoberin vorstellen. Das kann sich nämlich keiner vorstellen! Dann hat Herr Pater zu ihr und auch zu uns gesagt: „Sie müssen den Beweis bringen, dass man auch vom Liegestuhl aus eine Provinz regieren kann!" Sie musste ja jeden Tag liegen, sie war ja so schwach. Aber sie hat trotzdem ihre Sache sehr gut hingekriegt. (E. W.) Erinnerung

Leitung der Provinz im Geiste des Gründers

Vor eine doppelte Aufgabe sieht sich Emilie gestellt: der werdenden Provinzfamilie ein physisches Zuhause und eine spirituelle Heimat zu bereiten. Zielstrebig und tatkräftig macht sie sich ans Werk. Sie hat ein klares Konzept für den Aufbau der Provinz.

In Bad Salzig kann die Gemeinschaft 1946 zunächst ein Haus übernehmen, in dem ein Altenheim untergebracht ist.
Emilie siedelt Anfang September 1946 nach Bad Salzig um.

19.9.1946 Brief von Emilie

Nun bin ich als alter Baum noch verpflanzt. Gelt, der liebe Gott, der macht Sachen! Wider alle Vernunft! Denn ich habe buchstäblich nur noch eine halbe Lunge und fast die Hälfte der Rippen weg. Bin also recht langsam und schwerfällig geworden.

5.11.1946 Brief von Emilie

Heute will ich Euch mal wieder einen Brief aus dem Provinzialhaus schreiben. Zwei Monate sind wir jetzt schon hier. Ungefähr die Hälfte der Provinzschwestern hat inzwischen bei uns hereingeschaut und gesehen, daşs wir recht froh und zufrieden sind. Wir freuen uns halt an jeder, auch der kleinsten Errungenschaft und quittieren sie dankbar als Liebeserweis der Vorsehung, selbst wenn es ein Betstuhl aus dem Jahre 1868 ist, der unbenutzt auf dem Koblenzer Speicher stand. Unser großes Anliegen ist augenblicklich die Errichtung einer schönen Kapelle in einem Teil des Hauses, der nicht ausgewertet ist. Aber es ist nicht so einfach, etwas daraus zu machen, wenn etwas von vornherein verbaut ist. Doch wie immer: Mhc! ...

Die letzte Woche hat auf vielen Filialen Änderungen gebracht. Die Postulantinnen gingen ins Noviziat, die Novizinnen kamen auf die Filialen. ... andere

Schwestern wurden versetzt oder mussten Vertretungen übernehmen. Hoffentlich haben die einzelnen Schwestern wie auch die Filialen alles gut überstanden und eine marienhafte Antwort auf die Engelsbotschaft gefunden. Ich wollte, ich könnte Euch einmal sagen und zeigen, wie oft wir jede Änderung überlegen, oder wie wir zehn Mal einen Plan umwerfen, um noch eine bessere Lösung für die einzelnen Schwestern wie für die Filialen zu finden. Wie oft steht man ratlos da, wenn dann die Beschwerden kommen und man nicht helfen kann. Da bleibt einem nichts anderes übrig, als nur zu beten.
In der letzten Zeit haben wir schöne Filialangebote, auch größeren Stils, glatt abgesagt, nur um ruhigere Verhältnisse zu bekommen. ...

Ich hätte so gern, dass wir als *Vorsehungs*-Provinz einmal etwas gemeinsam täten, um den Vorsehungsglauben besonders zu pflegen, zu vertiefen und zum Ausdruck zu bringen in unserem täglichen Leben. ...
Was könnten wir denn tun? Ich mache einmal einen Vorschlag, der keine neue Belastung bedeutet, sondern nur etwas mehr Sammlung, Besinnlichkeit und Liebe im Laufe des Tages. Ich dachte an eine Vorsehungswoche vom 9. - 16. November, und zwar so, dass wir möglichst vollkommen eine Woche lang den Vorsehungsglauben leben, ihn zum Gegenstand unserer Besprechung und unseres Gebetslebens nehmen, uns auf Verstöße gegen diesen Geist aufmerksam machen und sie in irgendeiner Weise sühnen. Es wäre also eine Woche hochgradigen Glaubens- und Liebesgeistes.

Das würde praktisch heißen: Immer Vater und Mutter fragend nach den Augen schauen, um ihre Wünsche abzulesen, immer an Vater- und Mutterhand gehen, immer sich von ihnen getragen und geführt wissen.
Immer fragen: Was will der liebe Gott mit diesem oder jenem, immer glauben, dass es unendliche Liebe ist, die mir Schweres und Frohes schickt.
Nie unzufrieden, mutlos oder verzagt sein.
Sich immer geborgen wissen in den Plänen ewiger Liebe.

Probieren wir es doch einmal eine ganze Woche lang, diese Haltung möglichst vollkommen festzuhalten. Legen wir an alle Geschehnisse des Tages - wie Herr Pater sagt - die Leiter an; und wir werden dann immer auf der Spitze der Dinge und Ereignisse den allgütigen, liebenden Vatergott finden, der uns etwas sagen will, was uns zum Heile dient, der uns reif und glücklich machen will.
Vergessen wir auch nicht, einen diesbezüglichen Punkt auf die Tagesordnung zu setzen.

P. Kentenich bejaht Emilies Konzept für die Provinz.

20.11.1946
Vortrag
J. Kentenich

Eine von unseren Provinzoberinnen schrieb mir, sie wollte ihren Ehrgeiz nicht darin sehen, eine reich bevölkerte Provinz zu bekommen, sondern sie möchte eine Provinz haben von innerlichen Seelen, eine Provinz von kleinen Heiligen. So ist es recht. Wenn wir das tief vor Augen haben, haben wir auch eine Provinz von großer Fruchtbarkeit.

O, wenn wir es doch ganz tief erlebten, dass *Gott die Liebe ist*, und dass wir zur innigsten Liebesvereinigung mit ihm berufen sind. Das ist die Gnade, die ich zu Weihnachten unserer ganzen Provinz, jeder Filiale und jeder einzelnen Schwester wünsche. 5.12.1946 Brief von Emilie

In dem Maße, wie wir von dieser Wahrheit ergriffen sind, werden wir auch *Kinder und Künder der göttlichen Vorsehung* sein, die lebendigen Träger der großen Heilsbotschaft Schönstatts für die heutige Zeit.

An die ewige Liebe glauben, heißt glauben an die göttliche väterliche Vorsehung, heißt ein unerschütterliches sieghaftes Vertrauen haben in allen Lagen des Lebens. Um dieses Vertrauen lasst uns am Hochfest der Liebe füreinander beten. Aber vergesst es bitte nicht, es sei das gegenseitige Provinzgeschenk, das wir uns in schwesterlicher Liebe darbieten wollen.

In der Providentia-Provinz soll die ewige Liebe nur frohe und freie, mutige und beherzte Kinder finden mit einem königlichen Lebensgefühl, selbst wenn es durch Nacht und Schwierigkeiten geht.

So schwebt es mir als hohes heiliges Ideal für unsere Provinz vor Augen. Jede aus uns muss als eine lebendige Verkörperung des praktischen Vorsehungsglaubens an dem ihr zugewiesenen Platze stehen und wirken.

Erinnerung

Das Haus war ganz eingerichtet - das war ein großer Vorteil -, aber der Raum war sehr beengt, da auch die alten Leute mit dem Haus übernommen werden mussten. ...

Es war aber nicht nur unsere schwere wirtschaftliche Lage, die Emilie mittrug, viel schwerer war für sie oft die Sorge um die Filialen, wenn sie nicht so helfen konnte, wie es nötig war. Darunter hat Emilie richtig gelitten. In diesen Jahren waren es öfter große Kurse, die ins erste oder zweite Terziat kamen, und meist war Ersatz für die dadurch ausfallenden Schwestern kaum zu beschaffen. Es ist verständlich, dass die Filialen das hart empfanden.

Aber sie konnten ja nicht ahnen, wie viel innere Not Emilie selbst dadurch schon hatte. Durch ihr feines Wesen und ihr zartes Mitfühlen hat Emilie meist schwerer an etwas getragen, als die meisten wussten. Emilie hat auch das unausgesprochene Leid oder menschliche Versagen Einzelner innerlich tief empfunden und gewiss auch dafür gebetet und geopfert. Emilie war in ihrer ganzen Art verschwiegen, ja verschlossen. Sie hatte aber ein Herz für jede Schwester, war in ihrem Denken sehr gütig und mütterlich um alle und alles besorgt. Wer Emilie etwas anvertraute, durfte die Gewissheit haben, dass es bei ihr geborgen und verborgen blieb. Sie wusste geschenktes Vertrauen zu werten und im Hintergrund doch zu sorgen und mitzusorgen, soweit ihr das möglich war. (E. W.)

Zu der bedrückenden Sorge um den Aufbau der Provinz und um die Schwestern kommt hin und wieder für Emilie die Not, andere durch ihre Krankheit zu gefährden.

Ob ich Dir in meinem letzten Brief geschrieben habe, Du möchtest Dich doch in meinem Zimmer aufhalten? Ich wollte es wenigstens tun. Bin ja wohl immer ein wenig gehemmt, wenn ich es anbiete - wegen meiner Lunge -. Also macht, was Ihr wollt und was Euch gut dünkt. Auf jeden Fall ist Dein Zimmer oben jetzt recht unpraktisch für Dich. ...

11.7.1947
Brief von
Emilie

Ach, ich bin ja diese Not um Kräfte so gründlich leid geworden. Wenn es so weitergeht wie bisher, kann ein ideales geistliches Leben und Heiligkeitsstreben ... nicht erblühen. Und das ist doch die Hauptsache, und ohne das gibt es keine apostolische Fruchtbarkeit.

Als die Provinzen aus dem Ausland in der entbehrungsreichen Nachkriegszeit mit Lebensmittelpaketen helfen, bedankt sich Emilie bei der Provinzoberin in Südafrika mit einem geistigen Geschenk.

Ganz herzlichen Dank für alles! Wie sollen wir Euch Euer echt schwesterliches Sorgen lohnen! Dankesworte kommen mir so schwach und leer vor. Zu materieller Gegenleistung sind wir nicht in der Lage. So mögen Gott und die Gottesmutter jede Spenderin und jede Spende segnen. Unwillkürlich fällt mir ein Gedicht ein, das Pater J. Kentenich mir einmal von Dachau aus schickte. Ich hatte ihn gebeten, mir

August 1948
Brief von
Emilie

etwas zu schreiben für *die* Filialen, die unsere erholungsbedürftigen und kranken Schwestern in der schweren Zeit aufnahmen.

Ich lasse das Gedicht folgen und bitte Euch, nehmt es so, als ob es auch für Euch geschrieben wäre. Das Dachau-Schrifttum war ja nicht nur für uns.

„Was dem Geringsten ihr der Meinen tut,
schreib ich im Lebensbuch euch sorgsam gut,
ich schätz es so, als ob ihr's mir getan,
und rechne es als Gottesdienst euch an.
Die wahre Liebe zeigt sich in der Tat,
auch wenn sie selber gar nichts übrig hat;
sie schreitet durch die Zeit mit wachem Blick
und sucht im Fröhlich-machen still ihr Glück.
Und was sie gibt, schenkt reichlich Gott zurück,
er leitet treu und gütig ihr Geschick,
nimmt alle Sorge in die mächt'ge Hand
und führt sie siegreich heim ins Friedensland.
Die Linke weiß nicht, was die Rechte tut;
so liegt das Gütig-sein in ihrem Blut;
sie wandelt auf der ew'gen Güte Spur,
nimmt reichlich teil an göttlicher Natur ...
Erwecke, Gott, in unsern Schwesternreih'n
viel güt'ge Herzen; lass sie wirksam sein;
füll reich mit Gaben ihre Helferhand,
bis schwerste Nöten sind von uns gebannt."

Die lange Suche nach einem geeigneten Provinzhaus findet im Sommer 1949 mit dem Kauf des „Schlösschens" in Koblenz-Metternich ihren Abschluss. Fünf

Schwestern und ein Hausmeister bilden den Vortrupp, um das Haus herzurichten. Nach und nach füllt sich das neue Provinzhaus mit Leben.

Erinnerung

Nach einer Weile hat Emilie mich dann mit den ersten Schwestern nach Metternich geschickt. Wir sind als Erste abgeordnet worden, das Haus hier in Ordnung zu bringen. ... Der Name „Schlösschen" hat damals zu dem Haus wirklich nicht gepasst. Es war so verschmutzt und verdreckt und auch verludert.

Es war kein Türschloss und keine Türklinke, es war nichts da. Und als wir eingezogen sind, sahen wir am Grundstückseingang auch noch Franzosen und Polizisten stehen, die etwas beobachteten. Also wir hatten Angst.

Herr Schmitz [Hausmeister] sagte, wir brauchten keine Angst zu haben; er beschützt uns. Er ging dann in den Wald und holte sich einen richtig festen Knüppel. Dann hörten wir ihn nachts; wir haben ja wenig geschlafen, weil wir irgendwo in einer Ecke eine Matratze hingelegt hatten zum Schlafen. Man konnte ja keine Tür abschließen. Da hat halt jeder nicht gut geschlafen. Aber wir hörten dann nachts fast jede Stunde den Herrn Schmitz mit dem Knüppel das Haus umgehen, um zu sehen, ob keine Einbrecher kommen. (E. R.)

Erinnerung

Der Küchenschwester sagte Emilie in dieser armen Zeit, als wir kaum genügend zu essen hatten: „Gib den Armen! Was du ihnen gibst, kommt fünffach zurück!“ Zugleich war sie immer besorgt um das Wohl ihrer Schwestern. In Haus Providentia durften wir es erfahren.

Eine nette Episode aus der damaligen Zeit möchte ich hier noch kurz anfügen: Wie wir an unsere erste Kuh kamen!
Als wir wieder einmal unsere Notlage vor Augen hatten, meinte Emilie, die ja vom Land kam: Wenn wir nur mal eine Kuh hätten, damit wir Milch hätten und diese nicht mehr kaufen müssten, dann ginge es uns schon besser. Den Stall haben wir ja, und Land haben wir auch. Rasch wurde überlegt, wie viel Geld wir jeden Monat für Milch brauchen und wie lange wir abbezahlen müssen, bis wir eventuell vom Milchgeld eine Kuh kaufen können. Vielleicht würde sich jemand finden, der darauf eingeht.
Und tatsächlich kam es so weit. Zwei Schwestern vom Land, die die nötige Erfahrung hatten, bekamen den Auftrag, sich entsprechend umzusehen. Und bald war eine Kuh im Stall - zur Freude von Emilie und uns allen! In ähnlicher Weise bekamen wir auch die ersten Schweinchen in den Stall. Das machte auch froh!

Den Schwestern gegenüber war Emilie sehr schwesterlich, richtig mütterlich und nett, das muss man schon sagen, besonders wenn es kränkliche Schwestern waren oder wenn es Nervenkranke waren. Dafür hat sie ein Herz gehabt, ein ganz gutes Herz. Und genauso hatte sie Verständnis für die Hausschwestern. Darüber habe ich mich immer gewundert.

Als das erste Mal ein Staubsauger angeboten wurde, so ein ganz kleines Ding, wir haben kein Geld gehabt, aber Emilie sagte: „Der wird gekauft, damit die Schwestern im Haus es leichter haben. Der wird gekauft, und wenn ich ihn selbst bezahlen muss."
Auf jeden Fall ist der Staubsauger gekauft worden, damit die Schwestern nachher damit von Treppe zu Treppe und von Flur zu Flur gehen konnten.

Und genauso war es bei der Wäsche. Was hat sie gelitten, wenn die Schwestern die Körbe mit nasser Wäsche auf den Speicher tragen mussten. Und wir haben ja nichts gehabt, und wir waren ja in Metternich auch so beengt. Da konnten wir nichts machen, wir hatten auch kein Geld. Da hat sie oft sehr darunter gelitten, wenn sie dann so schwer arbeiten mussten. - Vielleicht auch darum, weil sie selbst so wenig Körperkraft hatte. - Dafür hat sie viel Verständnis gehabt, und das hat den Schwestern gut getan. (E. W.)

Den Reichtum ihres liebenden Herzens kann Emilie in die Provinz hinein weitergeben. Die Verbundenheit mit Pater J. Kentenich, das Leben und Wirken nach seinem Gründercharisma, ist ihr aus eigener Erfahrung ein inneres Anliegen.

Herr Pater steht da als Haupt einer großen Familie und Bewegung, so wie Gottes Vorsehung ihn gedacht und auserwählt hat. Er ist sich seiner schweren Verantwortung, die er für die große Familie und die Sendung Schönstatts für Welt und Kirche trägt, voll

12.11.1948 Brief von Emilie

und ganz bewusst. Er sieht die Familie als Organismus vor sich, sieht im Glaubensgeiste die schicksalhafte Verbundenheit zwischen Haupt und Gliedern, sieht sich vor eine sehr folgenschwere Entscheidung gestellt. Herrn Paters Entscheidung lautet: Ich gehe ins Konzentrationslager und liefere mich und das Schönstatt-Werk rückhaltlos dem Liebeswillen Gottes aus, damit die ganze Schönstattfamilie den Geist der vollkommenen Inscriptio, der vollendeten Freiheit der Kinder Gottes, erlangt und so die Gottesmutter von Schönstatt aus einen Siegeszug durch die Welt antreten kann. ...

Unsere Treue zum Haupte der Familie muss eine tiefere Grundlage haben, und das ist der lebendige Vorsehungsglaube, der uns sagt: Gott hat Herrn Pater eine große Sendung gegeben und will durch ihn seine ewigen Weisheitspläne und Liebespläne wirken - von Schönstatt aus - für die heutige Zeit durch uns, durch dich und mich. Er hat ihn zu diesem Zwecke überaus reich begnadigt und gesegnet, und in dem Maße, wie ich treu seinen Weisungen folge, bin ich ein echtes Schönstattkind, eine Stütze der Familie und stehe dem Haupte am nächsten. Wenn ich das im Glauben lebendig erfasse und die Liebe Gottes dahinter sehe, bekommt meine Kindlichkeit, meine Gebundenheit und Treue ein viel tieferes und unerschütterliches Fundament.

Wir lassen in dieser Woche das *Glaubenslicht* unsere dunkle Seele erhellen. Da sehen wir das Auge des Himmelsvaters mit unnennbar großer Liebe auf uns gerichtet, ja, es verfolgt uns jeden Augenblick, um uns zu schützen und Gutes zu erweisen. ...

24.11.1948
Brief von
Emilie

Frischen wir wieder einmal auf, was wir an theoretischem Wissen bekommen haben über die *Liebe* als eingegossene göttliche Tugend, über die Liebe als Weltgrundgesetz, als Hauptgebot, als Hauptberuf und als Hauptkraft, über die Liebe als Hauptanliegen der heutigen Zeit.

Wenn Gott ganz Liebe ist und uns durch Menschen seine Liebe veranschaulicht und durch Menschen so viel Liebe schenkt, dann heißt es auch für uns: ganz Liebe sein, alles aus Liebe, alles durch Liebe und für Liebe! Wie weit ist die hochherzige Liebe der Beweggrund meines Denkens, Tuns und Lassens? Überprüfen wir öfter die Motive unseres Handelns und Benehmens:
Ob wir dann nicht manchmal ganz beschämt sind über unsere Ichhaftigkeit? -
Und wie verhalte ich mich im Leid?
Bin ich verletzt und bitter, sondere ich mich ratlos und flügellahm von der Gemeinschaft ab?
Oder heißt der Affekt meines Herzens: „Ich weiß, dass du mein Vater bist ...“!

Während der Auslandsreisen des Gründers von 1947 bis 1950 müssen die neugegründeten Provinzen in Deutschland zunächst eigenständig Erfahrungen sammeln. Hin

und wieder erhält Emilie brieflich kurze Weisungen von Pater J. Kentenich.

6.11.1947
Briefwechsel
J. Kentenich

Schwestern und Filialen brauchen Ruhe und Besinnlichkeit, sonst zerbrechen sie am heutigen Lebensrhythmus. Das ständige Wechseln, Suchen und Versuchen bringt so viele Spannungen für Leib und Seele und lässt die Lebensmittelknappheit in erhöhtem Maße empfinden.

Wenn Sie die Filialen - alle Filialen - gesehen haben, sollten Sie wieder an Ort und Stelle sesshaft werden, damit die Schwestern wissen, wohin sie sich geistig zu orientieren und wovon sie ihre Anordnungen zu gewärtigen haben. Es ist erfreulich, wie sie sich mehr und mehr um Sie und das Provinzhaus scharen, offenbar ein Beweis, dass Sie Ihre Sache gut machen. Während meiner Abwesenheit bemühen Sie sich mehr noch als bisher, allen alles zu werden.

16.12.1948
Briefwechsel
J. Kentenich

Herzlichen Dank für alle Treue und Tapferkeit. Halten Sie fest an den Bedingungen für Übernahme [von Filialen]. Freut mich, dass Sie im Denken und Empfinden gesund geblieben.

1.1.1949
Briefwechsel
J. Kentenich

Leider war es mir nicht möglich, einzeln überall hinzuschreiben. So darf ich Sie bitten, mit dem gemeinsamen Brief zufrieden zu sein. Nehmen Sie für alle meinen herzlichen Dank für Ihre kindliche Treue und Ihre mütterliche Sorge um Ihre Provinz.

Solange Sie übernatürlich bleiben, dürfen Sie in allen Situationen Gottes Schutz erwarten. Erst muss aber die Probe der Echtheit gegeben werden. Deswegen lässt die Gottesmutter Sie ein wenig zappeln.
Bei Zulassungen zu den Einverleibungen sollten Sie im Zweifelsfalle das Strengere wählen. Nachdem wir unsere Idee klar haben und von der Kirche anerkannt sind, dürfen wir in allem ja auch viel konsequenter sein. Man darf uns nicht vorwerfen: Du hast das Volk vermehrt, aber nicht die Freude!

Sagen Sie allen Schwestern insgesamt und jeder Einzelnen einen herzlichen Weihnachts- und Neujahrswunsch von mir. Ich rechne darauf, dass alle durch die harte Schule des Lebens reifer, fruchtbarer werden.

Ich habe Ihnen zwar erst geschrieben, da aber ein neuer Brief von Ihnen angekommen, will ich ihn gleich beantworten. ... 30.3.1949 Briefwechsel J. Kentenich
Wenn Sie auf die verflossenen drei Jahre zurückblicken, dürfen Sie mit großer Dankbarkeit gestehen, dass Gott Sie als Werkzeug benutzt hat, trotz schwacher Gesundheit. Bleiben Sie an Ihrem Platz. Bemühen Sie sich, in Ihren Entscheidungen etwas schneller und mutiger zu werden und halten Sie alle, nicht absolut notwendige Arbeit von sich selber fern. Lassen Sie dieses Jahr die Visitation von den Assistentinnen machen. ...
Bleiben Sie im Prinzip fest, wenn Sie auch in der Form gütig und umgänglich sein dürfen. Es wird

Ihnen schwer, wegen der Nähe des Mutterhauses und der Art von Schwester A. ein Provinzbewusstsein großzuziehen. Wenn Sie Ihren Weg weiter gehen, wird's Ihnen doch glücken.

o. Datum
Briefwechsel
J. Kentenich

Sorgen Sie bitte dafür, dass die Schwestern Ihnen gegenüber offen bleiben, sonst können Sie keine lebendige Fühlung halten. Versuchen Sie auch, ein wenig schneller Entscheidungen zu treffen.

o. Datum
Briefwechsel
J. Kentenich

Ob nicht die Schwierigkeiten mit X. auch darin liegen, dass sie eine ganz unbefriedigende Arbeit hat, immer nur Aschenbrödel spielt. Beten Sie nach der Richtung und handeln Sie. ... Vielen Dank für all Ihre Treue. Ihr Seelenleben ist auf dem rechten Wege. Alles, was ich Ihnen früher gesagt, bleibt bestehen.

Hinweise von Pater J. Kentenich nimmt Emilie an, sie ist unbestechlich, auch sich selbst gegenüber.

o. Datum
Tagebuch

Ich bin so introvertiert eingestellt. Wenn etwas kommt, vergeude ich meine Kraft und Zeit mit Schuldgefühl und Minderwertigkeitsgefühlen, statt meine ganze Kraft darauf zu konzentrieren, dass ich's besser mache, kraftvoller zugreife.

Emilie nimmt 1950 an der Romfahrt zur Seligsprechung Vinzenz Pallottis teil. Innerlich ist sie mit ihren Provinzschwestern verbunden.

Von Rom aus fährt Emilie zur Tagung für die Generalleitung nach Quarten, wo der Leitungskreis neu geordnet wird. Emilie gehört nicht mehr zur Generalleitung und kann sich nun ganz der Provinz widmen. Sie wird zur lebendigen Mitte der Provinz und schart alle um den Gründer.
Um dem Erziehungsauftrag Schönstatts zu entsprechen, regte Pater J. Kentenich an, in jeder Provinz eine Schule aufzubauen. Emilie gibt diese Anregung an die Schwestern weiter und verwirklicht sie.

19.1.1950
Brief von Emilie

In der Mittagspause schnell einen lieben Gruß. Ich fühle mich immer mit Euch verbunden, wo immer ich gehe und stehe an heiligen Stätten. Es sind der Eindrücke und Erlebnisse zu viele, um sie Euch erzählen zu können: Es gibt nur ein Rom auf der Welt. ... Gerade kommen wir aus der Via Pettinari und haben kurz an dem Leichnam Vinzenz Pallottis gestanden ...
Morgen, am 20. kommt Herr Pater erst, und zwar spät in der Nacht. ...
Am Samstag ist Audienz beim Heiligen Vater. Hoffentlich ist Herr Pater früh genug da. Mphc.

Erinnerung

Ende Februar kam Emilie, die damals noch zum alten Generalrat gehörte, von den Beratungen mit Pater J. Kentenich in Quarten zurück. Emilie berichtete uns unter anderem, dass Herr Pater in Quarten den Wunsch äußerte, bei jedem Provinzhaus auch eine Art Schule oder Ausbildungsstätte zu errichten als Ausdruck unserer Sendung: eine Erzieher- und Erziehungsgemeinschaft in der heutigen Zeit und für

die heutige Zeit zu sein. Auf diese Weise sollten wir unserem Erziehungsauftrag Ausdruck geben und auch gerecht werden.
Herr Pater machte das in Quarten noch klar an den Mutterhäusern der Barmherzigen Schwestern, die meist bei ihrem Mutterhaus ein entsprechend großes Krankenhaus haben, das ihre Aufgabe dokumentiert. Ähnlich müssten wir bei unseren Provinzhäusern eine erziehliche Einrichtung haben.
Schon in Quarten machte Herr Pater für unsere Provinz den konkreten Vorschlag, eine Ausbildungsstätte für Seelsorgehelferinnen einzurichten. Das schien Herrn Pater für die damalige Zeitsituation das Notwendigste. Herr Pater wollte dazu gerne, dass diese Ausbildungsstätte möglichst in der Nähe von Schönstatt ist. (E. W.)

Am Dienstag in der Karwoche 1950 kommt Pater J. Kentenich das erste Mal nach Haus Providentia in Koblenz-Metternich.
Das Provinzhaus wird als Tagungshaus entdeckt. Hier können einzelne Gruppen ungestört mit Pater J. Kentenich arbeiten. Emilie ist jede Anfrage recht, und voll Freude berichtet sie davon in ihren Briefen.

29.9.1950 Brief von Emilie

Er war in diesem Jahre oft bei uns, zwei Mal für Kurse vor dem Ewig, ... eine Woche für die „Wandernde Kirche“[1], ein paar Tage für die Kursmütter, drei Mal Exerzitien für unsere Provinz und einmal für die Anbetung. Du weißt ja, liebe Ag., aus eigener Erfah-

[1] Schwestern, die für die Bewegung arbeiten.

rung, was es bei uns bedeutet, „Vaterhaus“ zu sein. Ich hätte mir früher nie zu denken getraut, dass ich einmal solches Glück hätte. Es bedeutet aber auch immer ernste Schulung. ...

Eigentlich müsste ich Dir mal allerlei von „Metternich“ erzählen. Es ist ein ganz schönes Fleckchen Erde, am äußersten Rande von Koblenz zur Eifel hin, ein schönes großes Privathaus mit Park und Gelände in der Größe von 26 Morgen. Die letzten Exerzitienkurse waren 50 - 60 Teilnehmerinnen groß. Dazu kam die Hausgemeinschaft von etwa dreißig Personen (einschließlich Postulat). Da kannst Du ermessen, wie viel Platz wir haben. In unserem großen Park verliert sich eine noch größere Menge.

Für uns war das auch immer eine große Freude, Herrn Pater bei uns im Hause zu wissen. ... Erinnerung

Wir taten alles, damit Herr Pater auch gerne wieder zu uns kommt. Als „Entschädigung“ durften wir jeden Morgen seiner heiligen Messe in der Provinzhauskapelle beiwohnen. Und sehr oft hielt er auch eine schöne Betrachtung dabei, in der er uns tiefer in unser Provinzideal einführte und uns die echte Ita-Pater-Haltung im Mariengarten zeigte. (E. W.)

Pater J. Kentenich vertieft in seinen Morgenbetrachtungen, was Emilie bereits an Samenkörnern ausgestreut hat.

13.6.1950
Vortrag
J. Kentenich

Wir wollen Providentiakind, Vaterkind sein im Mariengarten. Was ist das: im *Mariengarten*? Das ist der Garten Gottes. Die Gottesmutter selber ist ein Garten Gottes. In ihr wächst eine Blume, und das ist Christus, das ist der Gottmensch. Sie ist Christusträgerin, Christusgebärerin. Sie ist der Garten, der eigentliche Mariengarten, der große Garten Gottes. Gott lustwandelt in diesem Garten, in diesem Herzen. Und auch wir sind Mariengarten, sind kleine Marien. Es soll auch die kleine Maria ein Lustgarten Gottes im Kleinen sein. Wann ist aber die kleine Maria ein Lustgarten Gottes? Wenn Gott in diesem Herzen eingehen und auf- und abgehen kann, wenn der liebe Gott immer in diesem Herzen wohnt und thront. Das ist die kleine Maria, die ähnlich wie die große Maria ein Lustgarten des ewigen Gottes ist. Und wie schön ist das dann!

Sie haben hier um sich herum ein Stück paradiesischer Natur. Sie können darin schaffen und mitarbeiten, zumal unsere Gärtnerin, die draußen tätig ist. So wollen wir den lieben Gott arbeiten lassen im Garten unseres Herzens, damit er auch urbar und fruchtbar wird. Die schlichte einfache Werktagsfrömmigkeit ist Erfüllung der alltäglichen Pflichten in innigster Verbundenheit mit dem lieben Gott. Das macht unsere Heiligkeit aus.

2.8.1950
Vortrag
J. Kentenich

Jetzt müsste ich eigentlich schon sagen: meine lieben Vorsehungskinder. Sie sagen das so mutig: Ita Pater in aeternum! ...

Und das ist das Schöne unseres Provinzideals. An wessen Adresse ist das Wort gerichtet: Ja, Vater? Wir können ja den lieben Gott nicht recht fassen, wenn nicht ein großes Licht des Glaubens in uns steckt. Dieser schlichte Glaubensgeist ist eigentlich der ständige Protest gegen die intellektualisierte Auffassung unserer Zeit. Nicht weniger soll uns das Ja, Vater wieder neu erinnern: Nur im Lichte des Glaubens kann man den Himmelsvater hinter allen Ereignissen sehen. So wie es von der lieben Gottesmutter geheißen hat: Beata, quia credidisti, so müsste es auch von jedem Vorsehungskind heißen. Kinder des Glaubens sind alle jene, die den lieben Gott überall erblicken.

Seit einiger Zeit entstehen originalgetreue Nachbildungen des Schönstatt-Heiligtums. In der Provinz, die doch so nahe bei Schönstatt liegt, wird dies diskutiert. Emilie weiß, was sie will.

Heute Abend gab es ein frohes Beisammensein unserer Oberinnen und der Provinzleitung mit Herrn Pater vor dem Provinzhaus. Es kommt die Sprache auch auf die Provinzheiligtümer. In Haus Broich soll am 2. Juli die Einweihung des Kapellchens stattfinden. Mit einem humorvollen Seitenblick auf die anwesende Provinzleitung sagt Herr Pater: „Ich glaube nicht, dass Sie ein Kapellchen bekommen!" 1950 Chronik

Erinnerung Einige Tage später sehen wir Emilie in der Mittagszeit auf einer kleine Anhöhe, wo jetzt das Kapellchen steht. Das war so eine Anhöhe mit Sträuchern, Gebüsch bewachsen. Da steht Emilie ganz allein mit einer Rebschere und hat da ein Loch hinein geschnitten. Ich sagte: „Emilie, was machst du denn?" „Ja," sagte sie, „ich glaube, hier passt am besten das Kapellchen hin." Und da wollte sie mal Luft machen, damit sie sieht, was der richtige Platz ist für einen Kapellchenbau. Wir haben gelacht. Aber das Kapellchen kam an den Platz, wo Emilie die Zweige weggeschnitten hatte. (E. R.)

29.9.1950 Brief von Emilie An einem der schönsten Punkte im Park bauen wir jetzt ein richtiges Schönstattkapellchen. Ihr wisst ja, was das alles an Eifer und Freude auslöst. So Gott will, schenken wir es am Feste der Dogmatisierung der „Assumptio" der Gottesmutter (Einweihung). Am Feste Maria Himmelfahrt war die feierliche Grundsteinlegung. Pater J. Kentenich hat auch viel Freude daran.

Die mütterliche Frau - gütig und stark

Nachdem das Kapellchen am 1. November 1950 eingeweiht war, sorgte die Gottesmutter, dass der Wunsch des Gründers zur Verwirklichung der pädagogischen Sendung Schönstatts sich ebenfalls erfüllte.
Metternich – die Provinzoberin Emilie – öffnet die Türen für Schülerinnen und hat ein offenes Haus für die Jugend.

Sie hat einen Blick für das Wohl und das Leben der Gemeinschaft und gleichzeitig ein waches Auge für die einzelne Schwester. Wenn es nötig ist, kann sie erzieherisch eingreifen. Das spiegelt sich in den Zeugnissen aus dieser Zeit.

Die Anfangsschwierigkeiten in Haus Providentia - im Jahre 1949 - lagen zum großen Teil in der Armut der Nachkriegszeit. Emilie fand für alles eine gute Lösung. Ihre Antwort war immer: Der liebe Gott will uns höher führen. Sie führte zum „Bejahen" des göttlichen Willens, so wie er sich in den Verhältnissen zeigt. Es waren keine langen Überlegungen nötig. Emilie schenkte immer Vertrauen und Anerkennung. In ihrer Nähe gab es keine Mutlosigkeit. Sie schenkte Geborgenheit ohne Worte. Ihre Ausstrahlungskraft führte unbewusst zum Nachvollzug. (B. L.) Erinnerung

Gleich Anfang Januar 1951 begann der erste laienkatechetische Lehrgang mit über dreißig Schülerinnen. Dieser Lehrgang verlief sehr gut und schloss mit bestem Erfolg ab. Erinnerung

Emilie selbst hatte sehr viel Interesse an allem und freute sich mit. Zu den Schülerinnen hatte Emilie immer einen sehr netten Kontakt. Wir mussten ja jedes Eckchen ausnützen. Und so wohnte über ein Drittel der Schülerinnen in der allernächsten Umgebung von Emilie, sodass sie auch über alles immer schnell im Bilde war.

Wir Schwestern schränkten uns gerne ein. Es musste ja auch ein Unterrichtssaal und Speisesaal für die Schülerinnen da sein, und das alles nur im Altbau. Mehr hatten wir ja nicht. Es war auch sehr familienhaft, wie alle Schwestern im Provinzhaus mitsorgten, dass die Schlafsäle und alles Notwendige für die Schülerinnen eingerichtet werden konnte. Ihnen sollte ja nichts Notwendiges fehlen. Da hatten die Schwestern Gelegenheit, sich von Notwendigem zu lösen: zum Beispiel von Tischen, Nachtschränkchen, von Stühlen und Lampen usw. Doch alle halfen gerne mit. (E. W.)

Ehemalige Studentinnen erinnern sich.

Erinnerung Wir sahen Schwester Emilie bei der täglichen heiligen Messe und begegneten ihr auch tagsüber manchmal im Haus oder im Garten.
Die Provinzialoberin, Schwester Emilie, fiel mir von Anfang an durch ihr frohes Gesicht und ihre Freundlichkeit auf. Sie strahlte Wärme, Geborgenheit und Mütterlichkeit aus, die mich anzog und die ich in Verbindung brachte mit einer übernatürlichen Kraft, die nur von Gott kommen kann. Diese wunderbare Ausstrahlung prägte die Atmosphäre im ganzen Haus. Dies spürten wir als sehr wohltuend.

Wir Schülerinnen kannten Schwester Emilie sehr gut, sie war uns gegenüber sehr aufgeschlossen. So wusste sie auch bald von meinen Ängsten und Nöten. Sie sagte zu mir: „Sie müssen wie die Gottesmutter ein Wunder des Vertrauens werden, dann schaffen Sie alles!" Dieser Satz durchzieht mein ganzes Leben. (A. K.)

Schwester Emilie war ja wohl Provinzoberin in Metternich. Aber das war uns damals noch kein Begriff, weder Schwester Emilie, noch, was eine Provinzoberin ist. Wir sind einfach als Schwarzhornkreis ab 1951 eingeladen worden, weil es noch keine Sonnenau und kein Jugendheim gab, in Metternich unsere Jahrestagungen zu halten, die nannten sich „Schwarzhorntagungen". Es waren die Diözesan- und Abteilungsträgerinnen der Mädchenjugend. Und da durften wir im Provinzhaus, was damals auch noch viel kleiner war als heute, in Metternich tagen. Erinnerung

Meine erste Begegnung geht auf solch eine Tagung zurück, wo wir eben dann ankamen in Metternich mit unseren Rucksäcken und Koffern ... Da gibt es so einen schönen Bogen in dem schönen Park, und da stand im Tor eine Schwester und strahlt uns an und freut sich und sagt: „Ach, wie ist das schön, Jugend! Jugend, genau so wie wir damals waren!" Das war eigentlich schon alles. Sie stand einfach da und hat uns erwartet, hat sich gefreut, dass wir kommen, und erst viel später haben wir erfahren, dass das Schwester Emilie war und dass das die Provinzoberin war. Und das war meine erste Begegnung mit ihr. Aber sie ist mir geblieben. Wenn ich heute nach Metternich komme, dann denke ich: Da hat sie gestanden. ...

Aber später dann, wir haben ja jedes Jahr, viele Jahre in Metternich getagt, da gab es eine zweite Begegnung mit Schwester Emilie, und das kam so: Wir durften im Refektor der Schwestern schlafen. Das war direkt links neben der Hauskapelle, heute noch. Und die Schwestern hatten ein Not-Refektor im Vortragssaal unten neben der Küche oder so irgendwo. Da durften wir auch essen. Und dann haben wir natürlich auch den Schwestern geholfen, haben das Geschirr selbst gespült. Und wie das so ist bei der Jugend, jede Diözese ist mal dran, und da waren wir noch beim Geschirrabtrocknen, ich habe das gerade fertig gemacht, da höre ich eine Stimme: „Haben die Mädchen auch genügend und gutes Essen bekommen? Ihr dürft nie vergessen, sie sind bei uns schlecht untergebracht, das müssen wir ihnen durch gutes Essen ersetzen.“ Im gleichen Moment sagt jemand zu mir: „Das war die Schwester Emilie!“ (H. W.)

Emilies vorsehungsgläubiges Vertrauen auf die Hilfe der Gottesmutter fordert den Glauben und das Vertrauen der Schwestern heraus. Eine Küchenschwester erfährt: Emilie behält recht.

Erinnerung

Die Gottesmutter wird sorgen. Das war Emilies feste Überzeugung.
Die Küchenschwester wollte nun Emilie beweisen, dass ihre Rechnung nicht vollends aufging. Nach drei Tagen war fast nichts mehr da, keinen Nachtisch und keine Beilage beim Frühstück. Nun konnte sie Emilie beweisen, dass die Gottesmutter nicht

geholfen hatte. Nach dem Abendgebet wollte sie Emilie anrufen und ihr diese Tatsache darlegen.
Und während des Betens - es war schon spät - schellte es an der Haustür. Überrascht eilte sie zur Pforte und sah eine Mitschwester aus Mühlhofen davor stehen. Sie war dreißig Kilometer mit dem Fahrrad gefahren und brachte einige lange Würste, die sie am Nachmittag von einem Bauer bekamen, der gerade geschlachtet hatte. Die Schwestern ihrer Filiale entschieden, diese Würste nach Metternich zu bringen, denn sie könnten sie dort doch sicherlich für die Mädchen gebrauchen. Eine der Schwestern setzte sich dann noch am gleichen Abend aufs Fahrrad und brachte sie Emilie. Sie wollte in Metternich übernachten und am frühen Morgen wieder zurückfahren.

Sprachlos schaute die Küchenschwester auf die Würste und auf die Schwester, die ganz erschöpft und dennoch froh daneben stand. „Nie mehr habe ich ein Fragezeichen gemacht, auch nicht in meinen Gefühlen“, gestand sie später, „wenn Emilie gesagt hat: Die Gottesmutter hilft, der liebe Gott sorgt; oder: die Gottesmutter wird sorgen. Von diesem Abend an habe ich Emilie einfach geglaubt.“ (M. M.)

Mit viel Freude nahm sie an allem Anteil. Während der Obst-Rekreation konnte sie einen unerwarteten Besuch machen. Ein liebes Wort, und alle Schwestern verrichteten froh ihre Arbeit. Erinnerung

Diese mütterliche Sorge gab den jungen Schwestern Kraft und Freude, alles einzusetzen für die Verschönerung von Haus, Park und Anlagen. Sie brauchte uns nicht mahnen. Ihr Dasein genügte, um alle Wünsche zu erfüllen. Sie weckte die Mitverantwortung und ließ uns an den Provinzsorgen teilnehmen. In der Gemeinschaft erzählte sie uns immer wieder etwas Frohmachendes. Viel Freude schenkte sie uns, wenn sie zu einer Kaffeepause im Freien erschien. Es war wie in einer guten Familie: Die Mutter brauchte nur da zu sein. (B. L.)

Erinnerung

Nachdem Emilie unsere Provinzoberin wurde, erlebte ich sie mehr als Mutter. Mit allen Anliegen, Sorgen und Nöten konnte man zu ihr kommen. Sie hatte immer Verständnis und fand stets die rechte Antwort, die befreite und froh machte. In ihrer Nähe fühlte man sich wohl. Emilies frohes, natürlich-übernatürliches Wesen fiel besonders auf. Auch die Sorge um das leibliche Wohl lag ihr stets am Herzen. Sie erkundigte sich, ob wir damals in der schweren Zeit auch genügend zu essen hätten und veranlasste, dass vom Provinzhaus aus geholfen wurde. Bei Emilie fühlte ich mich verstanden und geborgen. (F.-K.)

Erinnerung

Emilie durfte ich sehr oft erleben als eine mütterliche, selbstlose und Vertrauen schenkende Vorgesetzte. Man konnte ihr alle Sorgen und Probleme offen sagen. Immer war sie bereit, einen anzuhören

- mit einem mitfühlenden Herzen -, um schließlich mit Rat und Tat zu helfen. Probleme vermochte sie klug zu lösen, und sie schenkte einem volles Vertrauen. Ich erinnere mich noch an folgende Begebenheit:

Ich war in Heimatferien. Meine Mutter war krank und pflegebedürftig. Die damaligen Verhältnisse lagen so, dass man meine Hilfe sehr benötigte. So schrieb der Hausarzt zur Bestätigung ein ärztliches Attest. Ich durfte dann auch zur Pflege länger zu Hause bleiben. Als ich nach den Ferien zu Emilie kam und wir davon sprachen, sagte sie: „Ich hätte dir auch so geglaubt, ohne ärztliche Bescheinigung." Ich war beschämt. Man spürte so richtig ein Mittragen und Mitfühlen. In gemeinsamen Überlegungen wurden Probleme gelöst. Alles war so echt und ungekünstelt. Nach einem Gespräch mit Emilie ging man froh und bereichert nach Hause. (X.)

Bei einem Besuch in Metternich habe ich mich einmal bei Emilie über unsere Filialverhältnisse beklagt. Erinnerung
Wir waren dort sechs Schwestern, und es war halt nicht immer harmonisch. Emilie hörte mich ganz ruhig an. Als ich fertig war, schaute sie mich an und sagte nur:
„R., denk, das sind deine Kinder, und Kinder haben immer allerlei Unarten." Emilie machte nicht viele Worte, aber was sie sagte, sollte ernst genommen werden. So konnte ich wieder gehen. (R. H.)

Erinnerung In den ersten Jahren in Metternich hatte ich einmal zusammen mit Emilie zum 19. März die Statue des heiligen Josef geschmückt. Wir taten es mit viel Liebe und meinten, dass der heilige Josef sicherlich auch Freude an unserer Arbeit hat. Später kamen M. und Ä. vorbei. Da ihnen unsere Arbeit nicht gefiel, machten sie, kurz entschlossen, alles neu.

Als ich nach einer Weile an der Statue vorbei ging und sah, was geschehen war, war ich ein wenig ungehalten und ging zu Emilie. Sie hörte mich an, und ich spürte, dass es ihr auch Leid getan hat. Dann sagte sie ganz ruhig: „Komm, zeig nichts, wir legen es ins Gnadenkapital."

Später musste ich noch oft an ihren Rat denken, vor allem, wenn ich in ähnliche Situationen geriet. Ihre schlichten Worte halfen mir, mit den kleinen Unstimmigkeiten des Alltags schneller fertig zu werden. (M. S.)

Erinnerung Ich war Stationsschwester ... Ich hatte viel Personal: eine zweite Marienschwester und natürlich eine Reihe freier Schwestern, Mädchen usw. Wir hatten eine sehr schöne Stationsgemeinschaft, alle beneideten uns, wie schön es bei uns war. Nur mit meiner Mitschwester ging es nicht, ich konnte sie nicht mit hinein beziehen. Ich wusste nicht, warum. Es klappte einfach nicht so zwischen uns. Ich hatte nichts gegen sie und ließ ihr Freiheit. Es war für mich kein Problem, das ich hätte irgendwo weitergeben müssen oder worüber ich mit jemand geredet hätte. Es war halt eine Tatsache, mit der ich fertig werden konnte. Ich wäre nie auf die Idee gekommen, mit Emilie darüber zu sprechen.

Eines Tages hatte ich ein Gespräch mit Emilie. Sie sagte mir, die Schwester hätte sich sehr beschwert über mich, vor allem über die Art, wie ich sie behandeln würde. Mit meinen Worten gesagt, ich würde sie so quasi als Aschenputtel behandeln, sie liefe nur so nebenher, ich würde nur die freien Schwestern kennen und die Mädchen usw. und mich nur um sie sorgen.

Ich habe mir das angehört und gedacht: Aha, so sieht die Sache von ihrer Sicht aus. Und dann erklärte ich Emilie, wie ich die Sache sehe, wie sich die Schwester in der Stationsgemeinschaft selbst isoliert und nicht mitmacht. Emilie hat sich alles ruhig angehört. „Ja, und was soll ich jetzt machen?", fragte ich sie. „Was macht man in so einem Fall?"

Dann schaute sie mich ganz verständnisvoll an, lächelte und sagte: „Bete mal jeden Tag die Kleine Weihe[1] für die Schwester." Ich muss sie etwas fragend angeschaut haben. Emilie, die ja meistens alles schnell durchschaut hat, merkte, was in meinem Blick lag. Ich habe gedacht: Ist ja recht schön und gut, beten kann man immer füreinander, aber in dem Fall müsste man was tun. Das war so meine Einstellung. Aber Emilie hat nichts mehr gesagt. Gut, Emilie hat das gesagt, so habe ich das getan. Und

[1] Das Gebet: O meine Gebieterin, o meine Mutter ...

dann ist etwas passiert, worüber ich heute noch lächeln kann, wenn ich daran denke. Das Verhältnis hat sich ganz langsam und so unauffällig geändert, dass ich es in meinem Betrieb überhaupt nicht gemerkt habe. Es war schön, es war alles gut, aber ich habe gar nicht gemerkt, dass sich ein ganz anderes Verhältnis mit der Schwester anbahnte. - Also, ich hatte die Veränderung wohl schon bemerkt, glaubte aber, es ginge von ihr aus. - Nie wäre ich darauf gekommen, dass ich mich durch mein Gebet wohl selbst in meinem Verhalten geändert hatte.

Als ich nach langer Zeit wieder zu Emilie kam, sagte sie als Erstes: „Vergelt's Gott, dass du das so schön gelöst hast mit der Schwester." - „Ich, ich habe gar nichts getan!", sagte ich verwundert. „Du hast doch die Kleine Weihe gebetet", erwiderte sie.

Das ist mir erst hinterher aufgegangen. Dadurch, dass ich für meine Mitschwester jeden Tag die Kleine Weihe gebetet habe, hat sich meine Einstellung ihr gegenüber wahrscheinlich auch geändert. Also, mit dieser Mitschwester hatte ich später ein wunderbares Verhältnis, es blieb auch so, nachdem sie versetzt wurde. (R. G.)

Erinnerung

Im Juni 1951 wurde ich von Emilie für die Frauenliga freigestellt. Die Aufgabe ist mir zunächst nicht leicht gefallen. Emilie jedoch schenkte mir viel Verständnis und Aufmerksamkeit.

Vor jeder Abreise legte ich ihr den Reiseplan vor und machte sie auf besondere Stationen aufmerksam. Emilie verabschiedete mich dann immer mit einem freundlichen Blick und mit den aufmunternden Worten: „Ich denke an Dich! Ich bete für Dich!"

Nach jeder Reise meldete ich mich sofort von der Pforte aus bei Emilie zurück und ihre Antwort: „Ich habe schon auf dich gewartet, du kannst gleich zu mir kommen!" Auf ihrem Schreibtisch lag mein Reiseplan. Emilie erkundigte sich nach den einzelnen Erlebnissen und den „besonderen Fällen". Sie freute sich herzlich über den Verlauf und die kleinen Erfolge. ...

Bei den Reisen hatte ich oft Schlafschwierigkeiten. Täglich neue Eindrücke. Täglich neue Probleme der mir Anvertrauten, täglich ein anderes Bett.-- Das alles beschäftigte mich bis in die Nacht hinein und ließ mich nicht einschlafen. Emilie erkundigte sich danach und sagte mir ganz konsequent: „Das musst du anders machen. Wenn du in das Schlafzimmer kommst, dann sage: Gottesmutter, morgen muss ich auch wieder für dich arbeiten und frisch zu den mir Anvertrauten gehen, nun lasse mich schlafen und gib mir morgen wieder alle Gedanken zurück."
Das „Rezept" befolgte ich bei den nächsten Reisen - und es klappte ausgezeichnet. (E. O.)

Beim Besuch meines Bruders kam es auch zu einem Treffen mit Emilie. Als Emilie meinen Bruder be- Erinnerung grüßte, sagte sie, auf mich zeigend: „Sie macht es so gut!“ Dieses Lob habe ich nie mehr vergessen, seit den fünfziger Jahren. - Heute noch bin ich ihr dafür dankbar. (M. P.)

Besondere Liebe und Aufmerksamkeit schenkt Emilie den Postulantinnen, den jüngsten Mitgliedern der Provinzfamilie. Gottes Wille allein ist für Emilie das Maß – trotz aller Personal-Sorgen.

Erinnerung Emilie war um uns drei Postulantinnen mütterlich besorgt, und das hat mich damals froh gemacht, denn ich hatte viel Heimweh. Sie sprach kaum mit uns Postulantinnen, aber ihr gütiger Blick machte uns froh. Einmal sagte sie zur Küchenschwester, sie sollte für uns drei Postulantinnen als Zugabe Spiegeleier backen. Diese mütterliche Geste habe ich nie vergessen. (C. M.)

Erinnerung C. und ich waren im Garten. Wir hackten gerade ein großes Möhrenfeld. Es war sehr heiß. Emilie wusste, dass dies für uns sehr schwer war. Von weitem sahen wir Emilie mit dem Fahrstuhl zum Kapellchen fahren. Bald gab Emilie uns ein Zeichen, dass wir kommen sollten. Sie bat uns, sie mit dem Fahrstuhl die Stufen rauf zur Gottesmutter zu tragen. Hier betete sie innig und ganz natürlich. So wurde mir ihre innige Liebe zur Gottesmutter klar.
Wir beide wollten gleich wieder schaffen gehen. Da hob Emilie mit einer Hand die Schürze beiseite und

gab uns eine Tafel Schokolade mit dem Hinweis, diese müssten wir beide jetzt zusammen essen. Sie strahlte und bedankte sich herzlich. Wir waren stolz und fühlten uns reich beschenkt. Nicht nur über die Schokolade freuten wir uns, sondern dass Emilie uns so schlicht um diese Tat bat. (M. K.)

Erinnerung

Emilie hatte ein feines Einfühlungsvermögen. Mit einigen ermunternden Worten von Emilie erhielten wir alle, bevor wir ins Noviziat gingen, unser Büchlein mit den täglichen Gebeten der Familie. Es beeindruckte mich sehr, als Emilie einer Postulantin, die nicht zum Noviziat zugelassen wurde, mit viel Güte und Wohlwollen ein Notizbüchlein im selben Format wie unsere Gebetbüchlein übergab und ihr Mut machte, das Angebot, ein zweites Postulat zu machen, gut auszunützen, um dann ein halbes Jahr später das Noviziat zu beginnen. (R. R.)

Erinnerung

Als wir im Postulat an einem herrlichen Herbsttag unseren Ausflug hinein in die Eifel machten, gab es nach der ersten Wanderstunde eine frohe Überraschung: Die Post, im Postulat besonders begehrt, wurde verteilt. Erstaunlicherweise war an diesem Tag für jede von uns Post angekommen. Dann aber stellte es sich heraus, dass es Emilie war, die denjenigen, die keinen Brief von zu Hause bekamen, selbst ein Brieflein geschrieben hatte, um ihnen am Ausflugstag diese zusätzliche Freude zu machen. (D. B.)

Achtung! Sofort beginnt das Rennen,
wir können auch, was Große können!

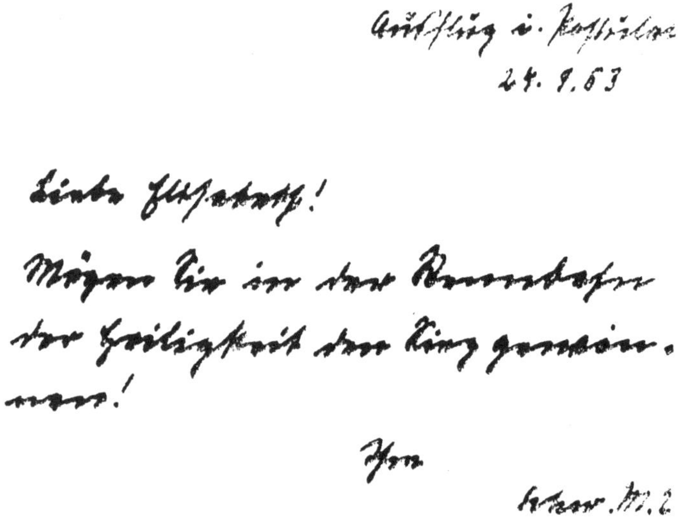

Ausflug i. Postulat
24.9.53

Liebe Elisabeth!

Mögen Sie in der Rennbahn der Heiligkeit den Sieg gewin-nen!

Ihre

Schw. M. E.

Ausflug im Postulat
24.9.53

Liebe Elisabeth!

Mögen Sie in der Rennbahn der Heiligkeit den Sieg gewinnen!

Ihre

Schw. M. E.

Erinnerung In mir war die Frage nicht gelöst, ob der liebe Gott mich nicht in der Mission haben wollte.
Bevor ich das Postulat begann, hatte ich das Glück, an der feierlichen Aussendung in die Mission durch Herrn Pater teilzunehmen. Dabei gingen mir Herrn Paters Worte sehr zu Herzen, und auf einmal waren alle Zweifel verschwunden. Es war mir klar, dass ich für die Mission berufen war.

So teilte ich dies vor Postulatsbeginn einer Schwester der Provinzleitung mit, welche mir riet, dennoch das Postulat in der Westprovinz zu machen und danach könnte ich mich noch einmal entscheiden. Als sich das Ende des erlebnisreichen Postulats näherte und ich erfuhr, dass noch eine zweite Postulantin denselben Wunsch hegte, in die Mission zu gehen, wollten wir gemeinsam unseren Entschluss mitteilen. Wir durften mit der Assistentin der Provinz sprechen, die allerdings nicht so vertraut war mit unserer Vorgeschichte. Das Resultat, die Antwort war etwa so: Wer in der Westprovinz eintritt, bleibt im Westen!

Wir wollten nun doch noch einen Versuch machen und baten um Audienz bei Emilie, die Provinzoberin war. Nach etwas bangem Warten wurde uns diese gewährt. Sie empfing uns in ihrem Arbeitszimmer. Sie war damals schon die strahlende, gütige, Vertrauen erweckende Emilie, ganz auf den Willen des Vaters abgestimmt. Wir brachten unser Anliegen vor ob der Berufung in die Mission. Mit großer Ruhe hörte sie uns an.

Dann sagte sie: „Ja, wenn ihr das meint, ich möchte dem lieben Gott nichts in den Weg legen.“ Und dabei blieb es. Wir wurden für die Mission freigegeben. Dafür bis heute Dank! (R. R.)

Den kranken Schwestern schenkt Emilie nach wie vor ihre besondere Aufmerksamkeit. Bei allen Festvorbereitungen nimmt sie sich Zeit für einen persönlichen Weihnachtsgruß.

18.12.1953
Brief von Emilie

Will Dir heute am Bündnistag schon schreiben und Dir von Herzen ein ganz gnadenvolles und frohes Weihnachtsfest wünschen. Im Geiste bist Du in der Heiligen Nacht sicher bei uns, und wenn ich bei unserer Heilig-Abend-Feier im Kapellchen die Namen der Filialschwestern nenne, werde ich Dich besonders erwähnen. Du darfst Dich in Deiner Einsamkeit Pater J. Kentenich ein wenig gleichgeschaltet fühlen - und auch den einsamen Dreien im Stalle zu Bethlehem vor 2000 Jahren. Gerade fällt mir ein, dass auch ich vor zwanzig Jahren (1933) die Heilige Nacht im Krankenhause und im Bett zubringen musste. Es war eine lange einsame Nacht. Ich hörte die nahen Kirchenglocken, hörte die Klänge der Christmette in der nahen Hauskapelle und durfte doch erst morgens um 8 Uhr den Heiland in der heiligen Kommunion empfangen. Da bin ich im Geiste immer in den Stall von Bethlehem geflüchtet ... Ich weiß es noch so gut.

Deine Gründe für den Verzicht auf die Weihnachtsreise hierher haben wir gut verstanden. Wir hätten

Dich natürlich gern hier in unserer Mitte gehabt. Man hat an Weihnachten das Bedürfnis, beieinander zu sein. Aber es ist so besser für Dich, für Deinen Gesundheitszustand - wenn ich an so manche Umstände denke -, die Reise, die Witterung, die Wohnverhältnisse hier in unserem dicht gefüllten Hause ...

Da fällt mir vor Schluss meines Briefes gerade noch ein, dass Du gern ein kleines Wachs-Jesuskind für ein Kripplein aus Baumrinde hättest. Ob Dir das kleine, winzige in dem Kästchen genügt? Es ist wertvoller, als es aussieht. Pater J. Kentenich hat es in der Hand gehabt und hat es mir einmal am Hl. Abend in Koblenz bei einer Feier im kleinen Mariengarten überreicht. ... Für Dich, liebe Th., kann ich mich davon lösen. Ich weiß das Jesulein bei Dir in guten, treuen Händen. ...

Auf sich gestellt - Einsatz für den Gründer

Durch kirchliche Verfügung wird Pater J. Kentenich 1951 von seiner Gründung getrennt. Die Schwesternfamilie darf keinen Kontakt mit ihm halten. Nun ist Emilie auf sich allein gestellt – in ihrer verantwortungsvollen Aufgabe und in ihren persönlichen Anliegen. Ihr Ja bleibt.

Erinnerung Inzwischen waren die harten Jahre der Verbannung unseres Gründers gekommen. Das war für uns alle überaus schwer und brachte viel Leid nach allen Richtungen. Emilie hat in diesen Jahren - trotz ihrer zarten Anlage und Gesundheit - viel unternommen und gewagt, sei es im Briefwechsel mit höchsten kirchlichen Stellen oder bei entsprechenden Audienzen. Wo sie konnte, ist sie für die Ehre und das Recht unseres Vaters eingetreten und hat mutig gekämpft. (E. W.)

1.12.1953 Brief von Emilie

Bin gesundheitlich und durch viel, viel Arbeit gehindert. Es wird schon bald ein Jahr, dass ich im linken Bein eine Lähmung spüre, die im Laufe des Jahres immer schlimmer wurde. Ich war schon bei einer Reihe von Ärzten, habe auch schon viel dagegen getan, aber bis jetzt ist trotz allem das Übel noch nicht behoben.
Jetzt habe ich mich demütig (!) entschlossen, mir einen Stock als Stütze zu nehmen, damit ich besser gehen kann. Das Gehen ist für mich sehr mühsam. Aber ich konnte in letzter Zeit noch einige kleine Reisen machen, teils per Auto, teils per Bahn. Der liebe Gott will mich gewiss stark daran erinnern, dass es dem Ende zugeht. Ich will mich ganz darauf einstellen und nur dem Hauptberuf leben, einzig auf das zu sinnen, was Vater und Mutter Freude macht. Wenn ich mich nur nicht tagsüber so viel in den äußeren Geschäften verlieren würde. Geht es Dir auch so?

3.12.1953 Brief von Emilie

Vorhin rief Annette an. Ich soll übermorgen mit ihr nach Trier zu unserem Bischof fahren. Meine Exerzitien sind dann zwar zu Ende, aber ich hätte so gern noch etwas angehängt. Rechtlich wäre es schon in

Ordnung, weil ich noch Ferientage zugute habe. Aber so ein Bischofsbesuch in der augenblicklichen Situation geht vor. Hoffentlich können wir dem Herrn ein wenig von unseren Sorgen anvertrauen. Einiges konnte ich ihm schon vor einigen Wochen sagen, als ich ihn in Münster am Stein gelegentlich der Beerdigung eines Priesters, seines Verwandten, traf, der dort in unserem Kinderheim tätig gewesen war. Ich sprach mit ihm über den Verbleib unserer Generalratsschwestern nach ihrer Amtsenthebung (die Frage blieb offen) und über die Zensur unseres Schrifttums (wurde anscheinend mit Verständnis aufgenommen). Jetzt muss ich morgen noch tüchtig beten, dass die für mich recht mühevolle Reise sich lohnt. Ich habe Annette gefragt, ob sie sich nicht der humpelnden Provinzoberin schäme, was sie entschieden verneinte, dass ich nicht mehr anders konnte, als zu sagen: Mphc.

Erinnerung Anfang 1954, als wir vor unserem ersten Generalkapitel mit Neuwahl unserer gesamten Generalleitung standen, wagte sie es, mit Perpetua und Annette nach Rom zu fahren, obwohl sie zu dieser Zeit schon sehr behindert war und nur am Stock gehen konnte. Aber für die Familie war ihr nichts zu schwer. (E. W.)

Bericht Wir gingen gerne zur Kirche Santa Maria Maggiore, um dort der Gottesmutter unser Anliegen vorzutragen. Meist machten wir die Wege zur Kirche zu Fuß. Wir betrachteten den Gang zu Santa Maria Maggiore immer als Wallfahrt. Emilie wurden diese Wege schon mal sehr schwer. Eines Morgens, als wir wieder nach Santa Maria Maggiore gingen, blieb Emilie auf dem etwas steilen Weg stehen, sie konnte kaum noch gehen. Dann stieß sie mit ihrem Stock energisch auf den Boden und sagte: „Mit Gründergeist voran!"

Seit der Romreise verschlechtert sich Emilies Gesundheitszustand. Die Beschwerden werden immer stärker. Eine stationäre Behandlung im Koblenzer Brüderkrankenhaus St. Josef ist notwendig. 1954 Chronik

Beim Generalkapitel im Mai 1954 wird Emilie zur Generalratsschwester und Generalkursmutter gewählt.

Beim damaligen Generalkapitel 1954 wohnten die ausländischen Schwestern in Sonneck. Sie pendelten dann von Sonneck nach Schönfels. Damals dauerte es ja lange, bis die Schwestern des Generalrates von Rom bestätigt waren. Schwester Emanuele kam eines Morgens vom Schlösschen und erzählte an der Pforte folgendes: Erinnerung

Gestern habe ich eine „Heilige" beim Generalkapitel gesehen.

Sie wären alle sehr ungeduldig gewesen, da sie ja wieder zurück und auch noch zum Heimaturlaub zu den Angehörigen wollten. Nur Emilie sei ruhig und gelassen geblieben. Sie habe gesagt: Sie würde dies tragen zur Sühne, wenn sie eine Schwester habe warten lassen, die auf eine Antwort von *ihr* gewartet habe. (M. B.)

Bald nach ihrer Einsetzung als Generalkursmutter schreibt Emilie in ihrem ersten Brief an die Kursmütter:

2.6.1954 Brief von Emilie

Ihr werdet vielleicht schon ein wenig Ausschau gehalten haben nach einem ersten Gruße von mir. Wenn ich ihn Euch heute sende, ist er geladen mit vielen guten Wünschen zum hochheiligen Pfingstfeste. ...

Jetzt muss ich Euch noch etwas über die praktische Seite unserer Zusammenarbeit mitteilen. Als wir (der neue Generalrat) kürzlich beim Hochwürdigsten Herrn Bischof waren, habe ich Seine Exzellenz gefragt, ob Schwester Uta mir noch helfen dürfe, da ich in der nächsten Zeit notwendig etwas für meine Gesundheit tun und ärztliche Behandlung in Anspruch nehmen müsse. (Ich bin stark im Gehen behindert, kann nur noch mit Stütze gehen.) Exzellenz erklärte sich einverstanden mit meinem Vorschlag. Da ich nun für einige Zeit ins Krankenhaus (Koblenz) muss, möchte ich Euch hiermit bitten, Euch in der nächsten Zeit, d. h. bis Ihr eine andere Weisung bekommt, vertrauensvoll mit Euren Sorgen und Anliegen an unsere Uta zu wenden. In ihrer bewährten Hilfsbereitschaft und selbstlosen Schwesterlichkeit, in ihrem ernsten Verantwortungsbewusstsein für die Aufgabe und das Wohl der Kurse wird sie Euch gern mit Rat und Tat weiter zu Diensten sein, auch wenn sie nicht mehr im Generalrat ist. Sie wird auch Eure Vorschläge, Wünsche und Anregungen gern an den Generalrat weitergeben.

Und was soll ich selbst einstweilen für Euch tun? Da ich ans Bett gefesselt bin, kann ich in der Hauptsache nur beten und opfern für Euch. So will es jetzt der liebe Gott von mir. Und ich hoffe, dass ich Euch damit noch etwas mehr helfen kann, als wenn ich Euch äußerlich vertreten und zur Seite stehen könnte. Damit es aber auch ein persönliches Helfen wird, nehme ich die Namen der Kurse und aller Kursmütter mit ins Krankenhaus und versuche nach einem bestimmten Plan mich einzusetzen für Eure Anliegen.

Eine Ratsschwester, die mit Emilie die Verantwortung für die Provinz trug, erinnert sich an die Zusammenarbeit mit Emilie und stellt ihr folgendes Zeugnis aus.

Erinnerung

Von ihrer Art aus war Emilie ruhig, still, bescheiden, sehr anspruchslos und vor allem sehr einfach. Herr Pater hat uns im Kurs einmal gesagt, dass er sich sehr gerne an Emilie orientieren würde. Sie sei für ihn in vielen Dingen Maßstab, gerade was Armut angehe, was Einfachheit angehe und was unsere Lebensweise angehe, immer sei Emilie für ihn der Maßstab und die Orientierung. Und dabei sei Emilie sehr edel in ihrem Wesen, lauter, bei ihr habe man keine Hintergedanken feststellen können. ...

Ich habe Emilie nie impulsiv oder stürmisch erlebt. Sie war immer Herr ihrer selbst. Sie hat sich in der Hand, in der Gewalt gehabt, war eher zu verschlossen und überaus verschwiegen. Emilie konnte alle in sich aufnehmen, aber sie war so verschwiegen, sie hätte nie etwas gesagt oder herausgelassen. Ich habe sie auch nie über andere sprechen hören. Das will schon was heißen. Nie, dass sie über andere negativ gesprochen hat! Wohl in Ratssitzungen, was sein musste. Aber da war sie auch sachlich und eher zurückhaltend. ...

Was ich an Emilie so sehr geschätzt habe: Emilie war sehr klar in ihrem Denken - hatte ein ganz klares Denken -, sie hatte einen ganz festen Standpunkt. Sie konnte ihren Standpunkt jetzt nicht massiv durchsetzen. Das gelang ihr nicht, aber sie hatte einen klaren festen Standpunkt und war in ihrem Handeln sehr konsequent. Sie ist dann einfach still ihren Weg gegangen. Sie war kein Draufgänger, kein Stürmer, sie war eher bedächtig, ausgleichend, abwartend, hat es vielleicht innerlich durchgelitten, aber sie ist nicht von ihrem Plan abgegangen.

Das merkt man auch an den Briefen, die sie verfasst hat. Zum Beispiel - das weiß ich von Schwester Anna - alle Briefe, die irgendwie kurz, klar, sachlich oder als Berichte abzufassen waren, die hat alle Emilie machen müssen.

Auch in unseren Ratssitzungen, da haben wir oft nach einem Besprechungspunkt gesagt: „Emilie, sei so gut, diktiere uns ...“ Dann hat sie ganz schön, schlicht und klar mit ein paar kurzen Sätzen so präzise formuliert, da brauchte man kein Wort dran zu deuteln, kein Wort zu streichen. ...

Aber sie ist kein Typ gewesen, der mit dem anderen kämpfen konnte. Und doch konnte sie kämpfen. Man wunderte sich - wo Emilie doch so zart war -, dass sie den Mut gehabt hat, z. B. nach Rom zu fahren, um dort für die Familie einzustehen. (E. W.)

1954 – 1955 Mein Leben - ein Sich-Verschenken

Das letzte Lebensjahr von Emilie ist ein Schlussakkord, in dem alle Motive ihres Lebensliedes noch einmal in Fülle aufklingen.
Gottes Vaterliebe ist das Thema, um das alle Ereignisse, groß oder klein, bedeutsam oder alltäglich, freudig oder leidvoll, kreisen. Die Koffergeschichte steht dafür und das Wort: Ich lasse auf Gott nichts kommen.
Mütterliches Verstehen und selbstlose Güte werden so ausgeprägt an ihr erfahren, dass ihr gesundheitlicher Zustand lange nicht ernst genommen wird. Emilie ist frei von sich selber. Alle Unannehmlichkeiten und Leiden ihrer Krankheit vermag sie mit lächelnder Heiterkeit anzunehmen.
Selbst die tiefe Not ihres Lebens, die periodenweise wieder aufbrechen will, kann sie verschenken und sich sorglos wie ein geborgenes Kind dem Vatergott in die Arme werfen. So wird ihre Sterbestunde das friedvolle, gelöste Heimgehen eines Gotteskindes zu seinem Vater. Das Geheimnis ihres Lebens ist so mächtig geworden, dass es einfach aus ihr heraus leuchtet und andere anzieht und sie nicht darüber schweigen können.

Erinnerung Eines Tages hieß es, jede Postulantin erhält bei Schwester Emilie eine Audienz in ihrem Arbeitszimmer. Als wir vor ihrer Tür warteten, empfand ich wieder dieses Gefühl der Unsicherheit, Angst und Aufregung vor einer besonderen Persönlichkeit.

Aber kaum war ich, verwirrt und mit Herzklopfen, eingetreten, strahlte mich sogleich ein leuchtender, gütiger und froher Blick von Schwester Emilie so wohltuend an, dass alle beklemmenden Gefühle wichen und ich mich in einer kinderseligen Atmosphäre befand. Es schien, als leuchte der ganze Raum ein warmes Licht aus. Einmalig schön war diese Begegnung.

Von dieser Stunde an wusste ich, wer Schwester Emilie war und warum alle sie wie einen kostbaren Schatz hüteten und wie eine Heilige verehrten. Dieses tiefe Leuchten aus ihrer Seele und auf ihrem Antlitz bei einer so großen körperlichen Gebrechlichkeit, die fast dahinter verschwand, bleibt mir unvergesslich. (C. W.)

Emilies Krankheit im Verlauf des letzten Jahres.

4.6.1954	bis 3.11.1954 im Streckverband im Brüderkrankenhaus, Koblenz
19.4.1955	bis 25. 5.1955 erfolglose Spezialbehandlung im Brüderkrankenhaus

Nach der einschlägigen Literatur und eigener ärztlicher Erfahrung und der vorausgegangenen Symptomatik bestand mit großer Wahrscheinlichkeit eine Rechts- und Linksinsuffizienz des Herzens (Schädigung der rechten und linken Herzkammer durch Überbelastung nach Thorakoplastik) - ein so genanntes cor pulmonale, das letztlich den Tod herbeiführte. Die Wirbelsäulenverkrümmung ist ebenfalls Folge der durchgeführten Thorakoplastik. Die periphere Lähmung links betraf den X. Hirnnerven, den so genannten nervus vagus, der Gaumen, Schlund, Kehlkopf, Luftröhre, Speiseröhre, Brust- und Bauchhöhle innerviert. Die Schluckbeschwerden und die etwas verwaschene Sprache bei Schwester Emilie waren unmittelbare Folgen dieser Schädigung.[1]

13.9.1954 Brief von Emilie

Nun möchtest Du wohl noch gerne wissen, wie es mir geht. Ich bin daran, im Laufstuhl wie kleine Kinder jeden Tag einmal Gehübungen zu machen. Dabei merke ich, dass das lahme Bein doch noch nicht recht will, vielleicht niemals mehr. Alles, wie Gott will - und fürs Gnadenkapital. Den „Panzer" (Stützkorsett) ziehe ich auch täglich ein paar Stunden an. Muss dabei oft an Dich denken, weil Du auch so ein Ding hast. Vielleicht macht er mir auch mehr zu schaffen, weil ich doch so viel älter bin als Du und weil mein Oberkörper durch die Operationen vor Jahren doch stark verkrüppelt ist. ... Was ist es doch ein Glück, wenn man weiß, wofür man all die Mühsal tragen darf und dass man auch bei äußerer Untätigkeit doch noch fruchtbar sein darf für ein großes Werk!

---

[1] Kuhn, L., a.a.O. S. 15 f.

Von Köln aus bin ich auch oft zu Emilie gegangen, wenn ich in Metternich war. Sie hatte immer ein Schild an ihrer Tür: „Bitte nicht stören!" Ich wartete dann, bis diejenigen, die für das Schild verantwortlich waren, bei Tisch waren, und klopfte dann bei Emilie. Sie sagte: „Komm, komm!" Dann saß sie z. B. am Tisch und hat Papierschnitzel gerissen. Sie sagte zu mir: „Guck mal, was ich hier mache! Das mache ich noch, um Kraft in den Fingern zu behalten." In ihrer Hilflosigkeit sagte sie auch oft: „Stell mir doch den Fuß mal so oder so." Erinnerung

Und das immer so strahlend, obwohl sie immerzu unter Schmerzen und Gebrechen war. Wie oft saß sie auch mit dem Fahrstuhl vor dem Kapellchen, wenn man kam und sagte: „Och, sie haben mich wieder mal vergessen!" Nie aber hat sie darüber geschimpft, sondern konnte darüber lachen. (C. R.)

Ich lasse auf Gott nichts kommen

Wir Schwestern haben uns in allen Variationen bemüht zu sagen, auch die, die ein bisschen älter waren: „Emilie, der liebe Gott, der soll mal aufhören, der hat dich doch jetzt genug geplagt. Er soll mal einem anderen was geben, und er soll mal eine Pause einlegen. Und dass der auch nicht hilft usw." Das haben viele Schwestern auch extra getan. Und dann kam immer mit der Hand diese Bewegung und in Beharrlichkeit immer derselbe Satz in Überzeugung: „Ich lasse aber nichts auf ihn kommen!" (M. M.) Erinnerung

Unser Leben gleicht einem Koffer, gefüllt mit Gaben und Fähigkeiten, die wir von Gott erhalten haben. Manchmal fordert Gott aus diesem Koffer etwas zurück. Dieses Bild hat Emilie in ihrer Krankheit angesprochen.

Erinnerung

In den letzten Wochen erinnerte sich Emilie - durch ihre Hilflosigkeit angeregt - an die Predigt eines Neupriesters, die wir in Bad Salzig gehört hatten. Er sprach von unserer Ganzhingabe an Gott und meinte, wenn unsere Seele in Hochstimmung sei, zum Beispiel am Tage der Einkleidung, der Weihe, bei Exerzitien usw., würden wir dem lieben Gott mit Begeisterung *alles* schenken, ihm gleichsam unseren ganzen „Koffer" bringen und sagen: Hier schenke ich dir alles, was ich bin und habe. Nimm alles hin, du kannst frei darüber verfügen! Der liebe Gott aber würde sich wohl unsere Gabe ansehen, dann aber sagen: Es ist ja schön, dass du mir alles schenkst. Es macht mir wirklich Freude, und ich nehme alles gerne an. Nimm aber heute deinen Koffer nur wieder schön mit. Ich hole mir dann jeweils schon das, was ich gerade haben möchte. -

Diese kleine Geschichte machte Emilie viel Freude, und immer wieder kam sie auf ihren „Koffer" zu sprechen und zählte auf, was der liebe Gott schon herausgeholt hatte: beide Beine, den linken Arm, einen Teil der Rippen, die halbe Lunge, die Sprache usw. aber auch, was noch alles im „Koffer" drin sei und was der liebe Gott noch holen könne.

So sagte sie oder schrieb auch schon mal auf ihr Täfelchen: „Ist noch im Koffer!" Sie deutete dann manchmal auf die Augen, die Stirn und wollte damit sagen: Der Verstand, das Sehen ist noch im „Koffer". Mehrmals meinte sie auch: „Wenn ich noch einmal mehr Kraft habe, will ich alles aufschreiben, was in meinem Koffer war und was der liebe Gott herausgeholt hat."

In den letzten Tagen machte ihr A. eine Traubenzuckerspritze. Da sie so gut klappte, meinte sie, die Vene sei auch noch im „Koffer". Emilie darauf: „Wenn ich noch könnte, so würde ich ein Büchlein schreiben „Die Geschichte eines Koffers". - „Ja", erwiderte A., „die kleine heilige Theresia schrieb „Die Geschichte einer Seele", und du schreibst „Die Geschichte eines Koffers".

Gar zu gern hätte Emilie dann auch ihrem Besuch von der Koffergeschichte erzählt, aber es ging nicht. So bat sie uns: „Erzähl mal vom Koffer!" A. musste auch ihrem Bruder bei einem Besuch in Schönstatt die Geschichte erzählen, er könne sie sicher in Exerzitien gut gebrauchen. (M. B.)

Erinnerung

Ich erinnere mich noch gut an einen Besuch in den letzten Jahren. Sie saß im Liegestuhl, ihre Augen blitzten mich nur so an, und wir kamen gleich ins Gespräch über Jephtes Töchterlein. Unter anderem sagte sie: „Ich lasse nichts auf den lieben Gott kommen. Ich habe ihm Blankovollmacht gegeben. Er kann mit mir machen, was er will. Er darf aus meinem Leben holen, was ihm gefällt und für mich gut ist, wie aus einem Koffer, von dem wir entnehmen, was wir brauchen und was uns gefällt. Zu Herrn Pater habe ich ja gesagt: Ich möchte keine große Provinz, aber eine heilige Provinz." (P. H.)

Emilie spürt, dass ihr Lebensweg zu Ende geht, dass ihr Heimgang zum Vater bevorsteht. Das Bild vom Weizenkorn spricht sie an.

o. Datum Brief von Emilie

Als Antwort auf Deinen lieben Brief vom 31.12. dieser kleine Kartengruß. Aber der umstehende Spruch ist doch eine lange Antwort, nicht wahr! -

Herr, mach mich reif wie Weizenkorn,
Damit ich Nahrung sei den Hungernden, den Siechen.

Herr, mach mich reich wie eines Königs Kind
Damit ich Reichtum sei den Armen, den Enterbten.

Herr, mach mich rein wie Bergkristall,
Damit ich Leuchte sei den Irrenden, Bedrohten.

Herr, mach mich gut wie eine Mutter ist,
Damit ich Liebe sei, die selbstlos gibt
den Dürftigen, den Schwachen ...

Herr, mach mich stark wie einer Eiche Stamm,
Damit ich Halt und Stütze sei
den Wankenden, den Zweiflern ...

Herr, lass mein ganzes Leben ein Sichverschenken sein,

Dann bin ich leer von mir und erntereif für eine Ewigkeit!

Herr.

Herr, mach mich reif wie Weizenkorn,
Damit ich Nahrung sei den Hungernden, den Siechen.

Herr, mach mich reich wie eines Königs Kind,
Damit ich Reichtum sei den Armen, den Enterbten.

Herr, mach mich rein wie Bergkristall,
Damit ich Leuchte sei den Irrenden, Bedrohten . . .

Herr, mach mich gut wie eine Mutter ist,
Damit ich Liebe sei, die selbstlos gibt
den Dürftigen, den Schwachen . . .

Herr, mach mich stark wie einer Eiche Stamm,
Damit ich Halt und Stütze sei
den Wankenden, den Zweiflern . . .

Herr,

laß mein ganzes Leben ein Sichverschenken sein
Dann bin ich leer von mir und erntereif
für eine Ewigkeit

BW

2.2.1955
Brief von
Emilie

Wie ich höre, geht es Dir nicht gut. Könnte ich Dich doch einmal besuchen! Aber ich kann nicht gehen. Alles, wie Gott will - nicht war, liebe P., darin sind wir zwei uns ganz einig. Wer von uns wird wohl zuerst „heimgerufen"? Jetzt muss es auch für uns heißen: „Beschleunigung der Selbstheiligung ..." Lass uns unser Fegefeuer hier auf der Welt opferstark durchleiden.

Erinnerung

Als wir wieder einmal vom Sterben sprachen, meinte Emilie, hoffentlich würde bei ihrem Sterben ganz schlicht gebetet. Wenn es ihr besser ginge, wollte sie einmal die Gebete aufschreiben, die sie gerne hätte.

Auf ihr Täfelchen schrieb sie dann ungefähr folgendes: Im Sterben wird jeder wieder ein Kind. Es gibt zwei Arten von Menschen, die beim Sterben eines anderen nicht schlicht beten können: die einen, weil sie selbst innerlich nicht schlicht sind, die andern, weil sie zu viele Hemmungen haben, so zarte Dinge in der Gegenwart anderer auszusprechen. (M. B.)

Erinnerung

Am 6. Februar 1955 feierten wir den letzten Namenstag von Emilie. Der Generalrat war dabei gut vertreten. Emilie gehörte ja auch dazu! Der Tag wurde ein überaus schöner Familientag, besonders für Emilie. Für uns war er mit einer stillen Wehmut verbunden, da es Emilie ja fast von Tag zu Tag schlechter ging. ...

Dann gab Emilie ihrer Freude über den schönen Tag Ausdruck und bedankte sich besonders für unser Beten. Sie sei fest überzeugt, dass - wenngleich der Himmelsvater ihr auch die körperlichen Gebrechen ließe - doch kein Gebet umsonst sei, sondern uns zum Segen werde. Sie fügte wörtlich hinzu: „Wenn der liebe Gott Euer vieles Beten nicht nach Wunsch erhört hat, so dürft Ihr aber nicht irre an ihm werden. Ich lasse auf den lieben Gott nichts kommen!" Das sagte Emilie so froh und überzeugt, wie das nur ein echtes Vaterkind kann. (E. W.)

Wenn der lb. Gott unser Gebet auch
nicht so erhört, wie wir das gern
hätten, - ich lasse aber trotzdem nichts
auf ihn kommen.

Ita Pater in aeternum!

9. 10. 55 M. E.

Wenn der lb. Gott unser Gebet auch
nicht *so* erhört, wie wir das gern
hätten, - ich lasse aber trotzdem nichts
auf ihn kommen.

Ita Pater in aeternum!

9.10.55 M. E.

Die Schwestern versprechen im Anliegen um das Wunder der Heilung von Emilie neun Fußwallfahrten von Metternich nach Schönstatt. Die letzte Wallfahrt macht Emilie im Auto der Marienbrüder mit. Zuvor schreibt sie einen Brief an die Schwestern.

Lasst uns die Wallfahrt im rechten Geiste machen: einerseits mit einem kindlich-einfältigen, bergeversetzenden Vertrauen, andererseits aber auch mit dem festen Glauben, dass der liebe Gott - wenn er das Wunder nicht geschehen lässt, oder noch nicht - etwas Besseres für uns bereit hält. 22.10.1955 Brief von Emilie

Der Himmel hat sicher große Freude an Eurer Opferkraft und Eurem Eifer. Ihr müsst mich aber bei der heiligen Wandlung morgen auch im Sinne der Engling-Weihe opfern. Ich tue es auch: Also beides wollen wir tun: in Kindeseinfalt um das Wunder beten und auch unser Lebensopfer schenken.

Mit tausendfachem Vergelt's Gott Eure Emilie.

Erntereif für eine Ewigkeit

Vier Wochen vor ihrem Tod schreibt Emilie Abschiedsbriefe.
An die Generaloberin:

Wenn Herr Pater noch hier wäre oder wir ihm schreiben dürften, hätte er beiliegende Zeilen bekommen. Er kennt das „Krüppelkind" (den Namen habe ich mir selbst gegeben) am besten. Er wüsste zu beurteilen, was überspitzt und was echt war bei 19.10.1955 Brief von Emilie

mir, auch wie weit ich selbst in meinem Leben und Streben hinter meinen großen Worten und Akten zurückgeblieben bin und wie viel mir an der heroischen Kreuzesliebe gefehlt hat. ...
Vergesst nicht, eifrig für mich zu beten, damit ich bald dort bin, wohin unser aller Sehnen geht, und wo ich Euch und Herrn Pater am besten helfen kann.

Abschiedsbrief an die Schwesternfamilie.

19.10.1955 Brief von Emilie

Liebe Schwestern!

Vielleicht schreibe ich Euch hiermit mein letztes Wort. Es lautet: Lasst uns eine *heilige Familie* werden! Dann sehen und lösen wir in *göttlichem* Licht, in *göttlicher* Zuversicht, in *göttlicher* Kraft alle Aufgaben, die Gott uns als Familie und jedem Einzelnen gestellt hat. So habe ich mir die Familie schon im Anfang gedacht und mich schon damals dafür angeboten. So habe ich mir auch die Provinz gedacht, als mir 1946 die Leitung übertragen wurde. Ich wollte keine große, sondern eine heilige Provinz haben.

Und nun steht im neuen Jahresprogramm das Wort „durch heilige Familien". Da drängt es mich, noch einmal - vielleicht das letzte Mal - zum Ausdruck zu bringen: Lasst uns eine heilige Familie werden! Eine heilige *Schönstatt*-Familie als Werkzeug unserer lieben Mutter und Königin! Alles für Schönstatt! Schönstatt für die heilige Kirche! Die Kirche für den dreifaltigen Gott! Ita Pater in aeternum!

Es lebe das Liebesbündnis ...! Mphc!

Eure M. Emilie

Abschiedsbrief an die Provinz.

Ita Pater in aeternum! 19.10.1955 Brief von Emilie
Liebe Schwestern!

Allen letzte Abschiedsgrüße mit frohem „Auf Wiedersehen“ dort oben! Ich bitte um Verzeihung für alles, was ich nicht recht gemacht habe, und danke für alle Treue und alle Liebeserweise, besonders auch für alles Opfern und Beten in der letzen Zeit, das mich oft gerührt hat. Vom Himmel aus hoffe ich, alles wieder gutmachen zu können.

Noch etwas muss ich Euch sagen: Ich habe mich oft innerlich erschrocken, wenn Ihr meintet, ich wäre schon heilig. Heilig sind wir alle als Kinder Gottes. Aber zu heroischer Heiligkeit gehört ein anderes Tugendstreben, als ich es geübt habe. Darum bitte ich Euch herzlich, betet nach meinem Tode fleißig für mich, damit ich bald vom Himmel aus Euch helfend zur Seite stehen kann, damit Ihr wenigstens heroisch heilig werdet. Unsere Aufgaben sind ja so groß. Da dürfen wir nicht im Mittelmäßigen stecken bleiben, nicht vor einer gewissen Mauer Halt machen, die bei jedem wieder anders aussieht. Die Gottesmutter will uns ja so gern helfen, den Sprung über diese Mauer zu vollbringen. Also mutig voran! Nur nichts aufschieben! Je älter wir werden, umso mehr erlahmen die natürlichen Kräfte. Und wie manche aus uns wird schon frühzeitig abberufen.

Möge Gott mir in seiner barmherzigen Liebe die große Gnade schenken, vom Himmel aus der Familie und auch der Providentia-Provinz, dem kleinen „Mariengarten", mehr zu dienen, als ich es während meiner irdischen Laufbahn getan habe. Ita Pater in aeternum!
Hier und drüben in der Ewigkeit immer

Eure M. Emilie

In der Nacht vom 18. auf den 19. November fügt Emilie diesem Abschiedsbrief als vorletzten Abschnitt hinzu:

Lasst uns nie vergessen, was alles wir Herrn Pater zu verdanken haben. Bewahren wir ihm die Treue und gehen wir in seinen Fußspuren die Wege der göttlichen Vorsehung. Vieles aus der gegenwärtigen Familiensituation werden wir erst im Lichte der Ewigkeit verstehen. Mater perfectam habebit curam!

In ihrem Testament regelt Emilie einige organisatorische Fragen und dann heißt es:

Testament

Gepriesen sei aber die göttliche Vorsehung in meinem Leben. Verherrlicht seien die Erbarmungen Gottes und der Gottesmutter ...! In alle Ewigkeit will ich das Loblied barmherziger Vater- und Mutterliebe singen - ein Lobopfer der Barmherzigkeit sein.

Herrn Pater darf ich jetzt noch keine Grüße senden lassen, aber ich werde ihm aus der Ewigkeit nahe sein - und mich dankbar erzeigen, so viel es mir der liebe Gott ermöglicht.

Am 15. November beginnt sie einen Weihnachtsbrief an die Kursschwestern, den sie zwei Tage vor ihrem Tod vollendet.

Ganz herzliche Segenswünsche zum Hochfest der Liebe. Ob ich es noch hier auf Erden feiere? Auf jeden Fall denke ich an meine lieben Kursschwestern. Ab heute bin ich meines Amtes als Provinzialoberin enthoben. Ich fühle mich ordentlich erleichtert und ein Stück weit mehr auf meinen Hauptberuf gerichtet. ...

15.11.1955 Brief von Emilie

Das Leben ist so kurz. Unserm Denken und Sinnen, unserm Tun und Lassen haften aber noch viele, viele erdhafte Mängel an. Ich spreche aus persönlicher Erfahrung. Und da uns nicht mehr so viel Zeit bleibt, wollen wir uns immer ernstlicher bemühen, im „D-Zug der Kindlichkeit“ zu fahren. Mich findet Ihr im Abteil Providentia. Ita Pater, Ita Mater, so heißt da die Parole. Kind sein heißt aber: sich erziehen lassen von Vater und Mutter. - - - Muss schließen. Es wird zu viel.

Am 20.11.1955 vollendet sich das Leben von Emilie. Die Provinzschwestern erhalten die Nachricht von ihrem Sterben noch am gleichen Tag. Auch die gesamte Schwesternfamilie wird informiert.

20.11.1955 Heute, am 20. November, dem Vortag von Mariä Opferung, hat der liebe Gott das Lebensopfer unserer lieben Maria Emilie angenommen.

In der ersten Oktoberhälfte hat sich Emilies Gesundheitszustand wesentlich verschlechtert. Auf ihren Wunsch hin hat sie am 12. Oktober in aller Stille die heilige Ölung empfangen. Danach trat wieder eine leichte Besserung ein, doch war ihr Zustand in den letzten Wochen immer sehr wechselnd. Bis einschließlich Allerheiligen konnte sie jeden Morgen, wenn auch unter vielen Beschwerden, der heiligen Messe beiwohnen. Von da ab war es ihr leider nicht mehr möglich, da ihre Kräfte zusehends nachließen. Am Abend des letzten Bündnistages, am 18. November, bekam sie starke krampfartige Herzbeschwerden, die sich in der Nacht und am folgenden Tage in verstärktem Maße wiederholten ...

Das Sterben von Emilie war für alle, die zugegen sein konnten, eine rechte Gnade. Emilie hatte zuletzt keinen ausgesprochenen Todeskampf. Sie war fast bis zur letzten Viertelstunde bei vollem Bewusstsein. Ihr Atem ging immer ruhiger. Wir wiederholten häufiger unser Provinzmotto: Ita Pater in aeternum! Währenddessen gab sie gegen 12.30 Uhr ihre ganz dem Willen des Vaters ergebene Seele in seine lieben Hände zurück. Wir sind fest überzeugt, dass unsere liebe Dreimal Wunderbare Mutter und Königin von Schönstatt ihrem treuen Ita-Pater-Kind entgegen kam und es zum Vater führte. ...

Deine Vorsehung, o Vater, leitet alles!

20.11.1955
Totenbrief

Es hat dem Vater im Himmel gefallen, am 20. November 1955 das Lebensopfer unserer lieben

Schwester M. Emilie

anzunehmen und sie nach einem reich gesegneten Leben in die Ewigkeit heimzuholen.

Geboren am 6. Februar 1893 in Husten, Kreis Olpe, als Kind schlichter, frommer Eltern, wuchs sie im Kreise vieler Geschwister heran. Sie wurde Lehrerin und wirkte nach ihrer Ausbildung unter der Jugend des Industriegebietes.
Schon in der Frühzeit der Apostolischen Bewegung weihte sie ihr Leben der Dreimal Wunderbaren Mutter und Königin von Schönstatt. Im Vertrauen auf die göttliche Vorsehung verzichtete sie 1926 auf den ihr lieb gewordenen Lehrerinnenberuf und stellte dem Gründer der Schönstattbewegung ihre Mitarbeit für das Wagnis der Neugründung eines Säkularinstitutes zur Verfügung. Am 1. Oktober 1926 kam sie nach Schönstatt und erlebte den ganzen Aufbau unseres Institutes führend mit. Von tiefem Verantwortungsbewusstsein getragen, verzehrte sie sich in selbstloser, schlichter Treue restlos für das Wohl unserer Schwesternfamilie.

Mit großer Gewissenhaftigkeit erfüllte sie die ihr übertragenen Ämter einer Erzieherin, Provinzialoberin und Generalratsschwester. Verstandliche Klarheit und große Güte paarten sich in ihrem Wesen und sicherten ihrem Wirken einen tiefgreifenden

Einfluss und die liebende Hochschätzung der ganzen Schwesternfamilie. In allem dem göttlichen Willen hingegeben, ertrug sie still und froh ein jahrelanges Siechtum, bis sie am Vortage des Festes Mariä Opferung ihre geläuterte Seele aushauchen und in die ewige Ruhe eingehen durfte.
Wir bitten, der lieben Verstorbenen im Gebete, besonders beim heiligen Messopfer gedenken zu wollen. ...

Das feierliche Requiem ist am Donnerstag, dem 24. November, 9.30 Uhr, in der Pfarrkirche St. Johann, Koblenz-Metternich. Anschließend ist die Beerdigung auf dem Schwesternfriedhof vom Provinzhaus aus.

Leuchten über den Tod hinaus

Die ersten Reaktionen einiger Schwestern stehen für viele.

Erinnerung

Sie hat goldene Spuren hinterlassen.
Jetzt haben wir keinen mehr, der uns versteht.
Ich durfte beim Sterben einer Heiligen dabei sein.
Ich bin davon überzeugt, dass sie eine große Frau war und mir viel zu geben hat.
„Sie ist eine Heilige", kam es spontan auf meine Lippen.

In den Kondolenzschreiben spiegelt sich noch einmal Emilies Leben.

Schwester Emilie war - und ist es jetzt noch mehr! - ein kostbares Juwel. Sie wirkte schon durch ihr bloßes Dasein sammelnd, begütigend, befriedend. Sie war wie ein ruhender Pol für alle, denen sie ihre Sorge schenken durfte. Die abgeklärte reife Güte, die in den letzten Jahren immer mehr sich vollendete, ihr kluges und weisheitsvolles Urteil und ihre in Gott verankerte Ruhe werden die Schwestern noch oft vermissen.

Kondolenzschreiben

Ich glaube ganz fest, dass wir eine Heilige in ihr verehren dürfen, bei der wir in all unseren Nöten Hilfe finden. Sie war ja schon hier von einer ganz seltenen Güte und feinem Verständnis für alle, die mit ihr in Berührung kamen.
Die Begegnung mit solchen Menschen, wie Schwester Emilie war, ist eine Gnade, für die ich Gott danke.

Prälat J. Sch.

Wir alle haben sie wegen ihres gütigen, selbstlosen Wesens sehr geschätzt. *I. G., Mitstudentin*

Ich selbst bin froh, sie in ihrer Krankheit kennen gelernt zu haben; denn ich weiß, dass ich durch dieses Kennenlernen mehr Gewinn hatte, als ich als Arzt an ihrem Krankenbett tun konnte.

Dr. med. C. H., Chefarzt, Koblenz

Bei allen Verhandlungen mit der seligen Schwester Emilie fiel mir ihre große Aufgeschlossenheit und Bescheidenheit bei aller Klarheit ihrer Begriffe auf.

C. K., Domkapitular

Schon damals ist mir ihre einfache tiefe Frömmigkeit, ihre Gewissenhaftigkeit und Güte aufgefallen.

H. K., Priester aus Arnsberg

... verstandliche Klarheit und echt marianisches Gemüt wurden durch die Gnade und zielvolle Mitarbeit zu echtem christlichem Frauentum emporgeführt.

Sch., Dechant

Wenn man ihre Geduld und ihren Starkmut sah, trug man sein eigenes Kreuz wieder leichter und lieber. *F. P., Krankenhausgeistlicher*

Sie war eine jener wenigen Menschen, von denen man sagen kann, dass sie unser Leben berührt haben. So weiß ich, was du an ihr verloren hast!
... der Eindruck ihrer inneren Reife verstärkte sich so weit, dass ich glaube, sie wird in nicht zu ferner Zeit als die erste heilige Marienschwester verehrt werden. *M. M., an die Geschwister Engel*

Ein enger Mitarbeiter des Gründers, Pater Alexander Menningen, schreibt an die Generaloberin.

23.11.1955 Brief von A. Menningen

Der Tod von Schwester Emilie drängt mich, Ihnen und der ganzen Schwesternfamilie ein Wort herzlichen Beileids zu sagen. Wenngleich man das Ereignis als bevorstehend voraussehen konnte, fühlt man sich dennoch sehr davon betroffen, nachdem es nun eingetreten ist.

Die Person Schwester Emilies war ein einzigartiger Fall der Schwesternfamilie. Wer des Öfteren in das

Providentiahaus nach Metternich kam, konnte dort sehr bald ein Klima wahrnehmen, dessen geheimnisvoller Ursprung Schwester Emilie war. Mit Worten lässt sich schwer beschreiben, was unter den geheimen Ausstrahlungen ihrer Persönlichkeit zu verstehen ist. Aber das lässt sich sagen, dass man auf Schritt und Tritt an eine jenseitige Welt erinnert wurde und dessen Anziehungskraft spürte. Ich selber habe in den letzten beiden Jahren mehrmals Gespräche mit Schwester Emilie führen können, die nicht alltäglicher Natur waren. So viel aber darf ich davon verraten, dass sie in einer geradezu ergreifenden Weise und ohne es zu wissen, von der Vaterschaft Gottes und der inneren Verbundenheit mit dem Vatergott Erinnerung ablegte. Das tat sie so sehr als echtes Kind der Familie, dass diesseitige und jenseitige Vaterschaft in einem einzigen Atemzug zu Worte kamen. Wohl selten oder kaum in meinem Leben habe ich eine derartig übernatürlich ausgereifte Frau kennen gelernt, die zugleich den Adel der Gotteskindschaft verspüren ließ.

Bei meinem letzten Besuch in Metternich meinte Schwester Emilie scherzend: „Ja, wenn mich der Josef Engling heilen würde, bekämen Sie es sicher nochmals als Vizepostulator mit mir zu tun.“ Mit einer leichten Abänderung des Inhaltes kann in diesen Worten auch eine prophetische Voraussage liegen, dass nämlich ein Vizepostulator sich mit ihrer Person und ihrem Leben wirklich noch einmal beschäftigen muss.

Ich bin überzeugt, dass Sie nun ein himmlisches Mitglied der Generalleitung haben und tröste mich mit dem Gedanken, dass Ihnen und der Provinzleitung damit künftig ein außergewöhnlicher Beistand vom Himmel her geschenkt wird. Sie ist ja mit dem Wissen um all unsere Sorgen in die Ewigkeit gegangen, und nun vertrauen wir vor allem, dass sie uns in den großen Familienanliegen bei der Gottesmutter und am Throne Gottes eine gute Helferin sein wird.
In aufrichtiger Mittrauer und in treuer Verbundenheit mit der ganzen Schwesternfamilie.

Prälat Joseph Schmitz, der Leiter der Schönstatt-Priester, hält die Predigt bei der Beerdigung.

24.11.1955 Predigt

Wer in den letzten Monaten in den Bannkreis von Schwester Maria Emilie kam, der konnte sich dem bezwingenden Zauber ihrer Persönlichkeit nicht entziehen. Eine abgeklärte Ruhe lag über ihrem Wesen, eine Reife weisen Urteils und kluger Ratgebung, jene mütterliche, so verstehende Liebe, die ihr eigentliches Charisma gewesen ist, ein Eingetauchtsein in die Liebe des Vaters, ein Stehen in der Vorsehung, in der das „Ita Pater“ und das „Ita Mater“ und das Wort „Deine Vorsehung, o Vater, leitet alles“, wie ein Steuermann sein Schiff lenkt, zu einem gelebten Vorbild geworden ist für die ganze Providentia-Provinz. Und das ist die reife Frucht eines Lebens von mehr als dreißig Jahren im Dienste und unter der Führung der Mater ter admirabilis von Schön-

statt. In diesem Leben leuchtet ein Stück Marienherrlichkeit auf, und darum dürfen und müssen wir danken. Wir erfüllen damit den eigenen Wunsch unserer lieben Verstorbenen, wie sie ihn selbst zum Ausdruck brachte:
„Gepriesen sei die göttliche Vorsehung in meinem Leben. Verherrlicht seien die Erbarmungen Gottes und der Gottesmutter ...!"

Dürfen wir uns einmal fragen, wo die Wurzeln liegen für diesen so reifen Fruchtbaum ihres Lebens?
Die erste Wurzel reicht hinein in die leibliche Familie ...

Die zweite Wurzel liegt und ruht in der Begegnung mit der Mater ter admirabilis, mit dem Schönstattwerk und der Schönstattwelt. Als junge Lehrerin kam Schwester Maria Emilie mit diesem Werk in Berührung, schon in den allerersten Anfängen dieses Werkes ...

Noch eine dritte Wurzel ist es, die diesen Baum trägt. Das ist die Begegnung mit dem Gründer des Werkes, die Begegnung mit dem Herrn Pater, der von Gott als Werkzeug berufen war für ein solch weltweites Werk und der auch als Werkzeug berufen war für ihre Führung bis zur vollendeten Reife. In einer ernsten Lage, aus dem Gefängnis hier in Koblenz, dem so genannten „Karmel", schrieb der Gründer einmal: „Es gibt nichts, was Gott so ähnlich ist, wie eine edle Frau, die in edler Gelockertheit und schlichtem, gottangefülltem Selbstbesitz diesen Geist der gezähmten Freiheit ihr eigen nennt, d. h. wie eine Marienschwester, eine Schwester der lieben Gottesmutter, wie ich sie gerne der Kirche schenken möchte." ...

Das ist das Werk, das dieser Gründer begründen durfte, und so steht Schwester Maria Emilie als eine besonders reife Erstlingsfrucht vor uns, weil sie auch von seiner Hand geformt worden ist. Sie hat dafür auch zu danken gewusst ...

Nun werden wir gleich Schwester Maria Emilie hinausgeleiten auf den schönen Friedhof der Providentia-Provinz. Und sie wird dann als die erste Provinzoberin eingesenkt in den Ackergrund ihrer Familie. Hüten Sie dieses Grab wie eine ehrfurchtsgebietende Stätte! Das ist ein Juwel! Das ist ein Schatz.
Wir werden an diesem Grab und auch in Zukunft wieder und wieder für Schwester Maria Emilie beten. Aber ist es nicht auch recht, dass wir zu ihr beten? Kann denn eine Mutter in der Ewigkeit ihre Kinder vergessen?

Pater A. Menningen informiert Pater J. Kentenich in Milwaukee.

24.11.1955 Brief von A. Menningen

Über den Tod von Schwester Emilie werden Sie im Bilde sein. In den letzten zwei Jahren hat sie mich des Öfteren ganz vertraulich gefragt, ob alle Richtlinien, die Sie ihr persönlich je gegeben hätten, auch heute noch in Geltung wären, und ob ich mit gutem Gewissen sagen könnte, dass Sie in ihren Angelegenheiten heute nicht anders entscheiden würden als früher. Natürlich habe ich ihr jedes Mal gesagt, im vollen Bewusstsein meiner Verantwortung über das, was ich jetzt zu sagen hätte, müsste ich ihr erklären, dass Sie jetzt Wort für Wort das Frühere wiederholen würden, wenn Sie jetzt an meiner Stelle stünden. Dessen sei ich absolut sicher, denn dafür würde ich Sie viel zu genau kennen.

Derartige Versicherungen, die ihr eine Gewissensnot nehmen sollten, beantwortete sie stets mit Tränen in den Augen und einem frohen und befreiten Lächeln. Im Übrigen habe ich X., als sie mir telefonisch die Nachricht von Schwester Emiliens Tod übermittelte, sofort die Anregung gegeben, man möge bald an die Abfassung einer Lebensbeschreibung denken. Die Überzeugung, dass Schwester Emilie eine wirkliche Heilige war, ist allgemein. Meinen Beileidsbrief an die Leitung lege ich Ihnen ebenfalls bei.

Emporgewachsen zu einer „Schönstattheiligen"

Das Geheimnis ihres Lebens hat Emilie mitgenommen in die Ewigkeit.
Allein ein Zeuge kann ermessen, worin ihre innere Größe besteht, das Wunder der Gnade, dem sie sich hingegeben hat: ihr geistlicher Vater und der Gründer Schönstatts, Pater J. Kentenich.
Sie ist seinen Weg in Treue mitgegangen, und er hat das Versprechen an ihren Vater eingelöst, zu sorgen, dass sie eine Heilige wird.

Pater J. Kentenich schreibt an Anton Engel:

3.12.1955 Brief von J. Kentenich

Zum Tode unserer Emilie Dir und mir, Deiner leiblichen und unserer gesamten geistlichen Familie recht herzlichen Glückwunsch. Wir haben alle Grund, nicht nur für sie, sondern auch zu ihr zu beten.

Ihr Versprechen, nach ihrem Tode bei mir zu sein und - so weit ihr das möglich sei, mir zu helfen - nehme ich dankbar an. Ihre Sendung dürfte recht bald beginnen. Obwohl ich mit Dir niemals darüber gesprochen, wirst Du doch ahnen, dass ihr heiligmäßiges Leben und Sterben zwar in der Hauptsache Werk der Gnade, aber auch eine vollreife Frucht unserer Erziehungsprinzipien ist.

Ich denke da vor allem an die Prinzipien und an die Auswirkungen, die nun seit Jahr und Tag zur Diskussion stehen und - teils durch Unkenntnis, teils durch Hilflosigkeit, teils durch Böswilligkeit vollkommen verzerrt - weitergegeben werden. Emilie ist für ihre Richtigkeit und Brauchbarkeit ein klassischer Beweis. Ohne sie wäre ihr Leben ein Fiasko geworden. Wo die Lebenden zum Schweigen verurteilt sind, werden die Toten umso lauter und vernehmbarer sprechen. Ist Josef Engling Beweis für die Richtigkeit unserer Prinzipien in ihrer Anwendung auf die Mannesseele, so gilt für Emilie dasselbe mit Rücksicht auf die Frauenseele. ...

Du fragst, was Du mit dem für mich bestimmten Nachlass von Emilie tun solltest. Soweit ich die Sachlage überschaue, dürfte es klug sein, wenn Du ihn mir zusenden würdest. Solltest Du anderer Meinung sein, so bitte ich um Mitteilung der Gründe. Es ist selbstverständlich, dass ich alles sorgfältig aufbewahre und behandle.

Nachdem Emilie gestorben war, traf ich Herr Pater einmal. Er sagte bei der Gelegenheit: „Niemand hat eine Ahnung, was es für sie bedeutet hat, dass sie ohne mich sterben musste." (H. J.)

Erinnerung

Pater J. Kentenich deutet in seinem Brief an Anton Engel an, Emilies Leben sei eine Anschauung der Erziehungsprinzipien Schönstatts, sie habe eine Sendung für den modernen Menschen.
Kurz nach Emilies Tod beginnt er eine Studie, in der er seine Wertschätzung bekundet und Querlinien durch ihr äußeres und inneres Leben zieht.

Die Mauer, die sie überspringen musste, bestand in der überspitzten Verantwortungsnot, die von Kindheit an tief in ihrer Seele verwurzelt war, und in einem Mangel an heroischem Kindesvertrauen. Mit anderen Worten: die letzten Reste ihres falschen - ihres irrigen und irregeführten Gottes- und Menschenbildes mussten durch einen gewissen Todessprung entfernt werden. Und zu diesem Todessprung musste die MTA als große Erzieherin ihr verhelfen. Nur an ihrer Hand wagte sie zu diesem letzten Sprung anzusetzen und ihn wagemutig zu vollziehen.
Man vergleiche nach dieser Richtung das sechsjährige Kind mit der zweiundsechzigjährigen ausgereiften Marienschwester. Was mag zwischen diesen beiden

Studie 1955
J. Kentenich

Daten an Leid und Liebe, an Opferkraft und Opfergnade liegen. ...
Im Leben der Verstorbenen liegen Angstzustände und Heiligkeitsstreben nicht schiedlich-friedlich nebeneinander. Beide bedingen einander. (S. 394)

Nachträglich fällt es nicht schwer nachzuprüfen, wie weit der Himmelsvater die Opfergesinnung seines Kindes angenommen hat. Der körperlichen Kräfte hat er sie Stück für Stück beraubt. Nur konnte sie bis zum Schluss des Lebens die rechte Hand zum Schreiben benutzen. Die geistigen Kräfte hat er ihr jedoch gelassen, bis er sie zu sich rief. Er hat darauf verzichtet, sie in Einsamkeit und Vergessenheit zu hüllen: Er sorgte vielmehr dafür, dass sie allezeit der Liebling ihrer Umgebung und der Gegenstand ihrer besonderen aufmerksamen Sorge und Pflege wurde. Wenige Sterbliche - auch wenige Marienschwestern - durften auf dem Kranken- und Sterbebette so umhegt und umpflegt werden, wie sie das erleben durfte.

Gott nahm vor allem mit ihrer Bereitschaft und Bitte um Verbleib ihres schwersten Lebenskreuzes - um Unfreiheit und Zwang - vorlieb, und befreite sie in spürbarer Weise von den Qualen innerer Angst und Not. In gleicher Weise bewahrte er sie vor der erbetenen äußersten Trostlosigkeit und Verlassenheit in der Sterbestunde. Stattdessen nahm er ihr - wenigstens äußerlich - die Stütze ihres gepeinigten Lebens: ihren Führer, nicht aber - so scheint es - „die fühlbare Vaterliebe". (S. 520)

Das Leben von Emilie ist ein Geheimnis der Gnade Gottes, der gerade das Kleine erwählt. Dies wurde zur Grunderfahrung ihres spirituellen Lebens und zu ihrer Botschaft.

Gottes Wege sind zweifellos wunderbar. Sie haben sich als solche in der Familiengeschichte erwiesen. ... Er hat die Hände auf sie gelegt. Hat sie aus Tausenden auserlesen, hat sie an sich gezogen und ihnen die Weisung gegeben: Mein bist du! Du wirst die Wege gehen, die ich dich führe. Du wirst die Worte sagen, die ich dir eingebe. Du wirst die Werke wirken, für die ich dich als Werkzeug benutzen will. ...

Studie 1955
J. Kentenich

[Emilie] ist an ihrer Aufgabe und seelischen Krankheit emporgewachsen zu einer Schönstattheiligen und zum Erweise des göttlichen Charakters des Schönstattwerkes. ...

Noch einmal: Gottes Wege sind nicht Menschenwege. Es besteht kein Gesetz der Parallelität zwischen der innerweltlichen Bedeutung eines Lebens und seiner Stellung und Sendung in der Heilswirklichkeit. Nicht umsonst betet der Heiland: „Ich preise dich, Vater, Herr des Himmels und der Erde, dass du dieses vor Weisen und Klugen verborgen, Kleinen aber geoffenbart hast. Ja, Vater, - also ist es wohlgefällig gewesen vor dir.“ Der Vater ist „souverän in der Auswahl derer, denen er die Fülle seiner Erleuchtungen und Ergriffenheiten, seiner leisen Anregungen und stürmischen Impulse mitteilt; souverän in der Bestimmung des Maßes, in dem er die Menschen verschiedener nach Alter, Geschlecht, Herkunft, Bildung, sozialer Stellung gegliederter Gruppen teilnehmen lässt an seinem geheimnisvollen Leben und am Aufbau seines Werkes in der Schöpfung“.

Das ist das Erstaunlichste in der Heilswirklichkeit, dass „das Schwache, das von Gott kommt, stärker ist als die Menschen“. So belehrt uns Paulus im ersten Korintherbrief (1,25). Der Völkerapostel fügt bei: „Seht nur auf eure Berufung, Brüder! Es sind nicht viele Gebildete im Sinne dieser Welt; nicht viele Einflussreiche; nicht viele aus vornehmen Familien. Vielmehr, was die Welt töricht nennt, das hat er auserwählt, um die Gebildeten zu beschämen, was die Welt schwach nennt, das hat Gott sich erwählt, um das Starke zuschanden zu machen; was die Welt für niedrig hält, was sie verachtet, was überhaupt nicht zählt, das hat Gott sich erwählt, um das, was etwas ist, zunichte zu machen, damit kein Sterblicher vor Gott sich rühme.“ ... (S. 523 f.)

Emilie hat unter den vielfältigen Grenzen ihres Lebens gelitten, unter ihren physischen und psychischen Grenzen und Bruchstellen. In einem lebenslangen Prozess lernte sie, ihre Behinderungen umzumünzen in ein Anrecht auf die größere Liebe des Vatergottes.

Studie 1955
J. Kentenich

Gemeint sind hier Äußerungen der menschlichen Begrenztheit und Schwerfälligkeit, der menschlichen Schwachheiten, Fehlerhaftigkeiten und Sündhaftigkeiten: angefangen von normalen Prüfungen und Anfällen bis zu außergewöhnlichen Zwangsnöten, angefangen von den leicht wechselnden Witterungen der Seele oder von ihren März- und Aprilstürmen bis zur dunklen Nacht der Sinne und des Geistes, ja bis zum Gipfelpunkt der Gottverlassenheit.

Das alles aber will als besonderer Erweis göttlicher Güte, göttlicher Barmherzigkeit und Weisheit aufgefasst, gläubig bewertet und wagemutig beantwortet werden. Gott will ja durch solche Erschütterungen in der Seele eine tiefe Sehnsucht nach Erlösung und Erlöser wecken. Er will dadurch den Geist der Wehmut und Demut stärken und vertiefen und ein heroisches Vertrauen auf seine Vatergüte entzünden. Er will in väterlicher Weisheit die Gelegenheit benutzen, in solch kraftvoller und eindringlicher Weise die Seele von ihrer angeborenen und erworbenen Ichsucht, Ichbesessenheit und Ichhaftigkeit zu lösen und sie aus Erbarmen ganz an sich zu ziehen. ... (S. 527)

Emilie verkörpert das neue Ideal einer Schönstattheiligen, wie es dem Gründer vor Augen stand, einen Typ Frau für die heutige Zeit, die „in edler Gelockertheit und schlichtem gotterfülltem Selbstbesitz diesen Geist der gezähmten Freiheit ihr eigen nennt, eine Schwester der lieben Gottesmutter".

Sie hatte ein überaus feines Gespür für alles, was irgendwie mit Kleinsein oder Kindsein, was mit Demut, Vertrauen und Liebe zusammenhing. Gerne hörte sie das Wort, das die Heilige Schrift auf die Gottesmutter anwendet: Weil klein, gefiel sie dem Allerhöchsten am meisten. Lieblingsmusik war für

Studie 1955
J. Kentenich

ihr Ohr und Herz das Axiom: Du bist's, der größte Werke nur durch die Kleinsten tut und nur an den Kleinsten wirkt. Oder das andere: ein Kind ist endlos entwicklungsfähig und aufgeschlossen für das Göttliche. (S. 528)

Emilie Engel

Kalender ihres Lebens

6.2.1893	geboren in Husten, Kreis Olpe, als viertes Kind der Familie Arnold (1851-1936) und Eva Katharina Engel, geb. Nebeling (1867-1930)
8.2.1893	Taufe in der Pfarrkirche St. Clemens in Drolshagen
1899	bis 1907 Besuch der einklassigen Volksschule in Iseringhausen
30.4.1905	Erstkommunion in der Kapelle St. Antonius in Iseringhausen
2.9.1908	Firmung in der Pfarrkirche St. Clemens
Ostern 1908	bis Ostern 1909 Besuch der Höheren Töchterschule der Armen Schulschwestern Unserer Lieben Frau in Arnsberg
2.9.1908	Firmung in der Pfarrkirche St. Clemens
1909	bis 1911 Besuch der Königlichen Präparandie in Arnsberg

Lebenslauf von Emilie

Husten Kreis Olpe, den 15. Juni 1914

Am 6. Februar 1893 wurde ich, Emilie Engel, Tochter des Landwirts Arnold Engel und der Katharina Engel, geb. Nebeling, zu Husten b) Drolshagen in Westfalen geboren. Von meinem 6. bis 14. Jahre wurde ich in der Elementarschule zu Iseringhausen unterrichtet. Dann besuchte ich ein Jahr die höhere Töchterschule der armen Schulschwestern in Arnsberg und zwei Jahre die dortige Seminar-Präparandinnen-Anstalt.

Seit Ostern 1911 bereitete ich mich im Königlichen Lehrerinnenseminar in Arnsberg auf den Lehrberuf vor. Im Februar dieses Jahres verließ ich das Seminar, nachdem ich die Prüfung für Volksschullehrerinnen bestanden hatte.

Emilie Engel

Am 6. Februar 1893 wurde ich, Emilie Engel, Tochter des Landwirts Arnold Engel und der Katharina Engel, geb. Nebeling, zu Husten b/ Drolshagen in Westfalen geboren. Von meinem 6. bis zum 14. Jahre wurde ich in der Elementarschule zu Iseringhausen unterrichtet. Dann besuchte ich ein Jahr die höhere Töchterschule der armen Schulschwestern in Arnsberg und zwei Jahre die dortige Seminar-Präparandinnen-Anstalt.

Seit Ostern 1911 bereitete ich mich im Königlichen Lehrerinnenseminar in Arnsberg auf den Lehrberuf vor. Im Februar dieses Jahres verließ ich das Seminar, nachdem ich die Prüfung für Volksschullehrerinnen bestanden hatte.

Emilie Engel

Ostern 1911	bis 13.2.1914 Ausbildung und Lehrerinnenexamen am Königlichen Lehrerinnenseminar in Arnsberg
31.10.1914	bis 30.3.1915 Schulamtsbewerberin in Grimlinghausen bei Neuss
15.4.1915	bis 30.9.1926 Lehrerin in Börnig-Sodingen
21.1.1918	Endgültige Anstellung im öffentlichen Schuldienst
1918	Erster Besuch in Schönstatt und Bezug der Zeitschrift MTA
13.8.1921	bis 17.8.1921 Teilnahme an der ersten Frauentagung in Schönstatt; erste Begegnung mit Pater J. Kentenich; Mitglied des Apostolischen Bundes, Mitarbeit im Gau Paderborn
4.6.1922	bis 8.6.1922 Pfingsttagung in Schönstatt
24.5.1923	bis 28.5.1923 Pfingsttagung in Schönstatt
7.12.1923	bis 9.12.1923 Tagung in Börnig-Sodingen
Dez. 1923	Exerzitien in Schönstatt

7.6.1924	bis 13.6.1924 Pfingsttagung in Schönstatt
9.8.1924	bis 15.8.1924 Führerinnentagung in Schönstatt
31.12.1924	bis 7.1.1925 Exerzitien in Schönstatt
9.4.1925	bis 16.4.1925 Teilnahme an der Bundestagung in Schönstatt; feierliche Bundesweihe am 16.4.1925
3.6.1925	bis 7.6.1925 Pfingsttagung in Schönstatt
Aug. 1925	Emilie verbringt ihre Ferien in Schönstatt, zusammen mit Anna Pries
Dez. 1925	Weihnachten und Neujahr Führerinnentagung in Schönstatt
8.5.1926	Emilies Schwester Klara geht für immer nach Schönstatt
Aug. 1926	Emilie verbringt ihre Ferien in Schönstatt
14.9.1926	Beurlaubung vom Schuldienst für ein Jahr
28.9.1926	Brief von Pater J. Kentenich zum Willkommen in Schönstatt
1.10.1926	Emilie Engel und Anna Pries kommen nach Schönstatt; Gründung der Gemeinschaft der Schönstätter Marienschwestern

4.10.1926	bis 11.10.1926 Emilie macht private Exerzitien und legt zum Abschluss das Kleid der Gemeinschaft an
9.1.1927	Emilie wird Schulleiterin; ihre Fächer: Religion, Liturgie, Kirchengeschichte, Lebenskunde, Seelsorgehilfe
31.5.1927	Besuch der Eltern Engel in Schönstatt
29.6.1927	Private Weihe: Lebensangebot für die Heiligkeit der Schwesternfamilie
1.7.1927	bis 26.10.1927 Emilie ist in der neu errichteten Filiale Baden-Baden in der Fürsorge tätig
2.2.1928	bis 15.1.1929 Leitung eines Fürsorgeheimes in Essen
7.7.1928	Emilie wird zum 30.9.1928 aus dem öffentlichen Schuldienst entlassen
15.1.1929	bis April 1929 Leitung eines Übergangswohnheimes für Mädchen in Düsseldorf
12.5.1929	bis Dezember 1933 Novizenmeisterin für insgesamt neun Kurse, etwa 340 Schwestern
3.9.1931	bis 27.12.1931 Erstes Terziat des MTA-Kurses im Alten Haus
23.12.1933	Rippenfellentzündung; Behandlung im Krankenhaus in Vallendar

15.2.1934	bis September 1935 Terziatsmeisterin für insgesamt vier Kurse
1.12.1934	bis 30.3.1935 Zweites Terziat des MTA-Kurses, Emilie ist gleichzeitig Kursmutter, Terziatsmeisterin und Generalratsmitglied
25.3.1935	Erste ewige Eingliederung in das Institut der Schönstätter Marienschwestern
4.10.1935	bis 1939 Lungenerkrankung, Aufenthalte in Krankenhäusern, Lungenheilstätten und Erholungsheimen
4.10.1935	bis 8.10.1935 Untersuchungen im Krankenhaus in Bonn
14.10.1935	bis 25.1.1936 Aufenthalt in der Lungenheilstätte in Rosbach/Sieg; über Weihnachten Urlaub in Schönstatt
29.11.1935	Pater J. Kentenich besucht Emilie in Rosbach
1936	bis Anfang September 1936 Erholungszeiten in Schönstatt, Dietershausen, Wallmerod und Freudenburg
12.10.1936	bis Anfang Dezember 1936 Aufenthalt im Krankenhaus in Bonn
15.10.1936	Erste Lungenoperation in Bonn

29.12. 1936	bis 28.6.1937 Aufenthalt in der Lungenheilstätte Rosbach/Sieg
8.7.1937	bis 5.9.1938 Aufenthalt in der St.-Franziskus-Heilstätte in Windberg/Mönchengladbach
21.7.1937	Zweite Lungenoperation in Windberg
29.7.1937	Dritte Lungenoperation in Windberg
5.9.1938	bis 15.9.1938 Aufenthalt in Schönstatt nach der Entlassung aus Windberg
15.9.1938	bis August 1939 Liegekur in Friedrichroda
Aug. 1939	Rückkehr nach Schönstatt in das Mutterhaus, Haus Sonneck
19.5.1940	Leiterin der neu errichteten Gesundheitskommission
Okt. 1940	Gebet der vollkommenen Hingabe: „Ja, Amen, Vater, ich bitte darum“
6.2.1943	Emilie begeht ihren fünfzigsten Geburtstag
25.3.1946	Ernennung zur Provinzoberin der Providentia-Provinz
5.9.1946	Übersiedlung in das Provinzhaus, Haus Helvetia, nach Bad Salzig

8.9.1949	Einzug in das neue Provinzhaus in Koblenz-Metternich, Haus Providentia
15.1.1950	bis 27.1.1950 Romfahrt zur Seligsprechung von Vinzenz Pallotti
9.2.1950	bis 25.2.1950 Beratungen der Generalleitung mit Pater J. Kentenich in Quarten/Schweiz
18.2.1950	Verzicht auf das Amt der Generalratsschwester
1.11.1950	Einweihung des Heiligtums in Koblenz-Metternich
Jan. 1951	Beginn der laienkatechetischen Kurse in Koblenz-Metternich
11.1.1954	bis 27.1.1954 Romreise zur Vorbereitung des Generalkapitels der Schwesternfamilie
15.5.1954	Im Generalkapitel wird Emilie zur Generalkursmutter gewählt
4.6.1954	bis 3.11.1954 Behandlung [Streckverband] im Brüderkrankenhaus, Koblenz
12.12.1954	Errichtung der Immakulatastatue im Park von Koblenz-Metternich
6.2.1955	Letzte Namenstagsfeier von Emilie

19.4.1955	bis 25.5.1955 Erfolglose Spezialbehandlung im Brüderkrankenhaus, Koblenz
12.10.1955	Empfang des Sakramentes der Krankensalbung durch ihren Bruder, Vikar Anton Engel
Okt. 1955	Abschiedsbriefe an die Generaloberin, die Schwesternfamilie und die Provinz
23.10.1955	Teilnahme an einer Wallfahrt nach Schönstatt, letzter Besuch im Urheiligtum
18.11.1955	Abschiedsbrief an den Kurs
20.11.1955	Gestorben in Haus Providentia, Koblenz-Metternich
24.11.1955	Beisetzung auf dem Schwesternfriedhof in Koblenz-Metternich
12.10.1999	Eröffnung des Seligsprechungsprozesses in Trier
26.2.2002	Vorgesehener Abschluss des Seligsprechungsprozesses auf diözesaner Ebene